왜 에너지가 문제일까?

왜 에너지가 문제일까?

−미래 세대를 위한 에너지 전환 시대의 논리

ⓒ 신동한, 2017

초판 1쇄 발행 | 2016년 5월 12일
개정증보판 1쇄 발행 | 2017년 5월 30일

지은이 신동한
기획 파트너 딴지일보 편집부
책임편집 손성실
편집 조성우
마케팅 이동준
디자인 권월화
일러스트 Design oxo 이혜원
용지 월드페이퍼
제작 성광인쇄(주)
펴낸곳 생각비행
등록일 2010년 3월 29일 | 등록번호 제2010-000092호
주소 서울시 마포구 월드컵북로 132, 402호
전화 02) 3141-0485
팩스 02) 3141-0486
이메일 ideas0419@hanmail.net
블로그 www.ideas0419.com

ISBN 979-11-87708-36-0 43300

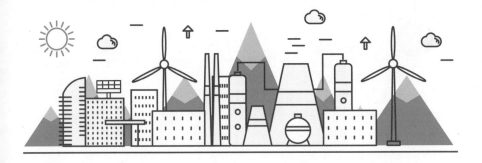

왜 에너지가 문제일까?

신동한 지음

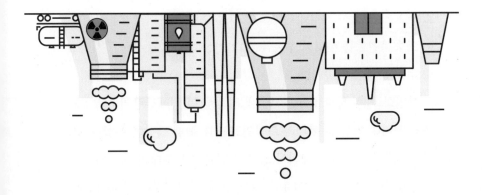

생각비행

지속가능한 에너지 체제를 향하여

이제 살아갈 날이 살아온 날보다 적은 기성세대로서 다음 세대에게 참으로 미안한 게 하나 있습니다. 오늘날 에너지와 소재로 가장 많이 사용하는 석유를 절반 이상 해치워버린 일입니다.

현대사회는 석유 '중독'이라고 할 만큼 화석연료 의존도가 높습니다. 세계 에너지 소비의 81%를 화석연료가 차지하며 일상생활용품 소재로 가장 많이 사용하는 플라스틱류 또한 석유화학제품입니다. 이런 화석연료를 우리의 후손들은 더 이상 값싸고 풍부하게 사용할 수 없는 상황이 됐습니다.

산업화 이후 불과 150년 사이에 경제성 있는 매장량의 대부분을 우리가 퍼내 썼을 뿐 아니라 화석연료를 태울 때 발생한 온실가스로 인해 지구온난화가 초래되어 21세기 인류에게 최대의 위협이 됐기 때문입니다. 이제 화석연료는 결코 값싼 에너지원이 아니며 삶의 터전인 지구를 살리기 위해 그 사용을 억제해야만 합니다.

대한민국의 미래 세대를 더욱 암울하게 하는 건 우리가 쓰는 1차 에너지원의 96%를 수입하고 있다는 사실입니다. 석탄, 석유, 천연가스로 대표되는 화석연료는 매장 지역이 한정돼 있는 엘리트 에너지입니다. 아쉽게도 한반도는 그 혜택을 받지 못했습니다. 그 결과 우리는 해마다 약 200조 원을 에너지 수입에 사용합니다.

우리의 후손들은 어떤 에너지를 사용하게 될까요?

세계는 1970년대 초 석유파동을 겪은 이래 이에 대한 대안을 찾아왔습니다. 그로부터 40년이 지난 오늘날 우리는 에너지 전환의 시대를 살아가고 있습니다. 1·2차 산업혁명이 낳은 대량생산과 대량소비 사회의 바탕이 된 화석연료에너지, 1950년대 핵폭탄의 부산물로 등장한 원자력에너지, 과학기술의 발달로 새로운 에너지원의 반열에 오른 재생가능에너지가 미래 에너지 체제의 주역 자리를 놓고 경합하고 있습니다.

이미 승부는 기울었습니다. 대세를 장악한 건 재생가능에너지입니다. 값싼 화석연료는 더 이상 기대하기가 어렵습니다. 미국의 셰일가스 개발에 따른 일시적 공급 과잉으로 도래한 현재의 저유가 상황은 매서운 겨울 추위를 앞둔 '인디언 서머'일 뿐입니다. 그동안 월

가의 금융자본이 버텨준 셰일업체들이 구조조정에 들어가면서 이마저 끝물입니다. 하지만 우리는 겨우살이를 준비해야 하는 이 호기를 살리지 못했습니다.

원전파는 온실가스 배출이 적다는 이유를 들어 호객 행위를 벌입니다. 하지만 원전의 이런 편승은 경제성, 안전성, 폐기물 처리의 어려움이라는 근본적인 한계를 넘어서지 못합니다.

반면 태양에너지, 풍력, 지열, 해양에너지, 바이오에너지, 수력 등 재생가능에너지는 태양이 적색거성으로 부풀어 오르는 50억 년 후까지 고갈되지 않습니다. 에너지 생산에 따른 환경 파괴도 가장 적은 편입니다. 세계 온실가스 배출량의 80%는 화석연료 사용에 따른 겁니다. 그러므로 기후변화를 막는 가장 확실한 방법은 화석연료를 재생가능에너지로 대체하는 것입니다.

재생가능에너지는 한정된 지역에만 혜택이 주어지는 엘리트 에너지가 아닙니다. 5대 에너지 수입국인 우리나라에도 고르게 주어지는 자연의 혜택입니다. 재생가능에너지 사용이 늘어나는 만큼 우리 경제는 에너지 자립을 이루고, 해마다 수십조 원을 해외로 내보낼 필요 없이 국내 경제 활성화를 위해 쓸 수 있습니다.

현재 화석연료와 원자력에너지를 기반으로 하는 에너지 체제는

중앙집중형입니다. 대자본에 의해 대량으로 생산되고 유통, 공급이 이루어집니다. 화석연료가 동인이 된 1·2차 산업혁명은 농업사회를 산업사회로 변화시키고, 인류로 하여금 대량생산과 대량소비라는 물질문명을 좇게 했습니다. 70억 명을 훌쩍 넘어선 인류는 여전히 지구를 혹사하며 자신의 터전을 황폐하게 합니다.

제러미 리프킨은 재생가능에너지와 정보통신산업이 주도하는 3차 산업혁명이 진행되고 있음을 알립니다. 소규모 분산성이라는 재생가능에너지의 단점이 정보통신산업에 의해 연결되어 극복되고, 에너지 대기업에 의해 독점되던 이익을 소규모 생산자에게 나누고, 집중과 관리가 아닌 분권과 협업이라는 새로운 사회의 토대가 형성되고 있습니다.

다음 세대를 위한 에너지 체제의 전환을 위해 노력하는 이 땅의 많은 시민에게 이 책을 바칩니다. 덴마크나 독일처럼 앞서가지는 못하더라도 더 이상 뒤처지지 않도록, 우리 후손에게 너무 버거운 짐을 넘겨주지 않기 위해 작은 힘이라도 보태고자 합니다.

신동한

차례

2부
에너지 전환 시대의 논리

1부

원전 마피아의
대부들(godfathers)

01

원전과 원자폭탄,
일란성쌍둥이의 탄생

화석연료에 기반을 두고 있는 현재의 에너지 체제가 바뀔 수밖에 없다는 사실은 우리나라 정부도 잘 알고 있어. 그래서 차세대 에너지 체제의 주역을 찾고 있지. 아니, 찾았어. 그게 뭘까?

그래, 바로 원자력! 정부의 에너지기본계획에 따르면 현재 전력 설비 중 용량 기준으로 20.7%인 원자력발전을 2035년까지 29%로 늘릴 예정이야. 이걸 전력수요 예측으로 따져보면 현재 가동 중인 23기의 원자로 외에 새로 지어야 하는 원전이 최소 16기가 돼.

정부에서 신규 원전 부지로 예정한 삼척, 영덕 중 삼척은 지난 2014년 지방선거에서 원전 건설 반대를 내세운 시장이 당선되고, 그해 10월 주민투표에서 압도적인 다수가 유치 반대 의사를 표명하면서 사실상 물 건너갔어. 영덕 주민들도 2015년 11월 자발적인 주민투표를 통해 반대 의사를 분명히 했어. 그런데 정부는 원전 건설

원전 마피아의 대부들

나가사키에 투하된 원폭에서 피어오르고 있는 버섯구름

이 국가 사무라 주민투표 대상이 아니라며 이를 인정하지 않네. 한 술 더 떠 한국수력원자력(주)은 영덕의 천지원전 부지 보상 공고를 내고 반대를 하건 말건 밀어붙이고 있어.

원전은 자립적이지도 경제적이지도 안전하지도 청정하지도 않은 에너지라는 건 익히 알고들 있을 거야. 이제부터 원전산업계의 역사를 훑어보려 해. '원전 마피아'니 '원전족'이니 하는 말을 다들

미국 펜실베이니아 주의 스리마일 원자력발전소

들어봤을 거야.

원전은 원자폭탄과 일란성쌍둥이야. 원자폭탄이 우라늄이나 플루토늄의 핵분열을 일시에 폭주하게 하여 '빵!' 터뜨리는 거라면 원전은 천천히 터뜨리면서 열을 이용하는 설비잖아. 다른 게 있다면 핵폭탄은 가진 자가 쏘고 싶은 데로 쏠 수 있지만, 원전은 본체 내장형 폭탄이라는 거지.

출생의 비밀도 그래. 같은 부모한테서 태어나 민간전력업자(대부)에게 입양된 것일 뿐이야.

자, 그럼 이제부터 이 대부들이 어떻게 생겨났고 어떻게 뒷골목을 평정했고(원전 마피아의 탄생) 또 어떻게 합종연횡(영역 접수, 짝짓기 등)했는지를 살펴보기로 하자.

　1930년대 핵분열에 대한 연구는 독일과 프랑스가 선두였어. 하지만 제2차 세계대전은 세계의 주도권이 유럽에서 미국으로 넘어가는 역사적 전환점이 됐지. 핵 연구도 그래. 전쟁터가 돼버린 프랑스와 독일, 이탈리아에서 유태계 물리학자들이 대거 미국으로 망명하고, 일부는 영국을 거쳐 캐나다로 가서 연구를 계속해.

　1941년 미국은 독일보다 먼저 핵폭탄을 갖기 위해 맨해튼계획을 세웠어. 그리고는 1945년 7월 마침내 뉴멕시코 주 사막에 있는 앨러머고도 폭격연습장에서 핵폭탄 실험에 성공하고, 교전 중이던 일본의 히로시마와 나가사키에 한 발씩 원자폭탄을 안겨주었지. 수만 명의 사상자를 내고 수천 호의 가옥을 일시에 파괴해버린 핵폭탄의 위력을 실감한 일본은 마침내 백기 투항하게 돼.

　이렇게 전쟁이 끝난 뒤 미국과 소련이라는 양대 진영과 유엔이라는 새로운 국제 질서가 자리를 잡았지만, 강대국들은 어마어마한 핵폭탄 개발을 위해 치열한 경쟁을 벌이게 돼. 이 때문에 미국은 핵무기 개발에 협조한 영국을 제외한 모든 나라에 정보 유출을 통제했어. 특히 소련에 우호적인 프랑스는 찬밥 신세였지.

　하지만 핵폭탄의 미국 독점은 곧 끝나고 말아. 소련이 1949년 8월 29일 원폭 실험에 성공한 뒤 영국도 1952년 10월 3일 호주 북서쪽 몬테벨로 군도에서 원폭 실험에 성공했거든. 프랑스와 중국도 이에 뒤질세라 핵 개발에 총력을 기울였고, 1960년엔 프랑스가, 1964년엔 중국이 각각 원폭 보유국이 됐어.

핵무기에 대한 독점이 무너지자 미국의 관심은 핵무기 확산 방지로 초점이 모여. 1953년 가을 어느 날 아이젠하워 미 대통령은 핵무기 관계자들과 백악관에서 조찬을 하면서 '평화를 위한 원자력'이라는 환상적인 구호를 창안하게 돼. 미국의 기술 지원과 통제를 받는 원자력의 상업적 이용을 허용하되 핵무기 제조를 금지하는 미국의 원자력 정책이 세워진 거야.

이듬해 제네바에서 첫 원자력 국제회의가 열리고 1957년 국제원자력기구IAEA가 만들어져. 세계 각국의 반응은 핵분열만큼이나 뜨거웠어. '히로시마와 나가사키를 쑥대밭으로 만든 그 엄청난 에너지로 전기를 만들면…' 생각만 해도 열이 나고 힘이 솟는 상상이었거든.

모두가 원자력에 접근할 수 있는 이 기회를 놓칠 수 없었어. 이승만 정부는 1956년 미국과 원자력협정을 체결하고 1958년 원자력법을 제정해. 일본은 훗날 총리가 되는 나카소네 야스히로 의원의 발의로 원자력 연구개발 예산 2억 5000만 엔을 확보하고 이듬해 원자력기본법을 통과시키게 되지.

1954년 6월, 소련은 원자력발전에 최초로 성공한 나라가 됐어. 이어서 영국이 1956년 10월, 미국이 1957년 12월에 원전 가동에 들어가. 소련은 흑연감속 비등경수 압력관형 원자로, 영국은 흑연감속 가스냉각형, 미국은 경수형 원자로였지.

원전 마피아의 대부들

세계 최초 상업용 원자로를 도입한 영국의 콜더홀 발전소

여기서 잠깐 위에 등장한 원자로 이름을 살펴보고 가기로 할까? 원자로에서 중요한 두 가지 과정은 냉각과 감속이야. 핵분열 과정에서 어마어마한 열이 발생하는데 이걸 식혀주지 못하면 후쿠시마 원전처럼 '빵~!' 터지는 수가 있지. 이 열을 식혀주는 냉각재로 흑연이나 물(중수, 경수)이 쓰여.

우라늄-235가 핵분열할 때 3개의 중성자가 튀어나와. 이것이 연쇄적으로 다른 우라늄-235를 핵분열시키면 기하급수적으로 분열이 일어나 폭탄이 되지. 이때 나오는 중성자는 움직이는 속도가 빨라서 우라늄-238하고 반응을 해. 그러면 핵분열이 안 되기 때문에 우라늄-235하고 반응하게 하려면 속도를 좀 낮춰줘야 해. 이때 감속재로 역시 흑연이나 물이 사용돼.

감속재로 성능이 좋은 것이 흑연과 중수(보통의 수소 원자로 이루어져 있으면 경수, 좀 무거운 수소 원자로 된 물은 중수)이고, 경수는 중성자의 감속 능력이 좀 떨어져. 이렇게 원자로의 형태나 종류는 어떤 냉각재와 감속재를 어떤 방식으로 쓰느냐에 따라 이름이 정해지게 돼.

그럼 다시 최초의 원전들을 살펴볼까? 영국과 소련은 흑연감속형을 썼는데, 미국은 경수형을 썼잖아. 이 차이가 이후 세계 원전 시장의 주도권을 잡는 데 굉장히 중요한 출발점이 돼.

본래 천연우라늄에는 핵분열을 하는 우라늄-235가 0.7% 정도밖에 없어. 대부분은 우라늄-238이지. 그래서 요즘은 캐나다의 중수로를 빼고는 대부분 농축우라늄(우라늄-235가 3~5%)을 쓰지만 당시 영국과 소련은 천연우라늄을 써야 했거든. 그래서 감속재로 성능이 좋은 흑연을 쓸 수밖에 없었어. 그런데 미국은 원폭을 만드느라 농축우라늄이 쌓여 있었지. 미국은 원전 연구에 이 농축 우라늄을 쓰게 했고, 그 결과 경수로 개발이 가능했던 거야.

02

원전 개발의 각축전

미국은 어떤 분야에서 자기네가 세계의 주도권을 잡아야겠다 싶으면 국가적으로 총력을 기울이지만 일단 앞서고 나면 민간에 넘겨줘. 태생부터가 개인 간의 계약 관계에 기반을 둔 나라여서 그런 거 같기도 해. 특히 많은 연구개발 예산이 군사 분야에 투자되는데 이게 성과가 있으면 민간에 넘겨 돈벌이를 하게 하지. 그래서 찰스 라이트 밀스 같은 사회학자는 미국 사회를 지배하는 군산복합체에 주목하잖아.

원자력 분야도 그랬어. 정부 주도로 세금을 쏟아 부어 핵무기 제조에 성공해 전쟁을 마무리하고 난 뒤에는 1946년에 발효된 원자력법에 의해 민간위원으로 구성된 원자력위원회에서 핵무기 개발과 원자력발전 연구를 담당하게 해. 당시 전력산업은 이미 민간에 넘어간 상태였어. 미국은 주별로 여러 개의 민영 유틸리티utility가 전기를 공급해.

미국 정부가 원자력 연구 개발에 민간회사를 참여시키자, 당연히 제너럴 일렉트릭Genera Electric이 1차로 참가해. GE는 당시 중전기 분야에서 부동의 1위였거든. 가전에서도 그렇고. 그러자 GE와 경쟁하던 웨스팅하우스도 뒤질세라 끼어들어.

이들에게 처음 주어진 임무는 원자력발전이 아니었어. 원자력잠수함을 갖고 싶었던 미 해군이 1947년 잠수함과 대형 함정용 원자로 개발에 착수해. 아무도 몰래 물속에서 장시간 움직이려면 기름보다 훨씬 부피가 작고 열효율이 좋은 연료인 원자력에 주목할 수밖에 없었으니까.

잠수함용 원자로는 두 방향으로 개발이 진행돼. 하나는 증식로, 또 하나는 경수로였어. 증식로는 농축하지 않은 천연우라늄을 원료로 쓰는데 그 과정에서 우라늄-238이 플루토늄으로 변환돼 새로운 연료가 계속 공급되는 꿈의 원자로야. 경수로는 농축우라늄을 원료로 쓰고 감속재와 냉각재로 보통의 물을 사용하는 실속형이라고나 할까.

GE는 장차 원자력발전의 우승자가 되리라고 기대되는 증식로를 택한 반면 웨스팅하우스는 원폭 개발 때 오크리지연구소와 맺은 인연으로 경수로 쪽으로 방향을 잡았어. 업계 1위의 자본력과 자신감으로 과감히 증식로를 선택한 GE는 곧 자신들의 선택이 가시밭길임을 깨닫게 되지. 사실 이 증식로라는 게 이론은 그럴듯하지만 기술적 어려움이 아주 많거든. 대표적으로 냉각재로 쓰이는 소듐(나트륨).

원전 마피아의 대부들

과학 실험 시간에 물만 닿아도 폭발적인 반응을 보이는 걸로 등장하는 물질이 바로 이거야. 수십 년이 지난 지금까지 고속증식로는 개발 중인 상태야. 프랑스의 슈퍼피닉스는 이름값을 못하고 제대로 가동해보지도 못한 채 1998년 폐쇄됐어. 일본의 몬주 발전소도 가동할 때마다 고장을 일으켜 수십조 원을 삼키고 폐기될 운명에 처해 있지.

하지만 웨스팅하우스가 개발한 가압형경수로를 장착한 잠수함 노스틸러스호는 1954년 1월에 진수되어 이듬해인 1955년 1월 시험 항해에 성공했어. 반면 고속증식로에서 한 단계 낮춰 농축우라늄을 연료로 하는 중속증식로를 장착한 GE의 시울프호는 1년 뒤인 1956년에야 취항할 수 있었지. 하지만 냉각재로 쓴 액체나트륨의 폭발성을 끝내 해결하지 못해 시울프호의 엔진이 가압경수로로 교체되는 수모를 겪게 돼.

미국 원자력위원회는 1952년 발전용 원자로 개발이 포함된 제2기 원자력개발계획을 발표해. 이 계획에서 5년간 연구하기로 한 원자로는 가압수형원자로, 비등수형원자로, 고속증식로, 나트륨냉각흑연감속로, 균질로, 이 5가지였어. 처음 원자력위원회에서는 고속증식로와 균질로, 흑연감속로의 경제성이 경수로보다 우수하다고 판단했지.

하지만 웨스팅하우스는 잠수함용 원자로로 가압경수로를 개발하는 과정에서 실제적인 기술을 축적했고, 발전용 원자로도 가압수형을 채택해. 게다가 연구비가 굴러들어오는 행운도 생겨. 당시 미

해군은 항공모함용 대형 원자로 개발계획을 추진하고 있었는데 한국전쟁으로 재정 부담이 늘어나자 아이젠하워 대통령이 이 계획을 승인하지 않았거든. 그러자 해군은 작전을 바꿔 항공모함용으로 전용할 수 있는 대형 가압경수로를 육상발전용으로 의회에 승인을 받아. 이로써 웨스팅하우스는 정부의 자금으로 발전용도 개발하는 양수겸장의 호조건을 맞게 되지.

한편 잠수함용 중속증식로에서 고전하던 GE는 아르곤연구소가 시험로 개발에 성공한 비등수형 경수로로 관심을 돌려. GE는 비등수형 특허권을 가진 안타마이야를 아르곤연구소에 영입해 원자로 개발에 박차를 가해.

1953년 '평화를 위한 원자력'을 선언한 아이젠하워 정부는 1954년 원전을 민간이 소유할 수 있도록 원자력법을 개정하고 원전에 대해 세제 및 자금 면에서 우대조치를 하기로 해. 그러자 미국 최대의 전력회사인 코먼웰스에디슨이 움직이는데, 1등은 1등끼리 통하는지 코먼웰스에디슨은 GE와 손을 잡아.

하지만 미국 최초의 원자력발전은 1957년 가압경수로를 장착한 웨스팅하우스의 시핑포트 원전이 차지했지. 한편 코먼웰스에디슨이 GE에 발주한 비등수형 드레스덴 원전은 1959년에 가동을 시작해 최초의 민간 상업용 원전으로 기록돼.

이렇게 원전 개발에는 성공했지만, 이걸 팔려면 경제성이 있어야 하잖아? 그런데 히로시마와 나가사키의 참상이 아직 눈앞에 어른거리니 이를 어째?

원전 마피아의 대부들

시핑포트의 가압경수형 원자로. 60MW의 소형이지만 미국 최초의 원전이다.

 그래서 1957년 미국 정부는 또 하나의 빗장을 풀어줘. 원전 사고가 발생했을 때 원전회사가 책임져야 할 배상액에 상한선을 설정했어. 사고가 나도 회사는 살아남을 수 있도록 말이야.

 원전에 대한 분위기가 무르익는 가운데 1963년 뉴저지 주의 전력회사가 오이스터 크리크에 대용량 발전소를 건설하려고 해. 처음엔 석탄화력발전소를 지을 생각이었지. 그런데 웨스팅하우스와 GE가 원전으로 입찰에 참여해. 게다가 GE의 비등수형 경수로의 입찰가격이 글쎄 웨스팅하우스의 가압경수로는 말할 것도 없고 석탄화력발전보다 싼 가격으로 들어온 거야. 업계 1위 GE가 돈자랑을 한 거지. GE는 첫 발주에서 손해를 보더라도 열 개 정도를 순차적으로 건설하면 이익을 낼 수 있다고 본 거야. 미국 제일의 전기전자업체로서 자금력이 있기에 가능한 일이었지.

1965년에는 700MW급 원전이 GE와 웨스팅하우스에 3기씩 발주돼. 1966년에는 국영기업인 테네시강유역개발공사가 원전 2기를 발주하면서 원전이 화력발전보다 경제적이라는 보고서를 냈어.

1960년대 말이 되면 원전 기술이 실증돼 전 세계적으로 발주가 늘어나기 시작해. GE와 웨스팅하우스는 '암, 그때 참여하길 잘했지!' 하면서 수확에 나서지. 1차 석유파동이 발생한 1973년 이전에 미국에서는 이미 100기의 원전이 발주돼.

GE가 돈자랑을 하면서 공격적으로 나섰지만 시장을 주도한 건 웨스팅하우스였어. 왜냐구? 그건 원자로의 안정성 때문이야.

GE의 비등수형은 원자로에서 열을 받은 물이 증기가 되어 발전기의 터빈을 돌리고, 이 증기를 식혀 물이 되면 다시 원자로로 돌아가는 구조야. 하지만 웨스팅하우스의 가압수형은 압력을 가한 물이 원자로를 돌기 때문에 열을 받아도 증기가 되지 않고 온도만 높아져 1차 계통을 돌아. 이 뜨거워진 물은 2차 계통의 보통 압력의 물을 데워 증기를 만들고 이 증기가 발전기 터빈을 돌려. 이 증기는 3차 계통의 물이 식혀주고. 이런 식이다 보니 가압경수로가 비등수형 경수로보다 안전하고 방사능의 유출 위험이 적어지는 거지.

이런 이유로 미국 시장은 웨스팅하우스와 GE가 2:1로 나눠가지

비등수형 원자로(GE)

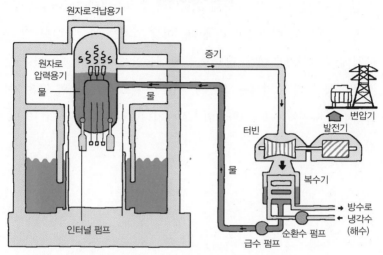

※ 비등수형 경수로는 원자로에서 생성된 증기가 바로 터빈을 돌리는 구조다.

가압수형 경수로(웨스팅하우스)

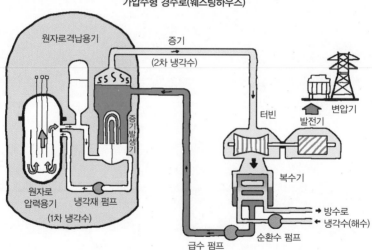

※ 가압수형 경수로는 원자로를 순환하는 1차 계통, 증기발생기를 순환하는 2차 계통, 복수기를 순환하는 3차 계통으로 구성돼 있다.

원전 개발의 각축전

지만, 세계시장에서는 3:1로 웨스팅하우스가 우위에 서게 돼.

　한편 원전산업이 본 궤도에 오르면서 컴버스천엔지니어링과 밥콕앤드윌콕스도 이름을 올리게 돼. 이들 업체는 해군잠수함 건조사업에서 비원자로 계통 담당으로 오랫동안 참여해서 가압경수로시설 계통에 많은 지식을 쌓았지. 이들도 웨스팅하우스와 같은 가압경수로 사업자가 되는데 컴버스천엔지니어링은 뒤에 우리나라와 깊은 관계를 맺게 돼.

03

핵무기 개발을 향한
영국의 야심

결론부터 말한다면 영국은 흑연감속가스냉각로를 개발해 국내에 44기의 원전을 짓지만 수렁에 빠져 허덕이다가 1970년대 말에 결국 백기 투항해.

사실 영국은 미국보다 먼저 핵무기를 손에 넣을 기회가 있었어. 제2차 세계대전 발발 직전인 1939년 9월 독일의 과학자 루돌프 파이얼스와 오토 프리시가 영국으로 망명하는데, 이들은 1kg의 순수한 우라늄-235만 있으면 강력한 폭탄을 만들 수 있다는 비밀각서를 정부에 제출해. 1940년 봄 영국 정부는 유수한 물리학자들을 불러모아 모드위원회를 만들어 원폭개발 가능성을 검토해. 게다가 그해 6월 히틀러가 파리를 침공하자 프랑스의 과학자 할반과 코왈스키가 중수 185kg을 싣고 영국으로 와. 중수는 프랑스도 노르웨이의 화학회사로부터 어렵게 구한 거거든.

1941년 7월 모드위원회는 역사적인 보고서를 발표해. 우라늄농축기술을 개발하면 3년 내에 원폭 제조가 가능하고, 중수를 이용해 핵분열 연쇄반응을 조절하면 발전용으로도 쓸 수 있다는 내용이었지. 농축기술이 개발되면 경수 사용도 가능하다는 전망도 담겼어.

영국은 이 보고서를 바탕으로 '튜브 아로이'라는 원폭개발 비밀계획을 추진하지만 곧 중단돼. 히틀러의 비행기가 런던까지 폭격했기 때문이야. 영국은 눈물을 머금고 할반과 코왈스키 등 연구진과 중수를 캐나다로 보내.

이런 와중에 원폭 개발은 미국이 선점했어. 종전 협상을 하는 과정에서 얄타회담에 참석한 처칠은 자신이 루스벨트와 스탈린 사이

얄타회담에서 대영제국의 수상 처칠은 해가 기운 걸 실감했다.

원전 마피아의 대부들

에서 한낱 조역임을 실감해야 했지. 산업혁명을 이끌며 세계의 선두 국가가 되어 '해가 지지 않는 대영제국'이라는 자부심이 있었지만, 미·소 양 대국을 필두로 한 새로운 국제 질서로 인해 무너져내린 거야. 2014년 브라질 월드컵에서 16강에도 못 올라가고 짐을 싼 축구 종가 잉글랜드 팀과 같은 신세라고나 할까.

이 때문에 전후 영국은 핵무기 개발에 총력을 기울여. 대영제국의 자부심을 다시 세울 유일한 길로 보였지. 하지만 미국은 다른 나라가 이 어마어마한 폭탄을 갖는 걸 원치 않았어. 개발 과정에서는 영국의 과학자들과 협력하는 듯하더니 자기들이 갖고 난 후에는 입을 쓱 닦은 거야. 기술은 물론 농축우라늄을 나눠줄 생각도 전혀 없었지.

영국은 자체 개발에 나서야 했어. 발전은 나중 문제고 우선 핵무기! 자기네도 한 방 가져야 유엔안전보장이사회에서 큰소리칠 수 있으니까!

가장 먼저 할 일은 플루토늄 제조였어. 천연우라늄에서 플루토늄을 생산하려면 감속재로 흑연이나 중수를 써야 해. 그런데 중수는 화학공정을 거쳐 만들어내야 하거든. 반면 흑연은 쉽게 구할 수 있었지. 다급한 영국은 감속재로 흑연을 선택해.

그런데 문제가 또 하나 있었어. 미국의 플루토늄 생산 시설은 워싱턴 주의 시골 구석 핸퍼드에 있어. 핸퍼드 원자로는 흑연감속 경수냉각형으로 플루토늄을 생산했고 이것으로 나가사키에 떨어진 팻맨이 태어났지. 하지만 좁은 영국 땅엔 그런 오지가 없는 거야. 그래서 스코틀랜드 북단의 한적한 곳을 고려했으나 이번에는 물 공급이 원활하지 않네. 그래서 영국은 공기를 냉각재로 쓰게 됐지. 영국의 흑연감속가스냉각로는 이렇게 시작된 거야.

아무튼 미국의 비협조에 삐친 영국은 윈즈케일에 설치한 흑연감속가스냉각로를 열심히 돌려 플루토늄을 생산하고 마침내 1952년 호주 북서부 조그만 섬에서 핵실험에 성공해. 미국, 소련에 이어 세 번째 핵무기 보유국이 됐지. 체면치레는 한 셈이야.

원폭 동메달에 한껏 고무된 영국은 발전용 개발에도 착수하여 1953년 윈즈케일 건너편 콜더홀에 플루토늄 생산과 발전을 동시에 할 수 있는 원자로 4기의 건설을 시작해. 윈즈케일 원자로는 플루토늄만 생산하는 거라 냉각 효율이 낮은 공랭식이었지만, 발전을 위해서는 냉각 효율을 높여야 했지. 그래서 냉각재로 탄산가스를 쓰고 알루미늄으로 만든 연료 피복관을 마그네슘 합금으로 바꿨어. 이렇게 해서 영국형 흑연감속 탄산가스로는 마그녹스MAGNOX로라는 이름을 얻게 되지.

60MW급 콜더홀 원전은 1956년 10월 가동을 시작해. 영국은 소련이 1954년 발전에 성공한 오브닌스크 원자로가 5MW로 용량이 작기 때문에 자기네가 세계 최초의 상업용 원전이라고 주장해. 미국은 1957년 가동한 시핑포트 원전을 세계 최초의 민간 상업용 원전이라고 주장하고. 서로 자기네가 세계 최초라고 주장들 하지만 우리가 보기에는 어쨌든 소련-영국-미국이 금-은-동이야.

플루토늄 생산을 위해 천연우라늄을 원료로 쓰는 흑연감속식에다 가스냉각 방식을 적용한 것은 발전용 원자로로서는 최악의 조합

원전 마피아의 대부들

인 셈이었지. 하지만 원폭 동메달, 원전 은메달(자칭 금메달)에 현혹돼 마그녹스로를 강행한 영국의 자존심은 훗날 원전 마피아계에서 4강은 커녕 8강에 간신히 턱걸이하는 신세로 만들어버려.

시작은 괜찮았어. 1957년 발족한 일본원자력발전(주)이 첫 도입 원자로로 영국의 마그녹스로를 선정했으니까. 1965년 발전을 시작한 이바라키현 도카이무라 원전이 바로 이 원자로야. 하지만 세계시장에서 마그녹스로는 곧 벽에 부닥쳐. 경수로에 비해 설비가 크고 열 전달 효율이 낮아서 연료의 출력밀도가 낮고 건설원가는 높았거든. 여기다 미국 정부가 '평화를 위한 원자력' 선언 이후 농축우라늄의 해외 공급에 대한 제한을 풀어 버렸지. 그러자 세계시장의 관심은 경수로로 쏠리게 돼.

아무튼 독자적인 기술로 세계시장에 나서고 싶었던 영국은 마그녹스로의 기술적 문제 해결에 승부를 걸어. 경수로에 한눈 파는 건 마피아가 아니라 양아치나 할 짓이라고 여겼나 봐.

일단 마그녹스로의 덩치를 줄이기 위해 연료의 온도를 높여 열효율을 향상하는 연구를 진행해. 나름 성과가 있어 2% 저농축우라늄을 연료로 쓰고 연료 피복관을 마그네슘에서 스테인리스강으로 바꾼 개량형 가스로를 1962년에 개발해.

하지만 개량형 가스로의 보급이 순조롭진 않았어. 우선 이걸 갖다 써야 하는 중앙전력청이 자꾸 미국의 경수로에 곁눈질을 하는 거야. 남의 떡이 커 보여서라기보단 몇십 년을 이 원자로와 씨름해야 하는 운영자의 입장에서는 건설비, 효율, 안전성이 두루 신경 쓰이잖아?

　또 하나 문제는 원전 은메달에 고무된 영국 정부가 세계시장에 진출하겠다고 마그녹스로 제작 컨소시엄을 5개나 발족한 거지. 막상 수출도 안 되는데다 좁아터진 국내시장만 나눠먹다 보니 설계의 표준화나 기술 축적이 제대로 이루어지지 않는 거야.

　1970년대 영국은 원전 발주가 거의 없는 상태에서 영국의 독자적인 기술이냐 미국의 경수로 도입이냐로 입씨름을 하며 세월을 보내. 자존심을 세우는 원자력공사와 실용성을 찾는 중앙전력청 사이의 힘겨루기는 1974년 양측의 체면을 살리는 선에서 증기발생중수로로 방향을 잡아. 하지만 달랑 100MW급 실증로 하나를 선보인 증기발생중수로는 결국 대형 원자로로 빛을 보지 못했어. 1978년 영국 정부가 증기발생중수로의 개발 포기를 선언했거든.

　이후 영국의 원전 건설은 1980년에 개량형 가스로 4기, 1988년에 가압경수로 1기를 발주하고 막을 내렸어.

원전 마피아의 대부들

CANDU, 나도 할 수 있어!

1789년 독일의 화학자 마르틴 클라프로트가 처음 우라늄을 발견했을 때, 우라늄은 보헤미아 지방에서 세라믹 장식용으로 쓰이고 있었대. 그 화합물은 주황, 노랑, 파랑 등 유약 제조에 사용됐으며, 나중에는 사진 윤택 강화제로도 쓰였어.

우라늄광이 본격적으로 채굴된 것은 1905년 마리 퀴리가 개발한 방사능 치료법에 쓰이는 라듐을 추출하기 위해서였대. 그러자 채광 지역도 보헤미아뿐 아니라 미국, 캐나다 등지로 확대됐어. 하지만 1913년 벨기에령 콩고광산(현 콩고민주공화국 소재)에서 초순도 우라늄광이 발견되면서 다른 지역의 우라늄 광산은 파장 분위기였지.

그런데 미국이 1939년 맨해튼계획에 착수하면서 캐나다의 우라늄 광산에 다시 불이 켜지고, 1942년 캐나다 북부에 있는 포트 라듐광산에서 채광이 재개돼. 1944년 캐나다와 미국, 영국 3개 정부는 연합개발청을 만들어 우라늄 구매를 관장하고 새로운 광산을 개발했어. 이후 캐나다 온타리오 주에만 11개 종합광산에서 우라늄이 채굴됐대.

하지만 구슬이 서 말이라도 꿰어야 보배라는 말이 있듯 기술이 있어야 우라늄을 직접 사용할 수 있잖아? 이런 면에서 캐나다 역시 제2차 세계대전의 덕을 톡톡히 보았지. 독일의 위협을 피해 1942년 여름 영국의 원자력 연구진이 캐나다로 피난을 왔으니까. 캐나다는 이적비 한 푼 안 주고 메시급 선수들을 대거 영입하게 된 셈이야. 영국은 당초 시설과 자금이 풍부한 미국을 원했지만, 맨해튼계획을 추진하고 있던 미국이 프랑스 출신 연구진과 공동으로 연구하기를 기피했기 때문이래. 캐나다는 국립연구협의회 산하에 이들을 거두고 몬트리올에 연구소를 만든 뒤 연구의 책임을 프랑스에서 중수를 가져온 할반에게 맡겨.

그런데 세상이란 게 움직이면 돈이잖아? 전시에 연구 자금을 댈 수 없었던 영국은 미국이 물주가 되기를 바랬어. 마침 캐나다 국립연구협의회와 몬트리올 연구소는 미국 맨해튼관구와 협의하여 플루토늄 생산을 위한 중수로를 건설하기로 얘기가 오가던 중이야. 노형이 중수로로 채택된 이유는 중수를 이용해 핵분열연쇄반응에 성공한 프랑스 과학자 할반과 코왈스키의 연구 성과를 이어받았기 때문이었지. 1944년 8월에 시작된 시험로 NRX의 건설은 1947년 운전에 성공했는데, 미국 밖에서 건설된 것으로는 세계 최초의 원자로였어.

앞 건물이 NRX, 뒷 건물은 1954년 신축한 NRU

그런데 탁상 연구의 실증에 성공한 영국 연구진들이 히틀러의 자살 이후 본국으로 돌아가고, 미국은 처음부터 중수로를 활용할 생각이 없었던 터라 이 원자로는 영국과 미국의 선물로 캐나다에 남겨져. 캐나다로서는 뜻밖의 횡재를 한 셈이야.

이제 캐나다는 자력으로 원자력발전 개발에 나서. 하지만 1952년 NRX가 사고로 폐쇄되는 어려움을 겪어야 했어. NRX는 감속재로 중수를 썼지만 냉각재는 경수를 사용했는데, 이번엔 감속재, 냉각재 모두 중수를 사용하는 두 번째 시험로 NRU의 개발에 나서 1957년에 운전을 개시할 수 있게 돼.

CANDU, 나도 할 수 있어!

원래 캐나다는 핵무기 개발엔 관심이 없었어. 미국의 뒤통수에서 그 짓을 했다가는 제재를 받을 게 뻔하니까. 캐나다는1952년 국영 산업체인 캐나다원자력공사AECL를 설립하여 원자력발전 개발 체제를 정비해.

한편 실수요자인 온타리오 주영 전력회사 온타리오하이드로의 기술진이 1954년 천연우라늄 중수로가 발전용 원자로로서 가능성이 있다는 결론을 내려. 이로써 캐나다원자력공사와 온타리오하이드로가 공동으로 20MW급 소형 천연우라늄 중수감속 중수냉각형 실증로NPD 건설에 착수해.

1956년 9월에 개시된 NPD 개발은 몇 가지 해결해야 할 문제가 있었어. 우선 압력용기가 문제였지. 시험로는 용량이 작아서 가능했지만 200MW 이상의 상업용 원자로에서 사용할 수 있는 크기의 압력용기를 만들기엔 캐나다의 기술이 부족했거든. 또 다른 문제는 연료 교환이야. 우라늄-235의 함유량이 적은 천연우라늄을 연료로 사용하는 상황에서 연료를 교환할 때마다 원자로 운전을 중지한다면 가동률이 떨어질 수밖에 없잖아?

첫 번째 문제를 해결하기 위해 연구진은 압력관을 도입해. 고압의 냉각재만을 압력용기로 쓰는 방법도 생각해봤지만 열을 전달해야 하는 냉각재가 노심과 분리돼 의미가 없었어. 그래서 나온 방법이 연료봉과 그 주위를 흐르는 냉각재를 함께 가느다란 관 속에 넣되, 그 관을 고압에 견딜 수 있는 강한 압력관으로 만드는 거야. 때마침 미국에서 잠수함용 가압경수로의 연료피복관으로 사용하기

원전 마피아의 대부들

위해 지르코늄 합금을 개발했지. 지르칼로이zircaloy는 중성자 흡수율이 낮고, 고압에 견디며 고온에서도 부식에 강한 특징 때문에 압력관으로는 최적이었던 거야.

압력관의 선택은 두 번째 문제를 자동적으로 해결해주었어. 연료봉을 50cm 길이의 카트리지에 담은 뒤 수직이 아니라 수평으로 놓인 압력관의 한쪽에서 밀어넣으면 오래된 카트리지부터 밀려나오는 거야. 이렇게 해서 중수로는 원자로를 가동하는 상태에서 연료 교체가 가능하게 됐지. 가동률을 높임으로써 가격이 높은 중수를 사용하는 경제성의 단점을 보완할 수 있게 된 거야.

1962년 6월 건설을 완료하고 운전을 개시한 이 독특한 원자로는 캐나다의 중수 우라늄로라는 뜻의 CANDUCanada Deuterium Uranium라

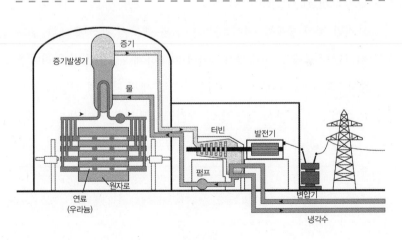

캔두 개념도

고 불렸어. 캔두는 '나도 할 수 있어!Can Do'의 중의적 표현이기도 해.

이후 캐나다는 국내에 22기를 건설하고 해외에도 수출하는 성과를 거뒀어. 이웃 나라와 분쟁을 겪는 나라들은 모두 캔두에 러브콜을 보내는데, 인도와 파키스탄, 아르헨티나, 한국 등이 캔두를 도입한 나라들이지. 우리나라가 고리원전의 경수로에 이어 두 번째로 도입한 원자로가 바로 캔두야.

이들 국가는 왜 중수로를 선호했을까?

그렇지! 바로 플루토늄 때문이야. 중수형 캔두에서 나온 사용후 핵연료에서는 경수로에 비해 플루토늄 생산이 용이하거든. 인도는 캔두를 도입하면서 받은 실험로CIRUS를 통해 획득한 플루토늄으로 1974년 핵실험에 성공하여 핵보유국(미국, 소련, 영국, 프랑스, 중국)을 긴장시켜. 심심하면 투닥거리던 이웃사촌 파키스탄이 대응 핵무기를 보유하게 된 시발점이기도 해.

하지만 비싼 중수를 써야 하는 단점과 핵무기 확산에 대한 우려로 캐나다의 중수로는 세계시장에서 쇠퇴하게 돼. 1979년 스리마일 원전사고와 1986년 체르노빌 원전사고로 세계 원자력 시장이 찬물을 뒤집어 쓴 상태에서 캔두가 설 자리는 없었다고 봐야지.

원전 후발주자 프랑스,
날개를 달다

제2차 세계대전이 일어나기 전 원자력 연구에서 제일 앞서 있었던 프랑스는 전쟁의 피해를 가장 크게 받았어. 어렵사리 노르웨이의 중수를 입수하여 핵분열 연쇄반응에 성공하고서도 연구진과 중수를 영국으로 보내야만 하는 아픔이 있었지. 죽 쒀서 남을 준 셈이야. 노르망디상륙작전 이후 캐나다를 방문한 드골은 그곳에서 연구를 계속하고 있던 할반과 코왈스키, 골드슈미트를 만나 와신상담하며 후일을 기약해야 했대.

하지만 미국과 영국, 소련 등 연합국의 지원을 받아 독일의 점령 상태에서 벗어난 프랑스의 처지는 곤궁하기 짝이 없었지. 프랑스는 전후 서방파 두목으로 자리 잡은 미국이 유럽의 후원자로 나서는 데 저항감을 갖고 소련에 우호적인 태도를 견지했어. 그러자 미국은 프랑스 원자력 연구의 대부격인 졸리오퀴리가 공산당원이라서 최대의 적성국으로 등장한 소련으로 정보가 유출될 것을 우려했지. 이런 이유로 미국은 프랑스는 물론 프랑스와 공동연구를 진행한 바 있는 영국에도 원자력 정보를 일절 넘기지 않았어.

결국 프랑스는 전후 복구의 어려움 속에서 독자적으로 원자력 개발에 나서야 했지. 할반은 영국에 남았지만 핵분열과 중수의 공동 연구자인 코왈스키, 그리고 플루토늄 추출의 제1인자인 골드슈미트가 프랑스로 돌아와. 졸리오퀴리는 제2차 세계대전 중 벨기에령 콩고에서 수배해 전쟁이 끝날 때까지 모로코에 숨겨두었던 10t의 우라늄을 들여오고.

1945년 프랑스 정부는 원자력 연구의 총본산인 원자력청CEA을 설립하고, 이듬해에는 전력사업도 국영화하여 프랑스전력공사EDF로 일원화함으로써 중앙집권적인 원자력 개발 체제를 갖춰. 원자력청은 1946년 코왈스키의 지도 아래 천연우라늄을 연료로, 중수를 감속재로 하는 실험용 원자로ZOE 건설을 시작하여 1948년 임계에 도달함으로써 핵분열 연쇄반응 제어에 성공해.

프랑스는 가장 먼저 중수를 감속재로 사용한 나라야. 하지만 스스로 중수를 생산해낼 기술은 없었어. 미국은 농축우라늄은커녕 원자력 연구 정보조차 엄중하게 통제했지. 이런 상황에서 프랑스 역시 영국과 같은 길을 걸을 수밖에 없었어. 장기적으로는 농축우라늄이나 플루토늄을 연료로 사용하기로 하지만 당장은 천연우라늄을 쓸 수밖에 없는 처지였지. 결국 천연우라늄을 연료로 하는 가스냉각흑연감속로인 G1로를 건설하여 1956년 첫 운전에 성공해. 근데 이 원자로는 플루토늄을 생산하는 것이 목적이었어. 발전보다도 하루빨리 핵무기를 보유함으로써 히틀러한테 망가진 자존심을 회복하고 싶었거든. 더구나 이웃 섬나라 영국도 핵무기를 가졌으니 마음이 급해졌어.

미국과 영국, 소련이 핵실험 금지를 논의하던 중인 1959년, 프랑스의 드골 대통령은 '핵 억지력'이라는 논리를 내세워 프랑스도 핵무기를 가질 것을 선언해. 어느 정도 준비가 완료됐다 이거지. 이윽고 이듬해인 1960년 2월 알제리 남쪽 레간 지역에서 프랑스도 핵실험에 성공해. 이로써 프랑스는 1967년 핵확산금지조약이 체결될 때 중국(1964년 핵실험 성공)과 함께 핵보유국으로서의 특혜를 누릴 수 있게 된 거야.

이즈음 우주개발에서 미국을 앞서나가는 등 소련의 군사적 위협이 증대하자 미국은 서방파의 군사력을 강화하기 위해 북대서양조약기구NATO에 미국의 원자력잠수함 기술을 개방하기로 해. 프랑스도 영국과 같이 미국에 기술 이전을 타진했으나 미국은 민족주의 성향이 강한 드골 정부의 요구는 거부했어. 토라진 드골은 나토에서 탈퇴하고 독자적인 힘으로 잠수함용 원자로를 개발하여 1967년 3월 첫 핵잠수함을 진수하게 돼.

한편 1955년 프랑스 정부는 원자력청과 프랑스전력공사, 산업계 대표로 구성되는 원자력자문위원회(PEON위원회)를 발족시켜. 이 위원회는 우선 마쿨 연구로(G1~G3)에서 얻은 자료를 토대로 소형의 발전용 원형로를 건설하기로 하지. 이에 따라 70MW급 탄산

프랑스 해군 핵잠수함 '르 르두타블'

가스 흑연로 시농 1호기의 건설이 1957년 시작돼. 이어 실증로인 180MW급 시농 2호기와 360MW의 시농 3호기를 1958년과 1961년에 연달아 착공해. 하지만 영국에서와 같이 탄산가스 흑연로의 성과는 지지부진했어. 대형화와 경제성에서 고전하며 돌파구를 찾지 못하고 있는 가운데 미국의 경수로가 세계시장에 등장했어. 아울러 미국 정부는 농축우라늄 제공도 허용해 자국의 경수로 판매를 지원하고 나섰지.

1960년대에 들어서면서 프랑스의 독자적인 기술 개발을 주장하는 원자력청과 현실적으로 경제성을 추구하는 프랑스전력공사 간에 노형 선택을 둘러싼 지루한 싸움이 시작돼. 시농 1·2·3호기의 설계에 대해 원자력청은 G2, G3의 시험로의 설계를 기본으로 해야

원전 마피아의 대부들

한다는 입장이었으나, 프랑스전력공사는 발전로의 소유자이자 운전자인 자신들의 요구 사항이 받아들여져야 한다고 버텼지. 결국 프랑스전력공사 설계안이 채택돼 공사에 들어갔어.

그러나 막상 작업에 임해보니 기술적인 문제 해결에 많은 시간이 걸려 공기가 지연됐어. 게다가 운전을 시작한 뒤에도 기술적 문제와 분쟁이 끊이지 않았지. 이에 대해 원자력청은 자신들의 기술적 실적에 기초한 설계를 받아들이지 않았기 때문이라고 비난했고, 프랑스전력공사는 운영상의 문제를 들어 자신들의 의견을 굽히지 않았어. 사실 프랑스전력공사는 프랑스는 물론 앞서서 연구를 진행하고 있던 영국에서도 가스냉각로의 상업화가 원활하지 않은 데 비해 화력발전보다도 낮은 건설비용을 들고 나온 미국의 경수로에 자꾸 눈길이 갔던 거야.

하지만 민족주의적인 성격이 강했던 드골 정부와 원자력청은 자신들이 개발한 가스냉각형 흑연감속로를 쉽게 포기할 수 없었어. 더구나 프랑스는 잠수함용 원자로 기술을 독자적으로 개발하고 있는 상황이었잖아. 당연히 연료인 농축우라늄을 미국에 의존해야 하는 경수로는 프랑스 정부에겐 고려 대상이 아니었어. 프랑스 정부는 1964년 2.5~4기가와트GW 규모의 원전 개발 계획을 결정하고 우선 400~500MW급의 생로랑 1·2호 및 뷔제 1호 등 3기의 가스 흑연로 건설을 추진하기로 해.

하지만 매력적인 경수로에 흥미를 버리지 못한 프랑스전력공사는 이웃나라의 경수로 건설 계획에 참여하는 쪽으로 방향을 돌려.

벨기에가 계획하고 있던 미국 웨스팅하우스사의 가압수형 경수로 건설에 참가하는 한편 스위스와 미국 GE사의 비등수형 경수로 건설에도 한 다리를 걸쳐. 300MW의 가압경수로인 벨기에 쇼즈 원전은 1967년 성공적으로 운전을 시작해. 반면 목표 기한을 넘겨 같은 해 운전을 개시한 프랑스의 가스흑연로인 시농 3호기에서 발생한 기술적 문제가 세간에 널리 알려지면서 프랑스전력공사는 더욱 경수로에 대한 확신을 굳히지.

1960년대 중반 이후 미국은 농축우라늄의 안정적 공급을 약속하며 경수로의 수출을 적극 지원해. 그뿐 아니라 프랑스에서도 군사용으로 개발하고 있던 우라늄 농축공장이 운전에 성공하여 농축우라늄의 해외 의존에 대한 프랑스의 우려가 감소하게 됐어. 이와 더불어 벨기에 쇼즈 경수로의 성공에 자신감을 얻은 프랑스전력공사는 생로랑 1·2호와 뷔제 1호기의 뒤를 잇는 새로운 원자로의 노형으로 경수로를 추천해. 하지만 드골 대통령은 다른 강대국들이 실험에 성공한 수소폭탄을 개발하고 있던 원자력청의 손을 들어줘.

그러나 1968년 5월 프랑스 학생운동이 권위적인 드골 정부를 휘청거리게 했지. 1969년 정치개혁에 대한 국민투표에서 패한 드골 대통령은 4월 스스로 엘리제궁에서 물러났어. 강력한 민족주의자 드골의 퇴장과 친미적인 퐁피두의 등장은 원전 개발에도 영향을 끼쳐.

이미 1968년 4월 원자력자문위원회CCNPE는 '가스흑연로의 건설은 훼셴하임을 마지막으로 하고, 경수로를 시급히 건설해야 한다'는 권고를 제출한 바 있었거든. 1969년 퐁피두 정부에서 원자력청장관으로 임명된 앙드레 지로는 프랑스전력공사에 원자로 선택의 전권을 부여해.

프랑스전력공사는 1970년 아직 건설이 시작되지 않은 훼센하임에 당초 예정된 가스흑연로 대신 경수로 제1호기를 건설하기로 결정해. 그러고는 가압경수로와 비등수형 경수로 양쪽에 입찰을 요청하지. 가압경수로는 미국 웨스팅하우스의 허가증을 가지고 있던 프라마톰이, 비등수형은 미국 GE의 허가증 소유사인 CGE가 응찰해. 프랑스는 아직 경수로에 대한 기술적 평가를 할 만한 기술력을 가지고 있지 못해서 건설비용이 가장 큰 판단 근거가 됐는데, 결국 25% 싼 가격을 제시한 프라마톰의 가압경수로로 낙찰돼.

프랑스전력공사는 시설의 대형화로 경제성을 꾀하고 기술을 축적하기 위해 같은 부지에 2기 이상을 건설한다는 기본 방침을 정해. 이에 따라 훼센하임에는 900MW의 대형로 2기가 발주됐고, 이듬해에는 뷔제에도 900MW의 가압경수로 2기를 건설하기로 결정했지.

프랑스전력공사는 또한 국내 제조업체의 기술개발과 경쟁을 위해 비등수형에도 기회를 주기 위해 다음에는 비등수형 경수로를 건설하기로 해. 그러나 프랑스에서 비등수형은 기회를 잡지 못했어. 웨스팅하우스에 비해 GE는 유럽에서 공급체계를 제대로 구축하지 못해 가격경쟁력을 갖추지 못했거든. 게다가 1973년 말에 불어닥친 중동발 석유파동은 추가 건설을 재촉했고, 실적이 있는 웨스팅하우스와 프로마톰의 가압경수로에 밀려 진입에 실패했지.

석유위기의 바람을 타고 프랑스전력공사는 1973년 말 "앞으로 석유 및 석탄화력발전소는 일절 건설하지 않고 모든 신설 발전소는 원자력발전으로 한다"는 방침을 세워. 그리고 매년 5~6기의 원자로를 갖춘 5GW 규모의 대형 원자력발전소 건설에 착수한다는 계획을 발표해. 그러고는 1974년부터 1981년까지 무려 40기의 가압경수로를 발주하지. 30기까지는 900MW급이었으며, 기술이 축적되자 이후에는 1300MW급으로 대형화하면서 말이야.

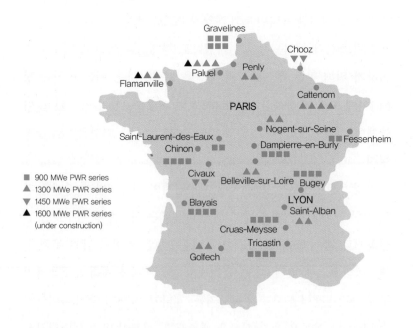

프랑스는 지금까지 70기의 원자로를 지어 현재 58기를 가동 중이다.

원전 마피아의 대부들

이런 대량 발주와 건설은 웨스팅하우스의 파트너인 프로마톰의 입장을 강화해줘. 일방적인 허가증 계약으로 출발한 양사의 관계는 점차 기술 이전을 명시한 동반자의 계약으로 전환됐으며, 프로마톰은 독자적인 기술력을 갖추기에 이르지. 또한 자본 면에서도 45%에 이르는 웨스팅하우스의 프로마톰 주식 대부분을 매각토록 하여 양사의 관계는 더욱 대등해졌어.

1979년 미국 스리마일 원전사고가 프랑스에겐 도약의 기회가 돼. 미국 원자력 시장이 얼어붙자 원전업체들이 경영난에 처하게 되고, 1981년 웨스팅하우스는 원천기술을 프로마톰에게 팔아. 전적으로 넘긴 건 아니고 프로마톰이 독자적으로 원자로를 공급할 수 있게 허용하는 거였지. 이로써 세계시장에 발을 들인 프로마톰은 오늘날 세계 원전 마피아계의 최대 대부 '아레바'로 성장하게 돼.

현재 프랑스는 전력의 4분의 3을 원자력발전으로 생산하고 원전산업이 핵심산업으로 자리 잡았어. 하지만 이게 프랑스에 약인지 독인지는 모르겠어. 재생가능에너지로 전환하는 데 앞장서고 있는 유럽연합 내에서 프랑스는 '골칫덩어리Black Sheep' 취급을 받고 있거든. 머지 않은 장래에 판가름이 나겠지.

피폭 국가에서
원전 수출국이 된 일본

원자력에 대한 일본인의 태도는 이중적이야. 일본은 원자폭탄의 피해를 입은 최초이자 유일한 국가지. 막대한 인명과 재산의 피해를 입었으며 그 후유증은 두 세대가 흐른 지금도 계속되고 있어. 히로시마와 나가사키의 상흔은 일본인들로 하여금 평화를 갈구하게 하면서도, 한편으로는 원자력이 가진 엄청난 힘을 추구하게 만들었어. 그것이 발전이든, 핵무기든 말이야.

1945년 일본의 패배를 재촉하고 확인한 것은 '리틀 보이'와 '팻맨' 단 두발의 원자폭탄이었어. 무조건 항복을 선언한 일본은 아시아의 식민지로부터 물러나 무장해제 된 상태로 미국의 지도를 받아들여야 했지. 다시 힘을 길러 대국의 영광을 찾고자 하는 일본에게 기회는 그리 멀리 있지 않았어. 동서냉전이 고조되고 한국전쟁이 발발하면서 미국은 일본을 동아시아의 교두보로 삼아. 이를 기회로

원전 마피아의 대부들

일본의 경제는 다시 부흥하고 자위대라는 준군사 조직까지 편성할 수 있었지.

그러던 차에 나온 아이젠하워의 '평화를 위한 원자력' 선언은 결코 놓칠 수 없는 기회였어. 1954년 나카소네 야스히로 의원의 발의로 원자력 연구개발 예산 2억 3500만 엔을 확보하고, 1955년에는 원자력기본법이 통과되어 4~6년 단위의 원자력 이용개발 장기계획을 수립해. 1956년 설립된 일본원자력연구소는 일본 최초의 연구로 JRR-1을 건설하여 1957년 8월 초임계 상태에 도달했지. 이어 일본원자력연구소는 연구로 JRR-2와 JRR-3으로 성능을 향상하며 연구를 계속해.

이를 토대로 일본원자력연구소는 1960년 미국 GE와 동력시험로 JPDR의 건설 계약을 체결해. 12.5MW 비등수형 경수로인 동력시험로 건설에는 GE의 일본 내 파트너인 히타치제작소가 기기제조를 수행하지. 이 동력시험로는 1963년 10월 첫 발전을 시작하여 일본 원자력발전 시대의 개막을 알려.

원자력 연구를 시작한 일본은 자주개발과 상업로의 조기 수입에 대한 논쟁을 벌여. 다수는 하루빨리 선진기술을 수입하자는 쪽이었는데, 일본 정부는 1957년 일본원자력발전(주)을 발족하여 미국의 경수로와 영국의 가스로에 대해 교섭을 시작해. 본국에서도 상업화되지 않은 발전용 원자로를 수입하기로 할 정도로 일본의 원자력에 대한 열망이 강했던 거지.

흥미로운 건 이때 일본이 미국의 경수로가 아니라 영국의 탄산가

일본의 첫 원전이 세워졌던 도카이무라에는원전 관련 연구 시설이 모여 있다.

스냉각 흑연감속로(마그녹스로)를 수입하기로 결정했다는 거야. 이바라키현 도카이무라에 건설된 116MW급의 이 가스로는 1965년 11월 첫 발전에 성공해. 영국의 유일한 원자로 수출이기도 한 이 거래는 미국의 영향 아래 있었던 일본으로서는 대단한 결단이었지. 일본은 왜 이런 모험을 강행했을까?

맞아, 답은 플루토늄에 있어.

농축우라늄을 미국으로부터 들여오는 경수로보다 천연우라늄을 사용하여 플루토늄 추출이 용이한 가스로를 선호했기 때문이야. 여기서 원자력을 바라보는 일본의 숨은 욕망이 그대로 드러나. 바로 원자력발전의 외피를 두른 핵무기에 대한 참을 수 없는 강렬한 욕망!

하지만 이런 일본으로서도 본격적인 원자로 도입 단계에서는 미국의 경수로를 택할 수밖에 없었어. 1960년대 들어 영국이 가스로의 문제점을 해결하지 못하고 있는 동안 미국의 경수로는 경제성을 확보했기 때문이었지. 당시 경수로는 건설비가 더 저렴하고 향후 개량과 대형화를 기대할 수 있었거든. 이에 따라 일본의 9개 전력사는 모두 미국의 경수로 수입을 추진해.

1965년 9월 일본원자력발전(주)도 경수로로 노선을 변경하여 쓰루가 원자력발전소 1호를 미국의 GE에 발주해. 357MW의 비등수형 경수로인 쓰루가 1호기는 GE와 히타치제작소에 의해 건설돼 1970년 3월 상업운전을 개시하지. 그해 11월에는 간사이전력이 발주한 미하마 원자력발전소 1호기도 가동을 시작해. 이건 340MW 가압경수로로 웨스팅하우스와 미쓰비시 그룹이 건설한 거야. 이듬해인 1971년 3월에는 도쿄전력의 후쿠시마 제1 원자력발전소 1호기가 영업운전을 개시함으로써 원자력발전이 본격화되는데, 이 원자로는 460MW급 비등수형으로 GE와 도시바 그룹이 참여해.

일본의 원자로 제조 3사

지금까지 일본 회사가 몇 개 나왔지? 히타치제작소, 미쓰비시중공업, 도시바. 이 세 개의 회사는 향후 원전 마피아의 큰손이 될 기업이니까 기억해 둬.

일본의 원전 건설에서 주목할 대목은 미국의 GE나 웨스팅하우스가 원청업체이지만, 건설 과정에는 일본의 대기업이 하청업체로 참여해 기술 습득을 꾀했다는 거야. 이때 원전 건설에 참여한 히타치제작소와 미쓰비시중공업, 도시바는 현재 원전 마피아 서방파 3대

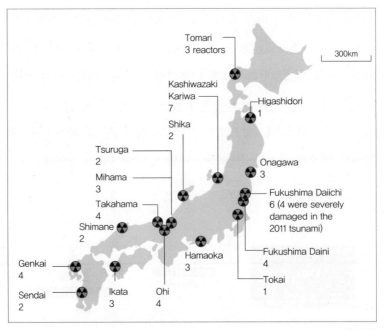

자료: JAIF

일본은 그동안 모두 60기의 원전을 지었다.

원전 마피아의 대부들

패밀리에 모두 이름을 올려.

　일본 정부는 일본원자력연구소와 일본원자력발전(주), 발전사, 제조업체들을 망라하여 1975년부터 세 차례에 걸친 개량표준화계획을 추진해. 이는 하청업체로 참여하면서 습득한 기술을 기반으로 기존 원전의 문제점을 개량하고 원자로의 국산화를 추구한 정책이었지. 1981년부터 1985년까지 수행된 제3차 개량표준화계획에서 마침내 일본형 경수로라고 할 수 있는 개량비등수형원자로ABWR와 개량가압경수로APWR를 개발해. 개량비등수형원자로는 1991년과 1992년에 가시와자키가리와 6·7호로 채택돼 1996년과 1997년에 각각 신장개업했어.

　비등수형 경수로 개량에 참여한 업체는 GE의 파트너인 히타치와 도시바 두 회사였고, 웨스팅하우스와 가압경수로 개량에 협력한 회사는 미쓰비시중공업인데, 현재 일본에 비등수형 경수로가 더 많은 것은 이런 사정에 연유해.

한국, 원전 마피아 중간 간부가 되다

우리나라 사람들에게 원자력은 어떤 이미지일까?

국제원자력기구가 조사한 바에 따르면 우리나라 사람들의 원자력 지지도는 단연 세계 최고래. 2012년 정몽준 의원이 "북핵을 없애려면 우리도 자체 핵무장해야" 한다고 주장할 무렵의 국내 한 여론 조사에서는 응답자의 3분의 2정도가 핵무장을 지지했어.

처음에 원자력은 희망과 힘의 상징으로 다가왔지. 1945년 히로시마와 나가사키에 떨어진 두 발의 원자폭탄은 36년간의 식민지 지배를 끝장내고 희망을 준 고마운 힘이었어. 그런데 그 폭탄은 식민지 백성인 우리나라 사람들도 7~10만 명이나 피해자로 만들었지. 사망자가 4~5만 명, 부상자와 후유장해자가 또 그 정도 된대. 하지만 해방 후 불과 5년 만에 벌어진 한국전쟁은 다시 한 번 한국인들의 원폭에 대한 경향성을 강화해. 1951년 한국전쟁이 한창일 때 미

원전 마피아의 대부들

국의 맥아더 장군은 중국군의 개입을 막기 위해 원자폭탄으로 만주를 폭격하자는 주장을 하여 많은 한국인에게 호응을 얻지.

이러던 차에 나온 아이젠하워의 '평화를 위한 원자력' 구상은 한국이 원자력에 접근할 수 있는 절호의 기회였어. 전쟁이 끝난 뒤 이승만 정부는 미국 정부와 협상하여 1956년 2월 한미원자력협정을 체결함으로써 미국의 기술을 도입할 길을 열었어. 미국과 맺는 이 원자력협정은 말하자면 충성 맹세야. '우리는 핵무기를 개발하지 않을 거고 할 의사도 없소. 그러니까 미국 기술 지원 좀 해주고 나중에 농축우라늄도 필요한 만큼 꼭 공급해주시오.' 요약하면 이런 내용이지.

그해 3월에는 문교부 기술교육국에 원자력과가 설치되어 향후 원자력정책 추진 계획을 수립해. 1958년에는 원자력법을 제정하고 1959년에는 원자력과를 원자력원으로 확대함과 동시에 원자력연구소를 설립하여 본격적인 원자력 연구개발에 착수했어.

1959년 원자력연구소는 미국의 제너럴아토믹에 100kW급 연구용 원자로를 발주해. 트리가마크II Training, Research, Isotope Production, General Atomic II라고 불린 한국 최초의 원자로는 1962년 3월 임계에 도달하여 가동을 시작해. 이 원자로는 원자력 기초 연구와 연구 인력 양성에 기여하는데, 1969년에는 2MW급의 연구용 원자로 트리가마크III를 착공해 1972년 가동하게 돼.

1960년대 공업화의 진전으로 한국의 전력 수요는 급격하게 증가해. 한국 정부는 1967년 원자력원을 원자력청으로 승격하고, 1968년 경제기획원장관을 위원장으로 하는 원자력발전추진위원회를 설치

한국 최초의 연구용 원자로 트리가마크Ⅱ. 2013년 문화재로 등록되었다.

하여 상업용 원자로 도입을 본격적으로 추진하게 돼. 노형은 당시 기술적으로 가장 뛰어난 안정성을 보인 가압경수로로 간택했어.

1971년 드디어 한국전력은 웨스팅하우스에 587MW급 고리원자력발전소 1호기를 발주해. 핵연료도 웨스팅하우스로부터 공급받는 조건이었어. 그로부터 7년 후인 1978년 4월 우리나라도 원자력발전시대가 시작돼.

한국 정부의 두 번째 원자로는 원자력에 대한 한국 정부의 의도가 엿보였어. 첫 번째 원자로를 미국에 발주함으로써 동맹국으로서 성의를 보인 한국은 두 번째 원자로로 캐나다의 중수로CANDU를 선택했거든. 중수로는 천연우라늄을 연료로 사용하여 플루토늄 추출이 용이한 원자로야. 고리 1호기의 총 공사비가 1428억 원이었던 데 비해 6428억 원이나 들어간 중수로 건설을 택한 까닭은 핵무기를

태평양을 건너온 증기발생기. 고리원전 1호기는 우리나라의 원전 시대를 열었다.

제조할 수 있는 플루토늄에 대한 열망이 그만큼 컸기 때문이었지.

그런데 계약이 성사되기 전인 1974년 예기치 않은 사고가 발생해. 인도가 캐나다에서 들여온 시험로 사이러스CIRUS에서 나온 사용후 핵연료를 재처리하여 추출한 플루토늄으로 핵실험을 강행했어. 이로 인해 당시 캔두를 도입하려는 한국과 대만이 '핵무기 제조용의 국가'로 의심을 받게 돼. 여차 하면 '악의 축'이 되는 곤란한 상황이었지.

한국 정부는 1975년 핵확산금지조약NPT을 정식으로 비준하여 미국 달래기에 나서. 그리고 중수로 선택이 핵무기와는 무관함을 강조하고 웨스팅하우스의 가압경수로를 추가로 도입하기로 약속하고서야 캔두 도입 계약서에 도장을 찍을 수 있었어. 우여곡절 끝에 678MW급의 가압관식 중수로인 월성 1호기를 1976년 1월에 착공해 1983년 4월에 준공하게 돼.

중수로를 1기 확보하여 플루토늄 획득의 길을 연 한국 정부는 추가 도입 원자로로 웨스팅하우스의 가압경수로를 선택해. 1종의 노형에 집중하여 기술 자립을 이뤄가고 있는 프랑스의 선례에 주목하여 기술 습득을 앞당기고자 한 결정이었어. 고리원전 2·3·4호기에 이어 새로운 원전 부지로 선정된 영광원전 1·2호기까지 모두 6기의 가압경수로가 웨스팅하우스에 발주됐지.

1980대 초가 되면 세계 원전 시장에 새로운 공급자가 나타나는데, 바로 웨스팅하우스의 원천기술 매입에 성공한 프랑스 프라마톰이야. 해외 진출 권리를 획득한 프라마톰은 원전 건설에 열중하고 있는 한국을 첫 번째 대상국으로 골라.

프로마톰은 웨스팅하우스를 제치기 위해 보다 나은 기술 이전 조건을 제시해. 이는 한국이 오매불망 바라던 바였으므로 울진원전 1·2호기를 프라마톰에 발주하지. 950MW급 가압경수로인 울진원전 1·2호기는 1981년에 착공해 1990년 2월 완공하는데, 이 과정에서 한국은 기자재 공급에서 40%, 원자로 등 주 설비의 설계부문에서 46%까지 국산화율을 끌어올려.

그러던 중 기술 자립의 결정적 기회를 스리마일 원전사고가 제공해. 1979년 사고 이후 미국 시장에서 추가 원전 건설은 자취를 감추고, 유럽에서도 원전 신설을 중단하는 국가가 늘어나. 그러자 미국의 중소업체인 밥콕앤윌콕스와 컴버스천엔지니어링은 경영난에 봉착해. 컴버스천엔지니어링CE은 원전 신흥국인 한국에서 사운을 건

모험을 하기로 해.

1987년 한국 정부가 영광원전 3·4호기를 국제 입찰하면서 기술이전을 조건으로 달아. 웨스팅하우스는 프라마톰의 전철을 밟을 생각이 없었지만, 경영난에 몰린 CE는 한국에서만 사용한다는 조건을 달아 원천기술의 이전을 받아들여.

한국 정부는 CE와 계약을 체결하고 1000MW급의 시스템80과 1400MW급의 시스템80플러스 노형에 대한 기술을 전수받아. 영광원전 3·4호기는 시스템80 모델로 건설돼 1995년과 1996년에 각각 가동을 시작해. 한국은 이를 바탕으로 우리 실정에 맞게 설계를 변경하고 그동안의 기술 진보를 바탕으로 1000MW급의 한국 표준형 원전KSNP을 개발했지. 그리고 마침내 울진원전 3·4호기에 한국 표

신한울원전 1호기 APR-1400 원자로가 두산중공업에서 출하되는 모습

준형 원전을 적용하여 1998년과 1999년에 완공함으로써 원전 기술 자립 시대를 열었대. 하지만 아직도 원자로의 핵심부품은 웨스팅하우스에서 사와야 해.

이후 한국 표준형 원전은 한빛원전 5·6호기와 한울원전 5·6호기로 이어지고, 이를 개선한 OPR-1000(최적화 경수로)이 신고리원전과 신월성원전에 각각 2기씩 건설되고 있어. 또한 시스템80플러스를 모델로 한 1400MW급의 APR-1400(개량가압경수로)은 신고리원전과 신한울원전에 각각 2기를 건설 중이야. APR-1400은 2009년 한국전력 컨소시엄이 수주한 아랍에미리트의 노형으로 채택돼 국제적인 관심을 끌기도 했어.

그렇다고 해서 한국이 세계 원전 마피아계에서 대부godfather의 반열에 오른 건 아냐. 대부가 되려면 수출권이 있어야 다른 나라까지 패밀리에 끌어들일 수 있는데, 한국은 이게 안돼. 그래도 서방파 안에서 중간 간부 자리는 꿰찼다고 볼 수 있어.

원전 마피아의 대부들

08

원자력산업계의
군웅할거와 짝짓기

현재 세계에서 운전 중인 원자로의 62%는 가압경수로야. 22%를 차지하는 비등수형 경수로가 그 뒤를 따르고, 중수로가 10%를 차지해. 일본에 세계 최초로 원자로를 수출하며 초반 기세를 올렸던 영국의 가스로는 이제 본국에 15기가 남아 있을 뿐이야.

미국의 우라늄 농축 기술에 의존하지 않고 독자적인 기술을 개발하려 한 데서부터 영국은 발걸음이 꼬였어. 가스로의 기술적 문제와 대형화라는 난제를 해결하느라 고전하는 동안 미국의 경수로가 이미 세계 시장을 차지하고 진보했거든.

영국은 뒤늦게 노선을 변경하여 1981년에야 중앙전력청이 사이즈웰에 가압경수로 원전 건설 허가를 신청해. 하지만 1983년부터 2년간 계속된 의회의 청문회를 거치고 다시 2년이 지나 청문회의 보고서가 나온 뒤 1987년 6월에야 비로소 사이즈웰 가압경수로 원전을 착공하지.

중앙전력청은 같은 해 두 번째 가압경수로가 될 힝클리포인트 원전 건설 신청을 냈지만 영국의 가압경수로는 사이즈웰 하나로 멈추어야 했어.

영국에서 원전 건설을 멈추게 한 것은 반핵운동이나 환경보호운동이 아니야. 그것은 아이러니하게도 전력산업 민영화였지. 광산노조를 굴복시키고 국영기업의 민영화를 추진한 대처 정부는 1988년 2월 전력산업 민영화 방안을 발표하고 원전을 포함한 발전소의 매각에 나서. 스코틀랜드전력청의 발전 부문은 1개 회사로, 중앙전력청의 발전 부문은 내셔널파워와 파워젠으로 나뉘어 매각돼.

그런데 이 과정에서 신형 가스냉각로 발전소의 부진한 운영에 대한 특별한 대책이 요구돼. 셀라필드 재처리공장의 사용후 핵연료 재처리를 포함한 폐기물 처리 비용, 그리고 기한이 만료돼가는 마그넥스 원자로의 해체 비용을 고려해야 했거든. 경제성만 따져서는 원전이 완전 찬밥 신세가 된 거야.

결국 영국 정부는 원전에서 생산한 전력부터 이용하도록 하는 조치를 취해. 그리고 화석연료 발전에는 총전력 판매액의 10.6%에 이르는 이른바 '원자력 부담금'을 부과해. 비효율적인 원전의 가동에 따른 부담을 화석연료 발전에 떠넘긴 거야.

가압경수로는 또 다른 문제를 안고 있었어. 바로 자본비용이야. 사이즈웰 원전을 인수하게 될 내셔널파워는 20년 내에 자본비용을 회수하길 원했어. 연간 10%의 자본회수율을 근거로 하여 내셔널파

원전 마피아의 대부들

워가 제안한 전력요금은 kWh당 6.25펜스였지. 그런데 당시 공공부문의 발전단가가 3.2펜스이므로 민간 원자력 발전단가는 거의 두 배에 가까웠어.

결국 정부는 원전을 관리하는 국영기업 원자력전기공사Nuclear Electric Plc를 따로 만들어야 했어. 우여곡절 끝에 원자력발전의 민영화가 완료된 것은 1996년 7월이 되어서야. 하지만 경제성이 떨어지는 마그녹스로는 민간업체가 끝내 인수하지 않아서 영국핵연료공사BNFL에 넘겨 버려. 이 과정에서 두 번째 가압경수로인 힝클리포인트 원전 계획은 바람과 함께 사라지고, 이후 민간 발전업체는 자력으로 원전을 건설할 엄두조차 내지 못했어. 영국 보수당의 정책은 친원전이지만 신자유주의의에 입각한 전력산업의 민영화가 의외의 결과를 가져온 거지.

그러니까 철의 여인 대처가 우리에게 보여준 건 민간 발전업자로서는 경제성이 맞지 않아 결코 원전을 지을 수 없다는 숨겨왔던 진실인 거야. 원전을 가능하게 하는 건 곳곳에 숨어 있는 공적 자금이란 사실이 드러난 셈이지. 개인적으로는 이게 대처의 최대 업적이라고 봐.

영국이 세계시장에서 배제된 1980년대 미국 주도의 원전산업계에 새로운 강자들이 모습을 드러내. 프랑스의 프라마톰과 알스톰, 독일의 지멘스, 일본의 히타치와 도시바, 미쓰비시중공업이 그들이야. 척박해지는 시장에서 썩은 고기를 찾아 어슬렁거리는 킬리만자로의 하이에나처럼 원전 마피아들의 피비린내 나는 혈전이 바야흐

철의 여인 대처 수상의 민영화 정책은 원전의 비경제성을 고스란히 드러냈다.

로 다가오고 있었어.

이들은 모두 1970년대 자국의 원전 건설 과정에 참여하면서 기술을 습득하고 세계 원자력산업의 주요 업체로 성장했어. 이 중 프라마톰은 1970년대 후반 카터쇼크(챗바퀴 도는 고속증식로 개발 중지, 그리고 우라늄 농축 및 재처리 기술의 수출 금지를 제안)와 스리마일 원전 사고 이후 미국에서 원전산업이 주춤한 틈을 타 1981년 웨스팅하우스로부터 원천기술을 매입하는 데 성공해.

세계 원전 시장에서 경수로의 원천기술을 가진 업체는 가압경수

원전 마피아의 대부들

로의 웨스팅하우스와 컴버스천엔지니어링, 밥콕앤윌콕스와 비등수형 경수로의 GE, 그리고 자체 개발한 가압경수로 기술을 가진 소련의 국영기업뿐이었어. 미국과 소련이 아닌 국가에서는 캐나다의 중수로만이 유일하게 세계시장에서 살아남았지. 캔두는 캐나다원자력공사가 원천기술을 보유하고 있어.

원천기술이 있으면 다른 나라의 간섭을 받지 않고 스스로 원자로를 수출할 수 있어. 그렇지 않으면 아무리 기술을 습득했다 해도 원천기술 보유자의 승낙이 없이는 수출을 할 수 없거든.

따라서 웨스팅하우스로부터 원천기술을 매입한 프라마톰은 아주 예외적인 사례야. 미국 원자력발전 시장의 전망이 불투명한 틈을 타 기술 양도를 시도한 프랑스의 행운이었지.

반면 1980년대 후반 기술 자립을 이룬 일본은 원천기술에 대한 권한을 넘겨받을 수 없었어. 원천기술 권한을 획득한 프라마톰이 바로 한국 시장에 뛰어들어 유리한 조건을 제시하고 수주에 성공했잖아. 장터에 판 벌렸더니 다른 장꾼이 끼어들어와 떨이로 들이민 셈이지. 미국은 이런 전철을 되풀이하고 싶지 않았던 거야.

일본 업체들이 일본형 원자로라 할 수 있는 개량비등수형 경수로를 개발하여 건설하는 동안에도 원천기술에 대한 권한은 GE가 쥐고 있었어. 개량가압경수로를 개발한 미쓰비시도 마찬가지였고. 웨스팅하우스는 또 하나의 프라마톰을 세계시장에서 마주치고 싶지 않았거든.

1980년 레이건 행정부는 원전산업의 부흥을 위해 카터 정부가

1986년 체르노빌 원전사고는 유럽에서 원자력발전을 사양 산업으로 만들었다.

설정한 제한을 없애버려. 하지만 1986년에 발생한 소련의 체르노 빌원전사고는 일어서려던 세계 원전 시장에 또다시 찬물을 끼얹어. 특히 방사능 낙진 피해를 직접 입은 유럽에서는 스웨덴, 독일 등이 원전의 단계적 폐쇄라는 원전산업계로서는 최악의 선택을 하기에 이르러.

원전 시장이 축소되면서 미국의 중소 원전업체들은 경영난에 직면해. 제일 먼저 꼬맹이 밥콕앤윌콕스가 흔들려. 스리마일원전의 설계를 맡았던 밥콕앤윌콕스는 1979년 원전사고로 더 이상 수주를

원전 마피아의 대부들

할 수 없었거든. 이때를 노린 프라마톰이 1988년 밥콕앤윌콕스의 원자로 설계 부문을 인수하여 원천기술 면허를 강화해.

컴버스천엔지니어링은 파격적인 기술 제공을 내세워 한국 시장에서 대거 수주하면서 위기를 넘겨보려고 했지만 역부족이었어. 결국 북미 에너지 시장으로 진출하려는 스웨덴과 스위스의 합작 에너지업체 ABB Asea Brown Boveri 그룹이 1989년 컴버스천엔지니어링을 인수해.

1990년대와 2000년대 동안 세계 원자력 시장을 이끈 것은 프랑스와 일본, 한국이었어. 미국의 원전 시장 침체가 지속되면서 미국의 원자력업체는 현상 유지에 급급한 가운데 세계시장에서는 프랑스와 다투어야 했지. 일본의 해외 진출은 원천기술을 가진 미국 업체의 승인을 받고 핵심 기자재를 미국에서 가져가야 했으므로 그리 나쁜 것만은 아니었지만 말이야.

미국 원전산업의 쇠퇴는 2001년 7월 결성된 제4세대 원자로 국제포럼GIF에서 극적으로 나타나. 1990년대 3.5세대 원자로의 개발에서 프랑스와 일본, 한국 등에 밀린 미국은 이미 독자적으로 차세대 원자로의 개발에 나설 처지가 못 됐어. 미국은 국제 공동 개발이라는 명분으로 프랑스, 일본, 영국, 한국 등 9개국이 참여하는 포럼을 구성했고, 참가국들은 분야별로 연구 주제와 관심 노형을 나눠 맡았지.

2000년대가 되면 원자력산업계의 최강자로 프랑스가 자리를 잡아. 프랑스는 이미 총 전력의 4분의 3을 원자력발전으로 생산할 만큼 원전 중심 국가가 되어 있었어. 한편 이웃한 독일은 원전을 포기하고 재생가능에너지에 집중하는 정책을 펴고 있었지. 국내시장을 잃어버린 독일의 지멘스는 2001년 1월 원자력산업 부문을 프라마톰과 통합하여 프라마톰ANP로 들어가. 같은 해 8월에는 프랑스원자력공사CEA와 프랑스의 핵연료 제조사인 코제마COGEMA, 커넥터 제조사인 FCI가 합병하여 세계 최대의 원자력업체인 아레바AREVA가 돼. 알 카포네의 등장이라고나 할까?

한편 마그녹스로 원전을 소유한 영국핵연료공사BNFL는 1999년 웨스팅하우스를 전격 인수해 세계시장에 발을 들여놓아. 2000년에는 컴버스천엔지니어링을 품에 넣은 ABB로부터 원자력사업 부문을 인수하여 몸집을 키웠고. 하지만 발전산업이 민영화된 영국 시장에서 원전을 수주할 수는 없었어. 이 때문에 BNFL은 2005년 원전 해체사업에 집중하기로 하고 조직을 개편해. ABB의 원자력 부문을 통합한 웨스팅하우스는 매각하기로 하지. 이렇게 시장에 나온 웨스팅하우스의 당시 평가액은 18억 달러였어.

인수전이 시작되자 치열한 경쟁이 벌어져. 알 카포네의 등장에 움추러들었던 하이에나들이 눈알을 부라리며 이빨을 드러낸 거지. 미국의 GE와 일본의 도시바, 미쓰비시중공업이 물고 뜯는 혈전을 벌여. 이때 한국의 두산중공업도 본선에 진출하지는 못했지만 이름을 올리기는 했어.

비등수형 경수로 기술을 보유한 GE로서는 미국의 경수로 시장을 장악한다는 장점에다 세계시장에서 양수겸장할 수 있게 되는 기회였고, 일본과 한국의 업체들로서는 원천기술을 확보할 수 있는 절호의 판이 벌어진 거야. 감히 넘보지 못했던 웨스팅하우스를 영국에서 가져가는 것을 보고 느낀 바가 많았으니까.

처음에는 미쓰비시가 개량형 가압경수로를 개발한 경력이 있고 웨스팅하우스와는 협력 관계를 유지해오고 있어서 앞서는 듯했어. 하지만 도시바로서는 원자력산업 부문의 명운이 걸린 중대한 고비였지. 비등수형 경수로의 기술을 갖춘 도시바는 원천기술업체인 GE와 협력할 수밖에 없는데, 국내 경쟁사인 히타치가 더 오랜 기간 GE와 파트너 관계를 유지해왔기 때문이야. 게다가 비등수형의 장래는 가압경수로만 못하니까 말야.

'그래! 모 아니면 도!'라는 결단을 한 도시바는 전략적 파트너인 미국의 쇼그룹과 일본 이사카와지마 하리마중공업IHI을 끌어들여 2006년 1월 평가액의 3배에 육박하는 54억 달러를 질렀어. 다른 경쟁자들은 꼬리를 내릴 수밖에 없었지. 2006년 10월 마침내 도시바는 BNLF로부터 웨스팅하우스 인수에 성공해. 도시바의 지분은 77%, 쇼그룹이 20%, IHI가 3%였어. 그 후 2011년 하반기 도시바는 쇼그룹과 IHI의 지분을 인수하는 작업을 벌여.

웨스팅하우스가 도시바에게로 돌아가자 가압경수로 기술을 보유한 미쓰비시로서는 입지가 좁아졌어. 위협을 느낀 미쓰비시는 프랑스의 알 카포네 형님을 찾아가. 또 하나의 가압경수로 원천기술업체인 아레바와 손을 잡은 거지. 2006년 10월 양사는 중소형 원자로의 공동 개발 및 인허가 취득을 위해 협력한다는 양해각서를 체

원전 마피아의 대부들과 판도

결하고, 2007년 9월 파리에 본사를 둔 합작회사 ATMEA를 설립해. 2010년 미쓰비시는 4800억 원을 투자하여 아레바의 지분 2%를 사들여 성의를 보였어.

도시바와 웨스팅하우스 연합에 대한 견제의 필요성을 느낀 것은 GE도 마찬가지였어. 일본 내 경쟁사인 히타치도 몸집을 키울 필요가 생겼고. GE와 히타치는 2006년 11월 양사의 원자력사업 부문을 통합하기로 전격 합의해. 미국 내 합병회사의 지분은 GE 60%, 히타치 40%로 일본 법인은 히타치가 80%, GE가 20% 참여하기로 하지. 원전과 관련한 특허 등 지적재산권도 모두 새 합병회사로 옮기기로 하면서 말야.

이로써 세계 원자력산업계(원전 마피아)의 판도는 아레바-미쓰비시 연합, 웨스팅하우스-도시바 연합, GE-히타치 연합의 3강에 러시아의 ASE가 구공산권 국가 시장에 진출하는 4강 구도를 갖추게 돼.

2000년대 들어 활발한 연합이 이루어진 것은 화석연료의 고갈과 기후변화와 대한 우려가 높아지면서 원자력발전에 대한 수요가 다시 살아나는 경향을 반영한 거야. 2010년까지만 해도 국제에너지기구는 55기의 원전이 건설 중이고 2020년까지 100기가 계획될 것이라고 낙관적으로 전망해.

아, 왜 우리나라는 빼느냐고? 우린 수출권이 없어서 보스들 모임엔 못 껴. 중간 간부급이라고나 할까? 그럼, 아랍에미리트 원전 수출은 어떻게 된 거냐고?

09

한국 원전 수출의 내막

1980년대와 1990년대 정체를 보였던 세계 원자력 시장은 2000년대 들어와 신흥공업국을 중심으로 다시 활기를 띠는 듯했어. 2009년 당시 건설 중인 원전은 모두 55기. 이 중 중국이 20기, 러시아가 9기, 한국이 6기, 인도가 5기로 대부분을 차지하고, 불가리아와 슬로바키아, 대만, 우크라이나가 각 2기, 그리고 파키스탄과 미국이 1기를 건설하고 있었지. 이를 두고 원전 마피아들은 '원자력 르네상스'가 도래했다며 동네방네 떠들고 다녀. 이것이 전 세계적인 현상이라기보다는 소수 국가에 집중돼 있었음에도 말이야.

정체기를 거치면서 원전 마피아의 세계는 아레바-미쓰비시 연합, 웨스팅하우스-도시바 연합, GE-히타치 연합으로 정립됐어. 원천기술을 가지고 있는 미국과 프랑스의 대결 구도에 기술 자립을 이룬 일본의 제조업체가 양측 모두에 결합돼 있는 형국이지.

짝짓기를 끝낸 마피아들이 처음 맞닥뜨린 곳은 중동 시장이었어. 2008~2009년에 아랍에미리트UAE의 아부다비에서 각 패밀리들의 미래가 걸린 일대 격전이 벌어진 거야. 이미 프랑스는 2007년 7월 리비아 원전을 수주하고 12월에는 알제리 원전도 따낸 후였어. 여세를 몰아 프랑스는 페르시아만 산유국들도 점령할 태세였지.

그러자 다급해진 미국이 반격에 나섰어. 2008년 1월 13일 조지 부시 미국 대통령이 아부다비를 방문해 선무작업을 벌여. 부시의 속마음은 아마 '북아프리카는 옛날부터 너네랑 가깝다만 중동은 어림없어! UAE는 인근 산유국들로 진출하는 교두보야. 내가 우리 동네 원전 마피아에게 단비를 내려주겠어!' 이랬던 거 같아.

그러나 부시가 방문한 이틀 뒤인 1월 15일 프랑스의 사르코지 대통령도 아부다비를 찾았어. 사르코지 대통령이 방문하기 전날 프랑스 파리에서는 아레바가 주도하는 컨소시엄이 결성돼 사르코지에게 힘을 실어주었지.

아랍에미리트 원자력공사ENEC는 2008년 5월 원전 건설 능력을 갖춘 6개국 9개 회사에 대해 예비 심사를 시작해. 그런데 그동안 워낙 건설 시장이 줄어들다 보니 공급자가 넘치는 시장이라 UAE는 완전 꽃놀이패를 잡은 상황이었어.

우리나라 때를 한번 돌이켜 봐. 프라마톰이 수출권을 딴 뒤에 웨스팅하우스보다 싼값에 기술을 이전하는 조건으로 우리나라에서 수주했잖아. 경영난에 몰린 컴버스천엔지니어링은 국내 사용을 조건으로 완전 기술 이전을 해주었고.

아무튼 2008년 미국이 대선을 치르고 정권이 바뀌는 동안 프랑스는 부지런히 앞서 나가. 그러나 새로 들어선 민주당 오바마 정부도 원전 수주 경쟁을 포기한 건 아니었어. 아니 포기할 수 없는 일이었지. 백악관 국가안보회의는 2009년 4월 7일 UAE의 압둘라 외무장관을 워싱턴으로 초청해서 힐러리 클린턴 국무장관, 스티븐 추 에너지장관이 번갈아 가며 비즈니스를 해.

하지만 워낙 화려한 패가 들어온 상황이라 UAE가 그냥 받아들일 리는 없잖아? 줄듯 말듯 끝까지 튕기면서 집 팔고 논 팔고 달려들게 해야 진정한 장사꾼이라고 할 수 있지. UAE도 석유 장사하면서 흥정엔 이골이 났으니까.

2008년 5월 6일 아랍에미리트 원자력공사는 예비 심사를 마치고 아레바, 히타치-GE 연합, 한국전력, 이 3장의 카드를 골라 입찰 요청서를 보내. 웨스팅하우스와 도시바는 닭 쫓던 개가 되어 지붕만 쳐다보게 됐지.

이 세 곳에 입찰 자격을 준 UAE의 선택은 어떤 의미였을까?

UAE는 프랑스 아레바에 기울어 있었던 걸로 보여. 나머지 두 장의 카드를 보면 알 수 있거든. 가압경수로를 선호한 UAE가 히타치-GE 연합의 비등수로를 끼워넣은 건 미국에 대한 성의 표시였던 거지. 제일 싼값에 들어온 한국전력은 가격 협상을 위해 버리는 카드였고.

한국전력을 너무 우습게 보는 거 아니냐고? 바로 한 해 전에 중국이 3세대 가압경수로를 발주하면서 예비 심사 단계에서 중요 카드

원전 마피아의 대부들

중 하나였던 한국엔 입찰 제안서조차 보내지 않고 웨스팅하우스를 최종 낙점한 일이 있었어. 한국은 기술 이전을 하려면 미국의 승인을 받아야 했거든. 결국 한국은 두산중공업이 웨스팅하우스에 원자로를 납품하는 걸로 만족해야 했어.

UAE가 이런 사정을 모를 리 없지. 그런데도 한전을 포함시킨 건 우리가 용산 전자상가에서 늘 보아온 그런 상황이야.

"얼마까지 알아보셨어요?"

"저 집은 만 원 한 장이면 된다는 돼요?"

"어허~ 우리 건 그런 싸구려가 아녜요."

"갈게요."

"잠깐만! 정 그렇다면 2만 원에 올 여름 핫 아이템, 요거 서비스로 얹어줄게~"

2009년 5월 26일 네 명의 장관과 기업가들로 구성된 프랑스 민관합동 원전수출협상단이 아부다비를 방문해. 이튿날 사르코지 대통령이 아랍에미리트에 주둔하는 프랑스 군사기지 창설식과 루브르 아부다비 박물관 기공식에 참석하자 분위기는 프랑스 쪽으로 굳어지는 듯했어.

2009년 7월 3일 원전 수주 경쟁에 뛰어든 국제기업투자단의 입찰서가 드디어 발주자인 아랍에미리트 원자력공사에 제출돼. 유럽형 가압경수로EPR인 아레바-미쓰비시 컨소시엄, 일본-미국의 비등수형 경수로ABWR인 GE-히타치 컨소시엄, 그리고 한국형 가압경수로APR-1400인 한국전력 컨소시엄.

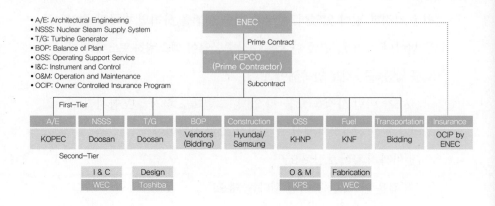

출처: 《2012년 원자력연감》

UAE 원전사업 추진 구조

두둥~

뚜껑을 열고 보니 한국전력 컨소시엄에 웨스팅하우스-도시바가 기기 납품업체로 조용히 뒷방을 차지하고 앉아 있었네. 미국의 작전이 바뀐 거지. GE의 비등수로는 가망이 없으니 웨스팅하우스를 업고 들어갈 수밖에 없는 한국전력 컨소시엄을 밀기로 한 거야. 졸지에 한국전력 컨소시엄은 함부로 버릴 수 없는 빅 카드가 됐어.

한국의 APR-1400에 대한 원천기술은 원래 컴버스천엔지니어링 거였는데, 이곳은 돌고 돌아 웨스팅하우스에 흡수돼 있는 상태였지. 게다가 웨스팅하우스와 한국전력이 맺은 기술사용협정은 만기가 없어. 즉 APR-1400 수출을 위해서는 웨스팅하우스의 허락이 필요하며, 재실시(원자로의 제3국 수출)에 대한 보상을 해주어야 한다는 의붓자식의 서러움이랄까?

미국은 7월 15일 티모시 가이트너 재무장관을 아부다비에 급파하고, 7월 24일에는 중동 순방길에 오른 조지 미첼 중동특사를 UAE로 보내. 그래도 판세는 여전히 프랑스가 우세했어.

이 때문에 미국은 계약자 결정 예정일인 9월 16일이 다가오자 강공을 펼쳐. 백악관 국가안보회의는 9월 10일 원전건설사업의 총지휘자인 모하메드 왕세자와 압둘라 외무장관을 워싱턴으로 초청해. 오바마 대통령이 백악관에서 이들을 접견하고, 힐러리 클린턴 국무장관과 로버트 게이츠 국방장관, 제임스 존스 국가안보보좌관, 티모시 가이트너 재무장관, 스티븐 추 에너지장관이 차례로 면담해.

미국이 압력의 지렛대로 사용한 것은 양국 간에 원자력협정을 맺는 일이야. 미국과 원자력협정을 맺는 건 기본 옵션이고, 협정의 내용은 그 나라의 원자력 연구개발에 매우 중요해. 미국은 원전의 원천기술 보유국일 뿐 아니라 농축우라늄의 공급국이며, 최대 핵무기 보유국이거든. 원자력 연구개발에서 미국과 적대할 경우 리비아와 이란, 북한 꼴이 되기 십상이야. 리비아도 2003년 핵무기 포기 선언을 하고 나서야 프랑스의 원전에 접근할 수 있었지.

UAE도 미국 정부와 2009년 1월 원자력협정안에 합의한 바 있어. 오바마 대통령이 연방의회에 이 협정안을 제출한 것이 2009년 5월 21일. 주아랍에미리트 미국상공회의소는 미 의회에 낸 4차례의 의견서를 통해 이 협정이 미국 내의 고급 일자리를 창출할 것이며, 미국의 원천기술을 사용하는 컨소시엄일 경우 어느 쪽이든 미국에 이익이 될 것이라고 밝혀.

미국 연방의회가 이의 제기 기간인 90일을 넘긴 것이 10월 17일, 열흘 뒤인 10월 27일 UAE 정부도 이 협정안을 승인해. 그리고 양국 대표의 최종 서명은 수주전의 피날레를 위해 남겨두었지.

미국과 UAE 사이에 원자력협정이 진전됨에 따라 한국 정부는 2009년 11월 4일 유명환 외교통상부장관을 UAE에 보내. 하지만 유장관은 UAE 외무장관으로부터 별다른 통보를 받지 못하고 돌아와.

그런데 11월 중순부터 분위기가 바뀌기 시작했어. 한미 정상의 서울회담을 앞두고 미국측의 언질을 받은 한국 정부는 한승수 전 국무총리와 김태영 국방장관 등 고위관리로 꾸려진 비공개 특사방문단을 11월 17일 아부다비에 급파해. 이들이 20일까지 현지에 머무는 동안 11월 19일 서울에서는 한미정상회담이 열려. 그 자리에서 오바마 대통령은 이례적으로 중동 정세에 관해 길게 설명했대.

11월 23일 김태영 국방장관은 다시 아부다비를 방문하여 11월 26일까지 머물면서 한국·아랍에미리트 군사협력협정 양해각서를 교환해.

분위기가 한국전력 컨소시엄 쪽으로 급선회를 하자 11월 24일 프랑스 기업투자단 대표들은 엘리제궁을 방문하여 긴급 대책회의를 했어. 그러나 상황을 되돌리기에는 역부족이었지. UAE가 이제까지 별다른 언급이 없었던 가격 문제를 들고 나왔거든. 한국전력 컨소시엄이 제시한 건설단가는 1kWh당 2300달러였는데 아레바 컨소시엄은 2900달러로 600달러가 높았어.

마침내 12월 15일 "오랜 숙고 끝에 한국과 함께 이 프로젝트를 수행키로 사실상 결정했다"는 통보가 아부다비로부터 청와대로 날아와. 12월 17일 엘런 토서 미국 국무부 군축 및 국제안보 담당 차관은 요세프 주미 UAE 대사를 국무부로 불러 양국의 원자력협정문에 서명해. 그리고 10일 뒤 아부다비에서는 이명박 대통령이 참석한 가운데 한국전력 컨소시엄과 아랍에미리트 원자력공사 사이에 원전 4기 건설 계약이 체결돼.

자, 그럼 최종 승자는 누구일까?

그래, 한국전력을 앞세운 웨스팅하우스야. 대주주인 도시바도 신이 났지. 웨스팅하우스는 자사의 기술에 근거한 가압경수로가 중동에 진출하는 교두보를 마련했을 뿐 아니라 이 프로젝트에 10억~20억 달러의 납품을 하기로 했어. 게다가 기술사용협정에 의해 한국전력으로부터 원전 수출에 대한 보상도 받고.

우리나라는 주계약자로 해외에 진출한 셈이니 어쨌든 서방과 중간 간부치고는 잘나간 거야. 싸게 수주했으니 끝까지 잘해서 손해나 안 보길 진심으로 바랄 뿐이야. 핀란드 올킬루토 3호기에 발목 잡혀 당초 계획보다 7조 원이나 더 쏟아부으며 소송질 하고 있는 아레바 꼴 나지 말고. 그리고 먹이사슬에 매달려 있는 중소 하청업체들한테도 잘해주기를 바라.

그럼 우리 다음 수출은 어떻게 되는 거냐고?

글쎄, 어떨까?

10

후쿠시마 원전사고,
그리고 혼돈의 시대

UAE 원전의 한국 수주는 일본을 매우 화나게 했어. 원전 본토 미국의 웨스팅하우스와 GE를 손에 넣은 마당에 엉뚱하게 변방의 옛 종놈한테 당했다고 생각하니 심사가 뒤틀릴밖에.

일본은 베트남과 터키의 원전 수주를 위해 민관이 협력하여 총력전을 펼쳐. 원전 마피아 대부 3사인 도시바, 히타치, 미쓰비시중공업과 9개의 전력회사, 정부가 출자한 펀드를 묶어 '국제원자력개발'을 설립하여 베트남의 요구사항에 즉시 대응할 수 있는 체제를 구축했지. 2010년 5월 연휴에도 불구하고 국가전략담당상 센고쿠 요시토와 국토교통상 마에하라 세이지, 경제산업상 나오시마 마사유키 등이 업체 대표들을 대동하고 베트남으로 날아가 공산당 간부들을 설득해.

일본은 예년의 2배 수준에 달하는 공적개발원조ODA 제공과 원전폐기물 수거 등 파격적인 조건을 내세웠고, 마침내 2010년 10월 하순 아세안 회의 참석차 하노이를 방문한 간 나오토 총리와 베트남 응우옌 떤 중 수상은 베트남 원전 2기를 일본이 수주하는 데 합의해. 건설 예정인 4기 중 2기는 과거 사회주의 국가 사이의 의리로 러시아가 선점했어.

한편 한국과 원전 건설 협상을 진행해오던 터키가 2010년 12월 우선협상 대상국을 일본으로 변경해. 터키 정부가 내건 조건은 수주국에서 자금을 들여 원전을 건설하고 원전 운영 기간에 회수해가는 방식이었어. 종잣돈이 달리는 한국과 이견을 좁히지 못하고 있던 상황에서 일본이 렉서스를 타고 나타난 셈이야.

자본과 기술에서 한국보다 앞서 있는 일본의 반격은 광범위하게 진행됐어. 2010년 9월에는 요르단과 원자력협정을 체결했고, 11월에는 태국과 원전기술협정을 맺어. 사우디아라비아와도 원전 분야 협력에 합의했지.

한편 아랍에미리트 수주전에서 분패한 프랑스는 다시 한 번 '아트 사커'를 구사하며 2010년 인도에서 6기의 원전을 수주함으로써 건재함을 과시해.

이와 더불어 중국 정부도 원전 건설에 적극적으로 나섰어. 급속한 경제성장에 따라 에너지 수요는 급증하는데, 온실가스 배출이 미국을 앞질러 국제사회의 감축요구가 높아지는 곤란한 처지였거든. 두 마리 토끼를 잡아야 하는 중국 정부로서는 2% 수준인 원자력발전 비중을 2020년까지 5% 이상으로 확대하기로 해. 1000MW급 원

후쿠시마 원자력발전소 사고 모습

전 30기를 추가로 건설해야 가능한 수준이지.

이렇게 2011년 초반까지만 해도 세계 원자력 시장은 30년의 침체를 깨고 기지개를 켜는 듯했어. 그런데 오랜 가뭄 끝에 피죽이라도 한 그릇 먹어보려는 원전산업계에 세 번째 결정타가 날아와.

2011년 3월 11일 일본 동북부 지방을 강타한 대지진은 세계 원전마피아들의 행보에 다시 한 번 찬물을 끼얹었어. 지진에 이은 쓰나미로 예비 발전기가 무용지물이 되고 외부 전력마저 차단되어 수소폭발이 일어나고 노심용융 상태까지 간 후쿠시마 원전 1·2·3호기는 히로시마 원폭보다 100배 이상 되는 방사능을 유출한 채 5년이 지나도록 안정을 찾지 못하고 있어. 반경 20km 지역은 아직까지 주

민들의 접근이 통제되고 있으며, 정부가 산정한 손해배상액만 52조
원에 달하는 규모야.

후쿠시마 원전사고는 1979년 미국의 스리마일 원전사고, 1986년
소련의 체르노빌 원전사고에 이어 원자력발전의 안전 신화에 치명
타를 가했어. 불씨를 되살리던 원전 마피아들로서는 카운터펀치에
제대로 걸려든 거지. 이로 인해 세계 각국의 원전 건설 계획이 재검
토되고 단계적 폐쇄 조치가 뒤를 이어.

맨 먼저 타격을 받은 대상은 독일의 앙겔라 메르켈 총리야. 메르
켈 총리가 이끄는 기민당 정부는 2010년 10월 28일 사민당–녹색당
연합 정부에 의해 2000년에 채택된 단계적 원전 폐쇄 정책을 뒤집
은 바 있었어. 그런데 불과 6개월 만에 대형사고가 발생했지 뭐야.
메르켈 총리는 이튿날 즉각 원전의 수명 연장을 철회해. 지방선거
를 앞두고 서둘러 취한 조치였지만 이미 엎질러진 물이었지.

3월 26일 베를린·함부르크·쾰른 등 대도시에서 열린 원자력반
대 시위에 독일 전역에서 25만 명이 참가해. 3월 27일 열린 지방
선거에서 기민당은 보수당의 아성인 바덴뷔르템베르크 주(52년 동
안 연속 집권)를 녹색당과 사민당 연립정부에게 넘겨주고, 독일 역사
상 최초의 녹색당 주지사가 탄생했어. 결국 5월 30일 독일 정부는
2011년부터 단계적으로 원전 폐쇄를 시행하여 2022년까지 가동 중
인 원자로 17기를 전면 중단하기로 결정해.

이탈리아의 국무회의는 3월 29일 원전 재건설 계획을 최소 1년
간 유예한다는 안건을 통과시켜. 베를루스코니 총리는 체르노빌 원

전 사고 이듬해인 1987년부터 20여 년간 유지해온 원전포기 정책을 철회하고, 2020년까지 총전력 수요의 25%를 원자력발전으로 충당한다는 계획을 추진해오고 있었거든. 베를루스코니 정부는 높아지는 반원전 기류에 저항해 2011년 6월 13일 원전건설 정책에 대한 국민투표를 시행했지. 결과는 투표 참가자의 94%가 반대했어.

2011년 9월 28일에는 스위스 상원도 향후 20년 동안 원전을 단계적으로 폐쇄하는 법안을 승인해. 스위스 정부는 사고 직후 이미 원전 신규 건설 프로그램을 동결했었어.

그렇다면 후쿠시마 원전사고의 직접적 피해자인 일본은 어땠을까?

일본은 유일한 원자폭탄의 희생국이면서도 원자력발전에 대해서는 열망에 가까운 태도를 보여왔지. 그리고 마침내 우라늄 농축에서부터 사용후 핵연료 재처리 시설까지 핵연료 주기와 관련된 모든 시설을 갖추고 상당량의 플루토늄을 축적하기에 이르렀어. 기술 자립을 이룬 히타치와 도시바, 미쓰비시중공업 3대 제조업체를 중심으로 한 원전 마피아는 일본 경제에서 압도적인 발언권을 가지고 있어.

이런 일본에서 일어난 후쿠시마 원전사고는 일본 국민을 움직이게 했어. 사고 발생 한 달을 맞아 일본 도쿄에는 1만 5000명의 시민이 모여 거리행진을 벌이는 등 수만 명이 원전반대 집회에 참석해. 5월 7일에도 1만 5000명의 시민이 모여 경찰과 충돌이 벌어지기도 했고, 세 달째를 맞이한 6월 11일에는 전국 150개 지역에서 원전반대 집회가 열렸어. 원전반대 시위는 9월 19일 '원전에 작별을 고하

2011년 9월 19일 도쿄 메이지공원에서 전후 최대 인파가 모인 반핵시위가 열렸다.

는 1000만인 행동'이 주최한 메이지공원 집회에 6만여 명이 모여 거리 행진을 하면서 최고조에 이르렀지.

일본 정부도 사고 초기에는 원전 축소 정책을 추진하는 듯 보였는데 이는 시민운동 출신이라는 간 나오토 총리의 경력과 무관하지 않아. 간 총리는 사고 당시 정보조차 제대로 알리지 않은 원전 마피아(도쿄전력)의 태도에 분노했어. 3월 15일 새벽 은폐의 달인 도쿄전력 본사를 찾아간 간 총리는 "도쿄전력은 100% 박살난다!"고 일갈했지.

간 총리는 3월 31일 시이 가즈오 일본공산당위원장과 만난 자리에서 "2030년까지 원전을 14기 이상 새로 짓는다는 정부의 목표를 전면 백지화하는 것을 포함해 수정하는 것을 검토 중"이라고 말해. 5월 10일 기자회견에서도 간 총리는 "원전 증설을 뼈대로 한 에너지 기본계획 구상을 백지에서 재검토하겠다"고 거듭 강조했고.

간 총리는 5월 25일 파리에서 열린 경제협력개발기구 설립 기념 식에서 "일본의 발전량에서 자연에너지가 차지하는 비율을 2020년 대 초에 20%를 넘는 수준에 이르도록 대담한 기술혁신에 나서겠다"고 공언해. 7월 14일에는 "국가 에너지 정책을 근본적으로 재검토해 단계적으로 원전을 폐지하고 궁극적으로 원전에 의존하지 않는 사회를 지향해야 한다"고 좀 더 진전된 입장을 밝혀. 간 총리의 이런 의지를 담아 일본 정부의 '에너지환경회의'는 7월 29일 원전 의존도를 줄여나간다는 내용을 담은 중간 보고서를 발표하고 2050년까지 원전을 폐로하는 로드맵을 작성하기로 해.

당연히 원전 마피아에게 간 총리의 반 원전 행보는 눈엣가시였지. 원전 마피아들은 재계와 언론, 야당(자민당)을 동원해 총공세에 나서. 재계 주요 인사가 정부와 합동회의에 불참하는 가운데, 일본 경제단체연합회에서는 "간 총리가 8월까지 물러나지 않으면 정부의 모든 회의에서 경제계 대표가 철수해야 한다"고 주장해.

언론은 연일 총리의 사퇴를 촉구하는 각계의 소리를 전하기에 바빠. 재계와 원전 마피아의 이해를 충실히 대변하는 일본의 언론은 반원전 집회에 대해서는 보도를 하지 않거나 아주 작게 다뤘어. 이 때문에 수만 명이 모인 도쿄의 반원전 집회에는 언론의 보도를 촉구

원전 마피아의 대부들

하는 손팻말이 단골로 등장할 정도였지.

하지만 2011년 8월 26일 간 나오토 총리가 사퇴하고 후임 총리로 극우파적 역사관을 가진 노다 요시히코가 선출돼. 노다 총리는 "야스쿠니 신사에 합사된 전범은 범죄자가 아니다"라는 말로 유명한 우파 정치인이야. 그는 취임 후 9월 22일 유엔총회 연설에서 일본 원전의 안전성을 높이고 수출을 계속하겠다는 입장을 밝혀. 10월 17일에는 "현재 공사가 진행 중인 일부 원전에 대해 가동을 허가해줄 용의가 있다"고 언급하고, 며칠 후에는 "정기점검 이후 가동이 중단된 원전을 내년 여름까지 재가동하겠다"는 의지를 보였어. 당내 반대파 의원들의 비판을 받긴 했지만 일본 원전 마피아의 힘이 민주당까지 강력하게 작용하고 있음을 드러낸 거야.

한편 2012년 재집권에 성공한 자민당 정부는 기회 있을 때마다 원전 정책을 되돌리려는 시도를 하고 있어. 그해 여름을 원전 없이 지내는 데 성공하여 탈핵파가 힘을 받기도 했지만, 아베 총리 등장 이후 슬금슬금 원전 가동이 재개되고 원전산업이 주요 성장동력 산업으로 다시 이름을 올리게 돼. 그러다 2015년 7월 아베 정부는 2030년 발전원 구성에서 원전의 비율을 20~22%로 상정한 전력 계획을 발표했어. 그리고 그해 8월 11일 센다이 원전 1호기를 시작으로 원전 재가동에 들어갔어.

일본이 여태껏 수습하지 못하고 있는 대형 사고를 당하고도 원전을 포기하지 못하는 데는 산업계의 요구가 크기 때문이야. 원천기술을 가진 미국의 웨스팅하우스와 GE는 물론 프랑스의 아레바와도 연합을 맺은 일본의 원전 3사인 도시바, 히타치, 미쓰비시중공업, 이들은 일본 굴지의 기업으로 그룹 내의 매출액 비중도 큰 업체들이야.

현재 미국은 자체적으로 원자로를 생산할 역량을 상실했어. 세계에서 가장 많은 원자로를 가동하고 있는 원전 강대국이긴 하지만 신규 건설이 장기간 침체되면서 생산 시설과 인력이 축소된 상태거든. 이에 반해 일본은 원천기술을 가지고 있지는 못하지만, 충분한 생산 설비와 경험 있는 인력을 보유하고 있어. 도시바의 웨스팅하우스 인수, 히타치와 GE의 합작법인 설립은 이와 같은 배경에서 진행된 일이었지. 만약 원전 '르네상스'가 일어난다면(가능성은 원전 노심용융 확률 정도 될 거야) 최대의 수혜자는 당연히 일본이 될 거야. 그러기에 일본 정부는 아직도 집에 돌아가지 못하는 9만 6000명의 이재민을 두고도 원전 수출에 열을 올리고 있어.

그런데 일본의 '원전제로' 정책에 제동을 건 또 다른 복병이 있어. 바로 서방파의 대부들이야. 일본이 2030년대에 원전을 모두 폐쇄하겠다고 하자 일본의 사용후 핵연료를 재처리하는 영국과 프랑스가 실적 감소를 우려하면서 재처리 후에 나오는 고농도 방사성 폐기물을 일본이 차질 없이 실어가라고 요구하고 나섰지. 미국의 우려는 2012년 8월 리처드 아미티지 전 미국 국무부 부장관이 발간한 '미일동맹보고서'에 잘 드러나. "중국이 원전을 늘리고 있는 상황에서 일본은 원전의 안정성, 핵 비확산, 핵의 투명성 향상 등에서 매우 중요한 동맹국이다." 한마디로 서방파의 안보를 위해 일본은 원전 마피아계에서 빠져서는 안 된다는 얘기야.

한편 미국의 NRG 에너지는 일본 도시바와 조인트 벤처 회사 NINA Nuclear Innovation North America를 설립하여 원전 사업에 대한 투자를 진행하고 있었으나, 후쿠시마 원전사고 이후 그때까지 투자한 4억 8100만 달러 전액을 손실 처리하고 원전 사업을 포기하기로 결정해. 원전에 대한 안전 기준 강화 등으로 인해 지속적으로 사업을 추진할 경우 손실이 훨씬 더 커질 것을 우려했기 때문이야.

독일의 지멘스도 2011년 9월 18일 원전사업에서 완전히 철수한다고 선언하고, 앞으로는 태양광 등 친환경 에너지사업에 집중하겠다고 밝혀. 지멘스는 독일의 17개 원전 건설에 모두 참여했고, 지금도 원전 운영과 유지보수 등에서 활발한 사업을 벌이고 있는 전통 있는 원전 기업이야. 2001년 원자력발전 부문을 프라마톰과 통합했던 지멘스는 2000년대 후반 원전산업이 되살아나는 듯하자 프랑스의 아레바는 물론 러시아의 로사톰과도 협력 관계를 맺으며 원전 사업에 투자를 확대한 바 있어. 고로 지멘스의 원전산업 철수는 원전의 단계적 폐쇄와 재생가능에너지에 의한 발전 확대에 집중하는 독일 정부의 정책에 대응하는 전략인 셈이야.

한국은 일본의 위기를 해외 진출 기회로 삼으려는 태도를 보였어. 스리마일 원전사고가 기술 이전의 기회를 가져왔듯이 이번에는 원전 마피아계의 변방에서 중심으로 들어가는 계기가 되기를 잔뜩 기대하고서 말이야. 한국의 이런 입장은 세계 원자력발전 시장이 계속 확대되리라는 희망적인 예상과 일본이 수출 시장에 접근하기가 어려워질 것이라는 판단에 근거한 거였지.

하지만 세계시장은 점점 축소되는 경향을 보이고 있어. 우선 후쿠시마 원전사고 이후 단계적 원전 축소를 선언한 국가가 늘어났잖아? 그리고 안전성 강화에 따라 원전 건설과 운영 비용도 증가했고. 게다가 재생가능에너지원의 그리드 패리티(재생가능에너지 발전단가와 기존 화석에너지 발전단가가 같아지는 균형점) 실현이 가시화함에 따라 원전에 대한 기피 현상이 더욱 커지는 상황이 된 거야.

2014년 초 베트남은 러시아 로사톰에게 맡겼던 닌투언성 원전 1·2호기 공사를 2020년까지 연기하기로 했어. 후쿠시마 사고 이전에 발주한 베트남의 기본 정책이 흔들리는데다가 경제성에 대한 재검토가 이유라고 해.

핀란드는 올킬루토 4호기를 발주할 예정이라 우리나라도 오래 전부터 공을 들이고 있는데 이 역시 불투명해. 현재 아레바가 짓고 있는 올킬루토 3호기가 잦은 설계 변경과 공기 지연으로 처음 공사비에서 55억 유로가 늘어나는 바람에 발주처인 핀란드의 TVO와 아레바가 국제상사재판소에서 소송을 하고 있어. 아레바는 2013년에 4억 9400만 유로의 손실을 봤는데, 이 중 4억 2500만 유로가 올킬루토 3호 공사에 추가로 들어간 돈이야.

우선협상 대상국의 지위를 일본에 내준 터키는 결국 2013년 10월 미쓰비시-아레바 컨소시엄으로 낙찰됐어. 터키 원전 수주를 위해 일본 정부는 공적개발원조ODA 지원 대상을 개도국에서 중진국으로 확대했어. 일본 업체에는 장기저리 융자를 지원하고. 터키로서는 아주 유리한 조건들이지. 일본이 자기네 돈으로 다 짓고 가동하

원전 마피아의 대부들

한국이 우선협상 대상국이었던 터키 원전을 수주한 일본. 세계 원전 시장의 실상을 보여준다.

면서 나오는 수익에서 건설비를 회수해가기로 했으니까. 더구나 보통 발주처 정부가 보증하던 것도 생략했대. 그러니 한국 원전 마피아들은 속상한 거지.

터키에서 한 건 올린 아베는 다음 시장인 동유럽과 사우디로 향했어. 체코에서는 러시아와 경쟁하나 봐.

우리나라는 핀란드, 폴란드, 체코, 사우디아라비아, 인도네시아할 것 없이 어디 장이 선다 하는 소문만 들리면 죄다 쫓아다니고 있어. 성과 없이 방울소리만 딸랑거리는데, 과연 두 번째 수출 가능성은 얼마나 될까?

일단, 사는 쪽 입장에서 생각해보자.

첫째, 터키같이 돈은 없지만 에너지가 필요한 경우, 여러 카드 중에서 싼 쪽을 선호해. 그런데 원전 시장이 공급자가 구매자보다 차

후쿠시마 원전사고, 그리고 혼돈의 시대

고 넘치는 시장이 돼버렸네? 이건 뭐, "너네 돈으로 짓고 나중에 전기 팔아서 조금씩 회수해 갈래?" 하고 미친 척 던진 카드도 그냥 덥석 물어버리네? 그것도 "우리가 못 사는 사람들 도와주는 돈이 좀 있는데 이거 너네도 줄게~" 해 가면서 말이야.

둘째, 2000년대의 중국처럼 원천기술을 원하는 나라들은 당연히 웨스팅하우스(-도시바)나 아레바를 찾아가지. 우리나라는 웨스팅하우스에게 허가받아야 하는데, 이젠 더 힘들어졌어. 중국에서 가압경수로를 수주한 웨스팅하우스는 두산중공업을 원자로 제작업체로 컨소시엄에 포함시켜. 여기까지야.

셋째, 사우디아라비아같이 돈도 있고, 원자력발전을 하고 싶어하는 나라는 누굴 택할까? 사우디아라비아가 미국 무기의 최대 수입국이란 걸 생각해봐. 이런 부류는 싼 것보다도 국제정치판에서 어떤 나라와 어울릴까가 더 중요해. 일단 이들은 골목대장급인 미국, 프랑스, 러시아, 중국 중에서 고를 거야. 그중 누구랑 붙는 게 곤란하다 싶을 경우, 일본이나 우리를 택할 수도 있어. 그 뒤에 미국이 있는 걸 아니까, 미국이 이서하는 조건으로 말야.

자, 이게 원천기술은 없고, 독자적으로 연료 공급도 할 수 없고, 자본도 부족한 우리나라가 원전을 수주할 수 있는 경우의 수야. 한국의 해외 진출은 한국형 원자로의 원천기술업체인 웨스팅하우스(-도시바)가 경수로 제작업체들 중 어느 파트너를 선택하느냐에 달려 있는 딱 서방파 중간 보스의 입장, 바로 어디쯤이야.

그런데 최근 원전 마피아계에 강력한 대부가 신입 등록을 했어.

원전 마피아의 대부들

바로 G2의 한 축인 중국이야. 2015년 10월 영국을 방문한 중국의 시진핑 주석에게 영국은 자국의 원전 건설에 중국이 참여하는 선물 보따리를 안겨줘. 영국은 3기의 원전을 짓기로 했는데 프랑스 전력 공사EDF와 중국 기업이 합작으로 들어가. 처음 2기는 프랑스 전력 공사가 주축으로 아레바 원자로를 넣지만, 세 번째 브래드웰 B 원전은 중국광핵집단공사CGN가 3분의 2의 지분을 갖고 중국 원자로 ACP-1000으로 짓기로 했어.

중국은 2000년대만 해도 프랑스·캐나다·미국·러시아로부터 원전을 도입해. 하지만 빠르게 기술을 습득한 중국은 2012년 미국과 프랑스의 원전 설계 개념을 바탕으로 자체 연구한 ACP-1000을 개발해. 그러고는 2013년 ACP-1000 2기를 파키스탄에 수출했어. 건설비 95억 달러의 82%인 78억 달러를 장기저리로 융자해주는 파격 혜택을 제공하면서 말이야. 그리고 영국에 이어 2015년 11월에는 아르헨티나에도 ACP-1000의 안전성을 강화한 '화룡1호'를 수출하기로 계약했지. 중국은 남아프리카와 케냐, 루마니아 등을 다음 목표로 하고 있어.

중국은 자금 제공과 기존 원전의 3분의 2 정도 가격으로 건설하는 경쟁력을 갖추었어. 원천기술도 없고 자금도 부족한 한국으로서는 더욱 곤란한 처지에 놓인 거야.

11

4세대 원자로 어디까지 왔나?

문재인 정부에서는 신규 원전 건설을 중단하고 단계적으로 원전을 축소하는 쪽으로 정책 방향을 잡았어. 그럼에도 불구하고 원전파는 토륨원자로 등 원전 분야에서 기술 발전이 이루어지고 있는 양 심심찮게 세일즈 글들을 유포해. 이런 가짜 뉴스에 넘어가지 않기 위해 원자로의 현주소를 알아보자.

　일단 원자로가 우라늄-235의 핵분열을 유도하고 이때 발생하는 열로 증기를 만들어 발전기를 돌린다는 기본 개념은 다들 알고 있을 거야. 그러니까 핵발전을 위해 필요한 건 첫째, 핵분열 물질, 둘째, 중성자의 속도를 늦춰 계속 반응이 일어나게 해줄 감속재, 셋째, 과열을 식히고 열을 전달해줄 냉각재, 이 세 가지가 핵심이야.

　그것의 활용에 따라 흑연로와 중수로, 경수로, 냉각로 등의 유형이 생기는데, 이 중 상용화 되어 지금도 가동되고 있는 게 영국의 흑

원전 마피아의 대부들

연감속 가스냉각로(마그녹스로), 캐나다의 중수로CANDU, 미국의 경수로(가압형PWR, 비등수형BWR), 소련의 흑연감속 비등수형 경수로 RBMK야. 시장점유율은 경수로가 압도적인데, 현재 새로 지어지는 건 대부분 가압경수로지.

1954년 소련의 오브닌스크에 첫 원자로가 설치된 지도 60년이 넘었어. 이제 원자로도 세대를 구분할 수 있지. 제1세대 원자로는 1950~1960년대에 설치된 초기 시험용 원자로들이고, 제2세대 원자로는 1970년부터 본격적으로 설치된 대형 상업용 원자로로 캐나다의 CANDU, 러시아의 RBMK, 미국과 프랑스와 일본의 경수형 원자로 PWR, BWR야. 제3세대 원자로는 1990년대 이후 안전과 경제성에서 진전을 이룬 개량형 디자인들을 말해.

현재 우리나라에서 가동하고 있는 원자로는 제2세대와 제3세대 원자로야. 컴버스천 엔지니어링의 기술을 배워 개발한 한국 표준형 원자로(KSNP)가 바로 제2세대 원자로인데, 1998년 한울 3호기를 시작으로 실전 배치됐어. 그러다 2005년에 동남아에 팔아보겠다고 이름을 OPR-1000Optimized Power Reactor으로 바꾸고 2015년 신월성 2호기까지 9기가 건설됐지.

한국전력이 지난번에 도시바, 웨스팅하우스랑 컨소시엄을 구성해 아랍에미리트에 판 APR-1400Advanced Power Reactor은 제3세대야. 우리나라엔 신고리 3·4호기를 2016년에 준공했어. 뒤에 붙은 1400은 용량이 1400MW란 뜻이야.

그런데 이 대목에서 살펴볼 게 있어. 미국은 원자로 개발에 더 이상 정부가 적극적으로 나서지 않아. 한 발 물러서는 대신 '우리 함께 돈 내서 해보자'로 방향을 바꿔. 그래서 2000년 1월 한국과 미국, 영국, 프랑스, 캐나다, 아르헨티나, 브라질, 남아프리카공화국 등 9개국이 제4세대 원자력시스템 개발을 위해 공동으로 노력하기로 합의하고, 그해 7월 제4세대 원자로 국제포럼GIF: Generation IV International Forum이란 걸 구성해. 이후 GIF의 회원으로 스위스, 러시아, 중국이 들어와 12개국에 유럽연합의 유럽원자력공동체가 참여하고 있어.

제4세대 원전은 지속성, 안전성과 신뢰성, 경제성, 핵확산방지 제고와 물리적 방호라는 네 가지 기술목표를 가지고 2030년 실전 배치를 희망하고 있어. (이건 어디까지나 희망이지 꼭 그렇게 되는 건 아냐.) 지속성은 핵연료 이용의 효율성을 높이고 폐기물량을 최소화하는 거야. 또한 혁신적인 안전 개념을 적용하려고 하는 바, 이는 현재의 원전이 가지고 있는 안전 취약성을 업계 스스로 인식하고 있기 때문이지. 핵확산방지 제고는 현재의 방식이 핵무기를 위한 플루토늄 추출에 그대로 노출되어 있어서 이를 어렵게 하기 위함이고.

2003년 GIF는 국제공동 연구개발을 위해 6개의 후보 원자로형을 선정해. 소듐(나트륨)고속로SFR, 초고온원자로VHTR, 초임계경수로SCWR, 기냉식고속로GFR, 연(납)냉식고속로LFR, 용융염로MSR가 선정된 가운데 국제원자력기구로부터 높은 점수를 받았다는 우리나라의 칼리머-600이 소듐고속로의 참조형으로 채택됐어.

제4세대 원자로의 핵심은 고속증식로라는 거야. 현재의 원자로는 우라늄-235가 3~5% 정도 함유된 농축우라늄을 연료로 사용해.

따라서 얼마 안 되는 우라늄-235가 중성자를 잘 흡수할 수 있도록 감속재를 써야 핵분열의 임계에 도달할 수 있지. 그에 비해 고속로는 95% 이상 되는 우라늄-238이 고속의 중성자를 흡수하여 플루토늄으로 변환된 뒤 이 플루토늄이 핵분열을 하는 방식이야. 그러므로 고속로는 천연우라늄을 원료로 사용할 수 있을 뿐만 아니라 천연상태에서는 0.7%밖에 되지 않는 우라늄-235가 아니라 99%를 차지하는 우라늄-238이 연료가 되므로 이론상으로는 자원의 효율성이 100배 늘어나. 게다가 2~3세대 원전의 사용후 핵연료를 재처리하거나 핵무기에서 해체한 플루토늄도 혼합산화물연료MOX를 만들어 사용할 수 있고.

또한 현재의 핵연료는 사용하고 나면 우라늄-235가 줄어들어 폐기물이 되지만, 고속로에서는 우라늄-238이 계속하여 플루토늄으로 변환되므로 오히려 연료가 늘어나는 셈이 돼. 따라서 고속로에는 증식로의 개념이 더해지는 거야. 이렇게 스스로 핵분열 물질을 증식하여 최대한 연료로 사용하고 나면 사용후 핵연료, 즉 핵폐기물이 지금보다 대폭 줄어들게 된다는 꿈의 원자로라고나 할까?

이 때문에 우리나라는 GIF에서 공동으로 추진하는 연구에도 참여하는 한편 소듐고속로 개발에 막대한 예산을 투입하고 있어. '소듐고속로가 무엇에 쓰는 물건인고?' 하는 사람도 칼리머니 스텔라니 뭐, 이런 말은 한번쯤 들어본 기억이 있을 거야.

1997년 소듐고속로 개발에 착수한 한국원자력연구원은 2001년 150MW급 소형 소듐냉각고속로 칼리머-150의 개념 설계를 완성

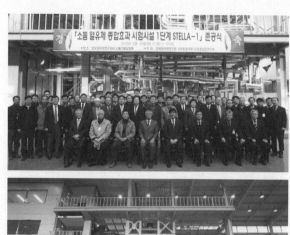

2012년 2월 스텔라-1 준공식

해. 개념설계란 이렇게 하면 될 수도 있다 뭐, 그런 거야. 간혹 토륨 원자로 세일즈맨들이 보여주는 그림 같은 거지. 참고로 2016년 신고리원전에 준공한 3세대 원자로 APR-1400은 1994년에 개념설계가 완성됐어. 실제로 그걸 보기까지는 그로부터 20년을 훌쩍 넘게 기다려야 했지. 3세대는 2세대 개량형이니까 중간 과정이 생략되는데, 보통의 과정은 이래. 개념설계─원형로(시험로)─실증로─상용화.

원전 마피아의 대부들

아무튼, 2006년에는 중형인 칼리머-600의 개념 설계를 마쳤대.
그리고 2012년 2월 스텔라-1을 준공했어. 스텔라-1_{Sodium Integral}

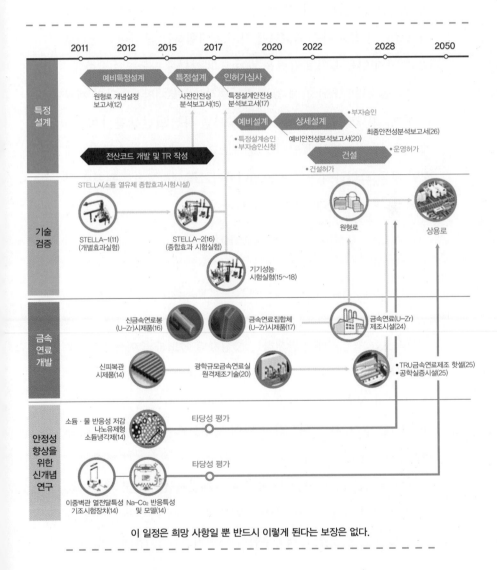

이 일정은 희망 사항일 뿐 반드시 이렇게 된다는 보장은 없다.

4세대 원자로 어디까지 왔나?

Effect TEst Loop for Safety and Assessment-1은 아직 원형로는 아니고 소듐 열유체 종합효과시험시설이야. 원형로의 원자로계통 및 핵심 안전 계통인 잔열제거계통의 열용량을 9분의 1로 축소 제작한 거래. 그리고 스텔라 양은 아직 핵연료를 가지고 시험하는 건 아니고 전기로 600℃까지 열을 올리고 압력을 높여 모의 상황을 만들어 실험한대.

한국원자력연구원 안에 있는 소듐냉각고속로개발사업단의 계획은 이래. 2012년 원형로 개념설계, 2015년 사전 안전성 분석보고서 제출, 2017년 특정설계 안전성 분석보고서 제출, 2020년 특정설계 승인 획득, 그리하여 마침내 2028년까지 소듐냉각고속로 원형로 건설 완료! 그리고 2050년까지는 실전 배치!

고속증식로는 60년째 실험 중

고속로는 핵분열에서 발생하는 중성자의 속도를 줄여서는 안 돼. 고속의 중성자가 우라늄-238에 흡수되어 핵반응을 일으켜야 하거든. 따라서 고속로에서는 중성자의 속도를 줄이는 물을 냉각재로 사용할 수 없어. 대신 나트륨과 같이 열전도율이 좋은 액체금속을 냉각재로 사용해.

사실 액체금속로는 원자력 초기부터 개발자들의 연구 대상이었어. 원전 이전 핵잠수함에서부터 경수로는 액체금속로와 경쟁을 거쳤지. 미 해군은 최초의 핵잠수함인 노틸러스Nautilus호에 가압경수

원전 마피아의 대부들

로를 탑재하는 한편 이와 병행하여 시울프Seawolf호에는 액체금속로를 설치하여 2년간 시험했어. 그러나 나트륨 누출 및 출력부하 변동에 다른 유동안정성 등 기술적 난제를 해결하지 못하고 액체금속로는 가압경수로로 대체됐지.

소련의 알파급 잠수함에 탑재한 BM-40 원자로는 보다 성공적인 듯했어. 냉각수보다 훨씬 높은 비등점(1679℃)과 열전도율을 가진 납-비스무스 혼합물을 냉각재로 사용한 BM-40 원자로는 작은 크기로 높은 출력과 엄청난 가속능력을 발휘했지. 서방세계 해군이 이 빠른 잠수함에 대응하기 위해 고속어뢰 개발에 나설 정도로. 하지만 냉각재의 부피 변화는 해결하기 어려운 문제였고, 냉각계와 관련된 사고가 잇따르자 7척의 알파급 잠수함은 차례로 해체되거나 경수로로 교체되는 운명에 처했어.

고속증식로 실패의 역사는 원전에서도 계속돼. 미국은 1966년 8월 세계 최초의 상업용 증식로인 페르미 1호의 본격 운전을 시작했으나 그해에 냉각재 유로폐쇄에 의한 연료용융사고를 일으켜. 그 후 수리를 마치고 1970년 운전을 재개했으나 나트륨 화재로 결국 1972년 폐쇄했지.

미국의 고속증식로 개발은 1977년에 대전환을 맞이해. 1974년 인도가 재처리를 통해 획득한 플루토늄으로 핵실험을 실시하자, 열 받은 미국은 핵확산 방지에 보다 적극적인 입장을 취하게 돼. 카터 행정부는 1977년 모든 고속증식로의 개발을 멈추고 우라늄 농축 및 재처리 기술의 수출도 전면 금지할 것을 제안해. 기술적 어려움과 핵확산에 대한 우려가 원전 정책의 변화를 가져온 거지.

하지만 1980년에 집권한 레이건 행정부는 미국의 패권을 강화하기 위해 원전의 부활을 선언해. 1983년에는 EBR-2를 프로토타입으로 고속증식로 프로그램도 재가동했지. 그러나 별다른 성과 없이 진행되던 고속증식로 프로그램은 1994년 의회에서 예산을 삭감하면서 중단되고, 실험로인 EBR-2도 영구 중지됐어.

유럽은 1977년 카터의 제안을 거부하고 고속증식로 개발을 계속해. 독일과 벨기에, 네덜란드는 1986년 67억 마르크(약 4조 원)을 들여 282MW급 칼카르 고속로를 건설했어. 하지만 칼카르는 안전 문제에 대한 우려로 가동 한 번 못한 채 1991년 폐쇄된 뒤, 1995년 네덜란드의 한 사업가에게 250만 달러의 헐값에 넘어가 놀이동산으로 개조됐어. 영국과 독일, 프랑스, 벨기에, 이탈리아는 1984년

자료: www.wunderlandkalkar.eu

횡재한 네덜란드의 테마파크업자는 칼카르 고속로의 냉각탑에 회전 그네를 설치했다.

원전 마피아의 대부들

1500MW급 유럽고속증식로EFR를 공동개발하기로 합의했으나, 개발 타당성 문제로 1992년 계획 자체를 아예 백지화했고.

원전 강국 프랑스는 실험로인 라프소디와 원형로인 피닉스를 거쳐 1986년 75억 달러를 투자해 1200MW급 슈퍼피닉스를 건설해. 하지만 슈퍼피닉스도 '불사조'가 되지는 못했어. 잦은 고장으로 11년 동안 불과 278일의 짧은 가동 시간을 기록한 채 1998년 폐쇄되는 운명을 맞이했지.

일본은 실험로 조요를 거쳐 1995년 8월 29일 280MW급 몬주 고속증식로의 가동을 시작해. 하지만 몬주의 순항은 그해를 넘기지 못했어. 12월 8일 냉각재인 나트륨이 유출돼 화재가 발생했거든. 15년의 공백을 넘어 2010년 5월 6일 재가동한 몬주는 본격적인 임계점에 도달하지 못한데다, 8월 26일 설상가상으로 원자로 용기 내 중계장치가 낙하하는 사고가 발생했어. 그 후 몬주 고속증식로는 떨어진 중계장치를 들어낼 방법을 찾지 못한 채 하루에 5500만 엔의 유지비를 까먹었지. 2013년 몬주 고속로에 무기한 사용정지를 내린 일본 원자력규제위원회는 2015년 11월엔 몬주를 운영하는 일본원자력연구개발기구가 안전 점검에서 1만 개의 기기를 누락하는 등 허점이 많으므로 운영 주체를 바꾸라고 권고했어. 2016년 12월 일본 정부는 마침내 몬주의 폐로를 결정해. 2047년에야 끝나는 폐로에 들어가는 비용은 3750억 엔 정도래.

현재 유일하게 고속로를 가동하고 있는 나라는 러시아야. 1980년 벨로야르스크에서 가동을 시작한 러시아의 BN-600이 초반엔 나트

돈 먹는 하마 일본의 몬주 고속증식로. 2016년 12월 일본 정부는 폐로를 결정했다.

류 누출과 화재 등 잇단 사고로 정지와 가동을 반복했으나 지금까지 상업 운전을 하고 있대. 하지만 BN-600은 플루토늄을 함유한 혼합산화물연료MOX를 만들 시설이 없어 농축우라늄을 사용하는 전환로로 발전했어. 이 때문에 연료를 계속 사용하는 증식로의 역할은 하지 못한 거지. 즉 농축우라늄을 연료로 쓰고 난 뒤 사용후 핵연료를 다른 경수로와 비슷한 형태로 배출한 거야.

러시아는 고속로 분야에서 나름 강국이야. 1969년 건설한 나트륨냉각고속실험로인 BOR-60은 2016년 1월 초 국내 언론에 등장하기도 했어. 한국원자력연구원에서 개발한 소듐냉각고속로 원형로용 연료봉의 성능과 안전성 확인을 위해 그해 6월부터 2020년까지 조사 시험을 해줄 실험로가 바로 BOR-60이었거든.

그러나 러시아 고속로 역시 아직 상용화 단계는 아냐. 증식로 시험까지 목표로 한 BN-600의 후속작 BN-800은 1986년에 건설을 시작했으나 소련의 붕괴로 졸지에 연구원들이 월급도 못 받는 신세가 됐지. 쓰러지고 쪼개진 집을 푸틴이 추스른 뒤인 2006년에야 재건설에 들어가 2014년 2월 연료를 장전하고 그해 4월이면 임계에 도달할 예정이라는 발표가 나왔어. 그리고 파리에서 열린 '2015 세계 핵연료주기 컨퍼런스'에 참석한 로사톰사 혁신담당 비야체슬라브 페르슈코프는 2015년 말까지는 상업운전에 들어갈 것이라고 했지만 아직 가동한다는 소식은 나오지 않고 있어.

로사톰은 2015년 콘퍼런스에서 본격 고속증식로 상용화 모델로 BN-1200을 세일즈했어. 2016년까지 설계를 완료한다면서 새로운 연구용 고속로 개발을 위한 국제 물주를 찾아 나섰지. 그러면서 설계를 확정하기 위해서는 연료로 혼합산화물과 질화물 중 어느 것을 쓸건지, 냉각재로는 소듐과 납 중에서 어떤 쪽으로 갈 건지도 2016년까지 결정한다고 밝혔어. 이를 보면 러시아의 고속증식로도 여전히 초보 단계인 걸 알 수 있지.

고속증식로가 넘어야 할 산은 우선 냉각재야. 고속증식로는 핵분열 시 발생하는 고속의 중성자로 우라늄-238을 플루토늄으로 변화시키는 게 핵심이거든. 따라서 고속로에서는 중성자의 속도를 늦추지 않으면서도 냉각 효과가 큰 납과 비스무스 합금이라든가 나트륨 같은 액체 금속을 이용해.

그런데 이런 액체 금속들은 반응성이 대단히 커. 나트륨 조각이 물과 만나 격렬하게 반응하여 폭발하는 실험은 화학 시간의 단골 메뉴야. 페르미 1호와 몬쥬의 화재사고 모두 냉각재인 이 나트륨이 누출되어 일어난 사고였어.

고속증식로가 차세대 원자로가 되기에는 지속성과 경제성, 안전성, 핵확산방지력 제고 등 어느 것 하나도 실증된 것이 없는 상황이야. 미국이 1994년 독자적인 고속증식로 개발에서 손을 뗀 뒤 다른 나라들을 끌어들여 2000년에 제4세대 원자로 국제포럼GIF을 구성한 것도, 실은 국제공동개발이라는 명목으로 전망은 희미하고 돈은 많이 들어가는 사업에 편승하자는 복안이었던 거지.

원자력 전도사로 나선 빌 게이츠

미국 정부가 한 발 물러선 자리엔 민간 자본이 들어와. 우리에게 너무나 익숙한 이름인 빌 게이츠가 등장하지! 물론 빌만 있는 건 아니야. 일본에 먹힌 웨스팅하우스, GE 원전 사업부, 그 옛날의 밥앤월콕스 등등도 여전히 고속로와 중소형 원자로 개발에 관여하고 있지. 하지만 새롭게 대표 선수가 된 게 빌 게이츠가 77억 6056만 달러(9조 원)를 투자한 벤처기업인 테라파워야.

빌을 원자력 세계로 전도한 건 한때 마이크로소프트의 최고기술

원전 마피아의 대부들

책임자였던 네이선 미어볼드래. 특허관리 벤처업체인 인텔렉추얼벤처스IV, Intellectual Ventures를 운영하던 네이슨이 옛날 물주였던 빌에게 원자력을 세일즈한 거야. 테라파워사의 모회사인 인텔렉추얼벤처스는 고속로인 TWRTraveling Wave Reactor 개념 설계에 관한 특허권을 가지고 있고, 테라파워사가 TWR을 개발하고 있어.

TWR이란 앞에서 얘기한 고속로의 개념과 같아. 다만 연료를 연소할 때 연료 한쪽 끝에 있는 점화기를 가동하여 2가지 진행파traveling wave를 내면, 초기에 발생하는 증식파breeding wave에 의해 우라늄-238이 플루토늄-239로 변환되고, 이어 발생하는 연소파burning wave에 의해 플루토늄-239가 핵분열하여 에너지를 내는 방식의 원자로래.

이제 빌의 사업 수완을 살펴보기로 하자. 우리는 스티브 잡스가 차고에서 밤새워 개발하고 있을 때 기숙사에서 역시 밤새워 친구들이랑 포커로 사업을 배운 빌한테서 한 수 배워야 해.

박근혜 대통령이 취임한 2달 뒤인 2013년 4월, 빌이 우리나라를 방문해. 대통령은 물론 이재용 삼성전자 부회장 같은 그야말로 각계의 최고위급들도 빌을 만나기 위해 줄을 서야 했지. 빌은 서울대학교 강연이라는 퍼포먼스도 펼쳤어. 그러고는 한국원자력연구원과 테라파워가 TWR 원형로를 공동 개발하는 방안을 협의한다는 성과를 챙겨서 돌아가. 국내 핵에너지파로서는 빌이 천군만마와 같은 홍보대사 역할을 해준 셈이야.

하지만 이듬해 8월 한국원자력연구원은 테라파워와 소듐냉각고

빌 게이츠 "한국, 도움 받았던 경험으로 대외 원조에 적극 나서라" ▶본문듣기 ⚙설정

서울경제 기사입력 2013-04-22 16:51

👍공감 💬1

"이번 방한의 목적 중 하나는 에너지 분야 대한 논의"

"제4세대 원전은 훨씬 안전성이 담보돼 있고, 현재 4세대 원자로를 개발 중"

빌 게이츠 마이크로소프트(MS) 공동창업자 겸 이사회 의장이 22일 한국이 공적원조 수혜국에서 지원국으로 발돋움한 경험을 살려 대외 원조에 적극 나서 달라는 뜻을 전했다.

게이츠는 이날 국회 의원회관에서 행한 강연에서 "보건 증진이나 농업 분야 쌀 생산성 증대, 새마을 운동 등 다양한 활동으로 한국이 많이 변화했다"면서 "1960년대 수원국(원조를 받던 나라)이었을 때 기억을 갖고 전 세계에 눈을 돌려야 한다"고 말했다.

자료: 《서울신문》 2013년 4월 22일자 기사

빌 게이츠는 박근혜 대통령을 만나 4세대 원전의 중요성을 강조하며
한국이 적극 참여해줄 것을 요청했다.

속로 공동 개발을 전면 백지화하기로 했다고 발표해. 협상을 진행해보니 테라파워는 실제 원자로 건설 과정에는 참여하지 않고 공동 설계만 하겠다는 입장이었던 거야. 박원석 소듐냉각고속로 개발사업단장은 "원자력산업은 장치산업이기 때문에 설계보다는 실제 실증을 하는 것이 중요한데 이 과정에서 막대한 예산이 들어간다"며 "테라파워사에서 건설비를 분담하지 않겠다고 해 협의가 어려웠다"고 털어놨대. 그러니까 빌은 특허권 장사나 할 요량이었던 거지. 우리나라까지 걸음을 했던 것도 미국에서 물주 잡고 원전 세우기가 어려우니까 원전을 나라에서 밀어붙이는 우리를 한번 찔러봤던 거고.

빌의 세일즈는 중국에서 계속되고 있어. 현재 가장 많은 원전을 건설하고 있는 나라가 중국이거든. 2015년 9월 테라파워는 중국 원자력공사와 협력계약을 맺어. 그해 11월에는 직접 중국을 방문해 리커창 총리까지 만났지. 하지만 중국 애들도 상나라 후예들이야. 특허권 내놓기 전에는 돈 안 나올걸?

미국의 민간원전업자들이 고속로와 더불어 관심을 가지는 게 소형원자로야. 소형모듈러원자로라고도 하는데, 출력이 작은 원자로를 공장에서 만들어 공급한다는 거지. 현장에서는 조립만 하면 돼. 중요 기기를 한 개의 압력용기 안에 모두 집어넣으니까 안전성도 높아진다는 거고.

우리나라 원전계도 빠질 수 없다고 생각했겠지? 우리나라는 1997년에 개발을 시작해 일련의 설계 과정을 거쳐 100MW급 'SMART' System-integrated Modular Advanced ReacTor를 개발해. 하지만 2008년 2월

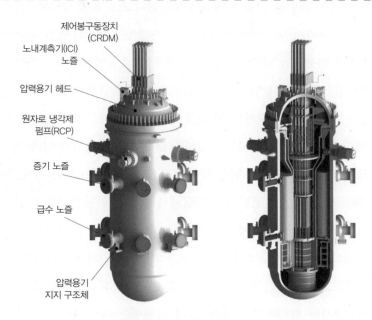

제어봉구동장치
(CRDM)

노내계측기((ICI)
노즐

압력용기 헤드

원자로 냉각제
펌프(RCP)

증기 노즐

급수 노즐

압력용기
지지 구조체

한국형 중소형 원자로 '스마트' 개념도

노무현 정부 말기 과학기술부는 한국개발연구원의 타당성 조사를
받아들여 중소형 원자로 개발을 공식 중단하기로 결정해. KDI는 스
마트가 이름과 달리 다른 신형 원전에 비해 경쟁력이 없을 뿐 아니
라 경제성도 적다고 판단했거든. 그런데 이명박 정부는 그해 12월
재추진을 결정하고 3104억을 들여 2012년 스마트 원자로 표준설계
국내 인가를 받아. 하지만 실증로 건설은 한국수력원자력(주)도 정
부의 지원만 바랄 뿐 의지가 없었어. 계산이 안 나오거든.

원자력안전위원회에 제출된 표준설계안을 보면 이래. 스마트의 내경은 36.0m, 높이는 68.4m, 체적은 56,390m³로 기존 대형 원자로(OPR-1000)에 비해 각각 82.2%, 84.4%, 63.0% 크기야. 덩치는 3분의 2인데 출력은 10분의 1 수준! 출력은 낮은데 크기나 생산비가 소형이 아닌 거야. 한 압력용기 안에 집어넣다 보니 커질 수밖에 없대.

그런데 이런 스마트가 2015년 3월 3일, 형광등 100개의 아우라를 업고 나타나. 한-사우디 SMART 파트너십 및 공동 인력양성을 위한 MOU! 박근혜 대통령이 사우디를 방문하는 동안 최양희 미래부장관이 사우디 원자력·재생에너지장관과 양해각서를 체결한 거야. 정작 주무 부서인 산업자원부도 당황했어.

이어 2015년 9월에는 한국원자력연구원과 사우디 왕립 원자력·재생가능에너지원이 스마트 원전 건설 전 상세설계 협약을 맺어. 이 협약은 양국이 공동으로 1억 3000만 달러를 공동 투자해 사우디 내 스마트 건설을 위한 상세설계, 사우디 연구 인력 34명 교육·훈련, 1·2호기 건설 준비 등을 하는 내용을 담고 있어.

사우디아라비아가 진짜 스마트를 건설할 것인지는 상세설계와 교육이 진행돼 봐야 알 수 있어. 계약 단계에서는 미국이나 중국으로 방향을 바꿀 수도 있지. 하지만 워낙 돈이 많은 나라라 경제성보다 자국의 기술 획득을 꾀할 수도 있으니까 가능성이 없는 건 아냐. 사우디아라비아가 산자부가 들고 간 APR-1400은 보지도 않고 미래창조과학부에 꼭 집어 스마트를 요구했던 건 드문 일이야. 사우디아라비아가 기술 획득, 교육만 먹고 튈지 아니면 스마트가 정말 사우디아라비아에서 첫 실증로로 탄생할지는 두고 보자고.

그래서 토륨원자로는?

———

원자번호 90번인 토륨Thorium은 핵분열 물질이 아니야. 하지만 토륨-232에 중성자를 쐬면 핵분열 물질인 우라늄-233으로 변환되어 에너지를 낼 수 있게 돼. 우라늄이 한 번 때려주면 계속해서 활활 타는 데 비해 토륨은 불도 잘 안 붙고 잘 꺼지는 녀석이지. 우라늄 기반 원자로의 안전성과 핵무기 확산에 대한 반작용으로 토륨이 주목받는 이유이기도 해. 그러나 토륨원자로도 1차 연료로 토륨을 쓸 뿐 실제로는 핵분열을 통해 에너지를 낸다는 점에서는 기본적으로 우라늄 기반 원자로와 같아.

원자력에너지 연구자들은 처음부터 증식로에 관심이 많았어. 어떤 원자로든 1차 핵분열을 하고 난 뒤 연료물질에는 여전히 다종다양한 핵종이 있어 처치 곤란한 폐기물로 배출되거든. 그 안에 있는 핵종을 계속 연료로 사용할 수 있다면 연료비 줄지 쓰레기 줄지, 그야말로 일거양득인 셈이지.

이런 증식로에 대한 열망으로 등장한 게 고속로와 토륨원자로야. 학계와 업계의 주류는 고속로였어. 플루토늄이 핵분열할 때 나오는 높은 에너지의 중성자를 이용하는 편이 훨씬 수월해 보였거든. 그렇게 4세대 원자로로 간택된 고속증식로의 상황은 앞에서 설명한

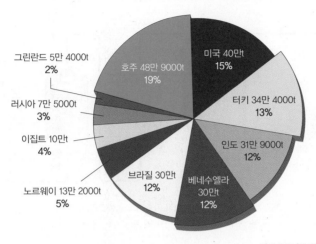

토륨 자원 분포. 모든 매장 자원이 그렇듯 토륨도 편재돼 있다.

대로야. 한편에서는 토륨 원자로에 대한 연구도 계속됐어. 토륨 매장량이 많은 인도가 가장 적극적이었는데, 인도는 1974년 핵실험으로 국제사회의 제재를 받은 탓에 농축우라늄을 공급받지 못했기 때문이야. 두 번째로 열의를 보인 곳은 원전 후발국인 중국이고, 유럽에서는 몇 개 나라가 벨기에의 주도 하에 실험로 건설을 목표로 연구를 하고 있어. 우리나라도 서울대, 성균관대 등 몇 개 연구팀이 이쪽을 파고 있지.

　최근에 이쪽에서 가장 관심을 받는 게 '입자가속기 기반 임계 반응로Accelerator Driven Subcritical Reactor야. 양성자 가속기로 납이나 텅스텐 등 불쏘시개에 입자를 쏴서 중성자를 발생시키고, 이 중성자가

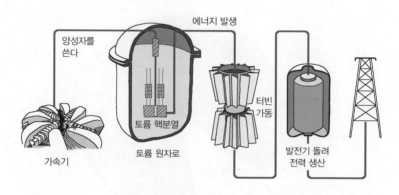

양성자를
쓴다

에너지 발생

터빈
가동

토륨 핵분열

토륨 원자로

가속기

발전기 돌려
전력 생산

토륨 원전의 개념도. 제대로 된 성능의 양성자 가속기도 실험로도 아직 완성된 건 없다.

토륨을 우라늄-233으로 변환시켜 핵분열을 할 수 있게 하는 거지.

토륨원자로는 현재 어떤 단계까지 왔을까? 토륨 세일즈맨에게는 미안하지만 아직 개념설계 단계야. 즉 '이렇게 하면 에너지를 얻을 수 있지 않을까?' 하는 수준이라는 거지.

벨기에의 실험로 미라MYRRHA는 2019년 완공, 2023년 가동을 희망하고 있어. 인도도 올해 실험로 건설에 착수한다고 하는데 그간 계속 연기됐던 터라 두고 봐야지. 2013년 상하이에 고등연구센터를 설립한 중국은 2025년까지 실험로를 건설하겠대. 중국 연구진이 제일 골머리를 썩이는 건 냉각재인 용융염이 원자로를 손상시킬 수 있는 플루오라이드와 같은 부식성 화학물질을 생성하는 거래. 또 워낙 고온에서 운전해야 하는데 이때 발생하는 안전 관련 문제들도 여전히 난제고. 새롭게 생성되는 핵종들에 대한 처리 문제는 아직 손

원전 마피아의 대부들

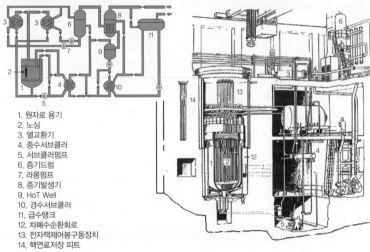

1. 원자로 용기
2. 노심
3. 열교환기
4. 중수서브클러
5. 서브클러펌프
6. 증기드럼
7. 라몽펌프
8. 증기발생기
9. HoT Well
10. 경수서브클러
11. 급수탱크
12. 차폐수순환회로
13. 전자잭제어봉구동장치
14. 핵연료저장 피트

토륨산화물연료 조사 실험을 한 할덴 비등수형중수로.
현재까지 토륨으로 에너지를 생산한 첫 번째 사례다.

4세대 원자로 어디까지 왔나?

도 못 대고 있어.

토륨으로 에너지를 실제로 생산할 수 있다는 걸 입증한 곳은 노르웨이의 핵연료업체인 토르에너지뿐이야. 토르는 2013년 10%의 플루토늄 산화물을 섞은 토륨산화물연료로 할덴 원자로에서 에너지 생산에 성공했어. 그런데 이 원자로는 우라늄 핵연료 조사 실험을 주 목적으로 지하에 설치한 작은 비등수형중수로야. 토르의 토륨산화물연료도 기존 우라늄 기반 원자로에서 사용할 목적으로 개발 중인 상태고.

값싸고 안전하고 청정한 에너지가 있다면 당연히 소비자의 선택을 받을 거야. 하지만 토륨원자로는 아직 보여준 것이 없어. 게다가 핵분열원자로라는 점에서 기존 원자로의 문제점을 그대로 안고 가는 거고. 세일즈맨이라면 개념설계도가 아니라 적어도 10년의 실험로 데이터는 가지고 와야 장사를 할 수 있지 않겠어? 현재로서는 토륨으로 안전하게 에너지를 생산할 수 있는지, 폐기물을 안전하고 저렴하게 처리할 수 있는지 등등 세일즈맨이 보여줄 게 너무 많네.

세계로 날아오른 화룡華龍 1호

넓게 보면 토륨원자로도 4세대 원자로야. 여전히 실험 중이지. 그러니 지금 우리가 눈여겨봐야 할 원자로는 오히려 3세대인 중국의 화룡 1호(ACP-1000) 원자로야. 왜냐고? 빛나는 중국의 용 화룡이 한때는 해가 지지 않는 제국이었던 영국에 상륙했거든.

1964년 핵실험에 성공해 핵무기 보유국 반열에 오른 중국이지만 주자파를 상대로 문화대혁명을 하느라 바빠서 원자력발전에는 신경을 쓰지 못했어. 그러다 시장경제로 돌아서던 1985년이 되어서야 첫 원자로 도입에 나서지. 중국은 원전산업계의 새로운 강자 프랑스의 프로마톰에 가압경수로 2기(광둥 1·2호)를 발주해. 이후 프랑스의 M310을 기반으로 자체 기술 개발에 나서는 한편, 캐나다의 중수로와 웨스팅하우스의 경수로도 도입하여 기술 습득에 총력을 기울여.

그리하여 마침내 중국형 원자로인 2세대 개량형 CPR-1000을 개발해 2010년 링아오 3호기로 실전배치했어. 하지만 이 원자로는 주요 부품의 지적재산권이 아레바에 있었어. 중국의 해외 수출에 고리를 걸어놓은 거지. 가뜩이나 좁아터진 원전 시장에서 서방파 3대 패밀리 외에 기력을 회복한 시베리아 불곰파까지 파고드는데 흑사파까지 끼어드는 건 막아야 하잖아?

하지만 중국은 이제 미국과 맞짱 뜨는 G2잖아. 중국은 CPR-1000에서 지적재산권이 아레바에 있는 부품을 싹 바꿔버리고 3세대 원자로인 ACPR-1000을 개발했어. 아레바 형과 같은 3차 계통 디자인이지만 노심이 중국형으로 바뀐 거지. 이에 대해 《월스트리트저널》은 세계 원전기술의 잡탕 원자로라고 폄하했지만, 미국의 복통을 뒤로 하고 화룽 1호로 이름을 바꾼 100% 중국산 원자로는 2014년 12월 국제원자력기구의 안전 검사를 통과함으로써 공식적인 3세대 원전으로 세계시장에 이름을 올렸어.

2013년 파키스탄에 2세대 원자로 2기를 팔면서 해외 진출을 시작한 중국의 원전산업은 2015년 10월 런던에서 화려한 조명을 받으며 원전 마피아계에 신흥 대부로 등장했지. 중국의 시진핑 주석과 영국의 캐머런 수상은 영국의 향후 세 번째 원전으로 화룡 1호를 도입하기로 약속해. 두 개의 원자로를 프랑스전력공사EDF가 주도하고 중국 원전기업 컨소시엄이 참여한 뒤, 세 번째는 중국 컨소시엄이 주도하고 EDF가 참여하는 형태로 화룡 1호를 건설하기로 한 거야.

런던에서 신흥 대부 세례식을 마친 중국은 파키스탄, 아르헨티나, 루마니아에 화룡 1호를 연달아 계약했어. 건설 비용의 80~90%는 중국이 빌려주는 조건들이지. 이렇듯 국제 원전 시장은 국제 관

파키스탄 펀잡 주 차슈마에 완공된 차슈마 원전 3호기(340MW).
파키스탄은 340MW급 차슈마 원전 4호기도 중국의 지원으로 건설 중이다.

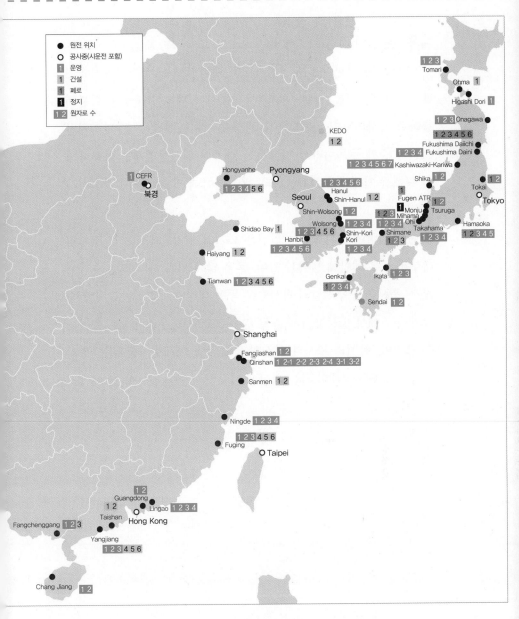

동아시아 원전 현황(2012년 1월 기준). 이런 데 살면서 핵무기를 걱정한다는 게 난센스!

4세대 원자로 어디까지 왔나?

119

계와 자본력이 결정하는 거야.

이제 원전 마피아계는 서방파 3대 패밀리(웨스팅하우스-도시바 연합, GE-히타치 연합, 아레바-미쓰비시 연합)에 시베리아 불곰파, 화룡에 올라탄 흑사파까지 가세해 5강 시장으로 재편됐어. 거듭 말하지만 서방파 중간 두목이라고 자부하는 한국의 원전산업계는 아부다비의 횡재를 기대하기보다 안전과 폐로 분야에 집중하는 게 살길이라고 봐.

현재 중국에서 가동하는 원전은 36기인데 지도에서 보는 것처럼 대부분 동부 해안에 늘어서 있어. 물을 많이 써야 하니 그럴 수밖에 없지. 문제는 후쿠시마의 방사능은 동쪽 태평양으로 날아갔지만 중국의 원전에서 방사능이 유출될 경우 고스란히 우리나라로 흘러든다는 거야. 봄철의 황사와 사시사철 중국발 미세먼지를 겪는 우리로서는 앉아서 당해야 하는 위험에 시급히 대책을 찾아야 할 때야.

원전 마피아의 대부들

핵융합발전의 현주소—
인류는 인공 태양을 만들 수 있을까?

중세 서양의 연금술사들은 납을 금으로 바꾸는 꿈을 꾸었다. 값싼 금속을 가장 가치 있는 금속으로 바꾸려는 시도였다. 화학적으로 물질의 성질을 바꾸려던 이들의 노력은 화학이 발달할수록 불가능하다는 것이 드러났다. 하지만 19세기 후반 물리학에서는 하나의 물질이 다른 물질로 변하는 것이 관찰됐다. 바로 방사선 붕괴에 의해 무거운 원소가 다른 원소들을 거쳐 납으로 변하는 것이 확인된 것이다. 한편에서는 태양을 비롯한 별(항성)의 에너지는 작은 원소가 융합하여 큰 원소로 되면서 발생한다는 것이 밝혀졌다. 1905년 아인슈타인은 '질량-에너지 등가의 원리'를 통해 아주 적은 질량일지라도 엄청난 양의 에너지로 전환될 수 있음을 이론적으로 입증했다.

이제 현대의 연금술사들은 물질의 질량을 에너지로 바꾸는 꿈을 꾼다. 아인슈타인에 의하면 $E = mc^2$, 만약 물질 1g의 질량을 에너지로 변환한다면 그 양은 자그마치 2500만kWh, 즉 원자력발전소 1기가 하루 동안 생산하는 에너지양에 맞먹는다. 기존의 에너지에 대한 접근이 어려워질수록 대용량 에너지원을 손에 넣으려는 인류의 노력은 강화되었고, 핵융합에 대한 연구는 가장 돈을 많이 들이는 단일 주제의 과학 연구가 되었다.

'인공태양' '원자력 발전의 4.5배' '바닷물만 있으면 만들 수 있는 에너지' 등등 핵융합발전을 수식하는 말들은 무척 화려하다. 수입하지 않는 원료로 안전하고 깨끗한 대용량의 에너지를 생산하는 건 에너지 자립을 희구하는 한국인에게도 매력적인 일이 아닐 수 없다.

핵융합발전은 태양에서 에너지를 생산하는 방법을 본떠 만든 말

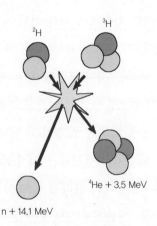

중수소와 삼중수소를 융합시키면 중성자를 하나 내놓고
헬륨이 되면서 엄청난 에너지를 발산한다.

그대로 '인공 태양'이다. 태양에서는 몇 단계 과정을 거쳐 4개의 수소 원자가 하나의 헬륨 원자로 융합되는데, 이때 질량 결손이 생기면서 그만큼의 에너지가 발생한다. 초당 426만 톤의 질량이 384.6요타와트(10^{24}W)의 에너지로 변환되어 방출되는데, 이 에너지는 폭탄으로 치면 $9.192×10^{16}$톤의 TNT에 해당하는 위력이다. 이 과정에서 핵융합이 일어나는 태양 중심핵의 온도는 약 1500만 도, 표면의 온도는 약 6000도에 이른다.

보통 사람들은 원자력발전과 핵융합발전 모두가 핵과 관련되어 있다는 정도로 인식할 뿐 차이점을 명확하게 인식하지 못하는 경우가 많다. 이에 대해 핵융합발전 관계자들은 분명하게 선을 긋는다. 핵융합발전은 원자력발전만큼 위험하지 않다는 것이다. 운전 과정에서 과다한 방사성물질이 사용되지 않고 폭주(핵분열 연쇄반응)의 위험이 없으며, 고준위 방사성폐기물이 발생하지 않을 뿐 아니라 구조물에 축적되는 방사능도 100년 정도의 차단으로 충분하다는 주장이다.

원자력발전은 본래 핵분열로에 의한 발전과 핵융합로에 의한 발전 모두를 이르는 말이다. 그런데 핵분열에 의한 발전 방식이 먼저 보급되면서 원자력발전은 핵분열발전을 지칭하는 말로 통용되었다. 핵분열발전에서 열에너지는 핵분열에 의한 질량 결손에 의해 발생한다. 핵분열은 원료 물질 자체가 우라늄이나 플루토늄과 같은 방사성물질이며, 핵분열 과정에서 세슘이나 요오드 같은 방사성물질로 전환되고 각종 방사선이 방출된다. 반면 핵융합은 연료로 쓰이는 중수소나 삼중수소 등이 방사성물질이기는 하나 운전 과정에서 소량 사용되고, 사후 헬륨이라는 안전한 물질로 전환되기 때문에 방사능에 대한 걱정은 훨씬 적다.

그러면 왜 보다 안전하지 못한 핵분열에 의한 원자력발전이 먼저 상용화 되었을까?

핵분열은 본래 자연 붕괴 과정을 거치고 있는 방사성물질의 원자핵에 중성자를 충돌시켜 비슷한 질량의 두 개의 물질로 나뉘면서 중성자와 베타선, 감마선 등 방사선을 방출케 한다. 원자핵은 양성자에 의해 양전하를 띠지만 자유중성자는 전하를 띠지 않으므로 원자핵과 충돌하는 것은 확률적으로 존재하는 일이다.

하지만 핵융합은 원자핵과 원자핵이 만나 서로 합쳐지는 과정이다. 원자핵은 양성자와 중성자가 강한 핵력으로 결합되어 있다. 핵자의 결합력은 우주에서 존재하는 가장 강력한 힘 중의 하나이지만 다른 원자핵이 접근하면 전기력에 의해 밀어낸다. 양쪽 다 양전하를 띠고 있기 때문이다. 자연에서 여러 원소가 제각기 자기 성질을 유지하며 존재할 수 있는 이유가 바로 이런 핵자의 결합력과 전기력의 반발에 의한 것이다. 따라서 원자핵이 다른 원자핵과 만나 결합하려면 강한 전기적 반발력을 뚫고 핵자의 결합력이 작용할 수 있을 정도로 가까워져야 한다. 그런데 이 에너지 장벽을 넘는 것이 결코 쉬운 일이 아니다.

물리학자들은 원자 정도 크기의 입자가 가진 에너지를 나타낼 때 그 에너지를 갖게 될 때까지 가속하는 데 필요한 전위차(전압)의 크

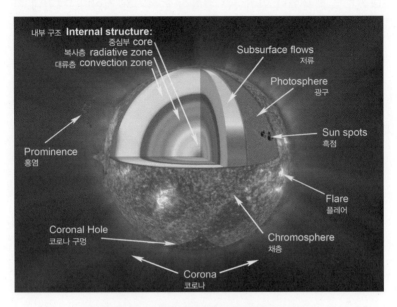

내부 구조 **Internal structure:**
중심부 core
복사층 radiative zone
대류층 convection zone

Subsurface flows
저류

Photosphere
광구

Sun spots
흑점

Prominence
홍염

Flare
플레어

Coronal Hole
코로나 구멍

Chromosphere
채층

Corona
코로나

태양의 에너지는 고온 고압 상태인 중심부에서 이루어진다.
중심에서 반지름 1/4 정도까지가 핵융합발전소에 해당한다.

기를 사용한다. 중수소나 삼중수소의 원자핵을 핵융합이 가능할 정
도로 가속하는 데는 10만 볼트가 필요하다. 중수소나 삼가 헬륨의
경우는 수십만 볼트로 가속해야 한다. 하지만 가속한다고 핵융합이
일어나는 건 아니다. 여전히 원자핵이 충돌해 핵융합이 일어날 확
률은 1억 분의 1이다.

태양의 중심에서는 높은 압력이 이 확률을 높인다(중력 가둠). 태
양의 핵은 온도가 1500만도, 압력은 30억 기압 정도다. 이곳의 원자
핵은 고온으로 많은 에너지를 갖고 높은 압력으로 밀집해 있는 상

태이므로 핵융합이 일어나는 확률이 높아지는 것이다. 그런데 지구 정도의 중력에서 압력을 높이는 데는 한계가 있다. 그래서 선택하는 방법이 태양의 핵보다 10배 이상 높은 2억 도 정도의 고온으로 가열하는 것이다.

대개 3000도 정도면 모든 물질이 녹고, 6000도를 넘으면 아예 기체 상태가 된다. 기체를 계속 가열하면 어떻게 될까? 원자핵 둘레를 전자가 도는 원자 상태마저 분해된다. 원자핵은 양이온으로 전자는 전자대로 분리되어 혼합된 상태, 바로 플라즈마가 된다. 이런 고온의 플라즈마 상태에서는 원자핵이 충돌하여 핵융합이 일어난다. 현재 실험실 수준에서 이런 고온의 플라즈마 상태를 수초 간 유지하며 핵융합을 일으키는 데까지는 성공했다.

두 번째 문제는 모든 물체가 녹아내리는 이런 고온의 상태를 어떻게 분리하고 유지하느냐 하는 것이다. 세상에 이런 고온을 견뎌낼 물질은 없다. 하지만 현대의 연금술사들은 머리를 싸맸고, 돌파구를 찾아냈다. 방법은 플라즈마 상태를 주변의 기기들과 접촉하지 않도록 가두는 것이다. 그 방법이 관성 가둠과 자장 가둠의 두 가지다.

관성 가둠은 1952년 미국, 1953년 소련이 실험에 성공한 수소폭탄의 원리와 같다. 연료를 아주 빨리 압축하고 가열하여 연료가 핵융합을 일으키는 조건에 이르게 한 다음 연료가 빠져나가기 전에 연소시키는 것이다. 수소폭탄, 즉 핵융합폭탄은 플루토늄 중심 막대와 냉각한 액체 중수소를 담은 내부 용기, 그리고 핵분열폭탄을 넣은 외부 용기로 이루어진다. 먼저 바깥 용기의 핵분열 폭탄을 폭발

1. 점화 이전의 탄두. 1차 핵분열 폭탄이 위쪽에, 2차 핵융합 연료가 아래에 있으며, 두 개 모두 발포 폴리스티렌 내부에 있다.

2. 1차 폭탄 내부의 고폭탄이 폭발하여 플루토늄 피트를 초임계 상태로 압축하고 핵분열이 시작된다.

3. 1차 폭탄에서의 핵융합은 X선을 생성하며, X선은 폭탄 내부에서 반사되면서 발포 폴리스티렌을 가열한다.

4. 발포 폴리스티렌이 플라즈마 상태가 되면서 2차 폭탄을 압축하고, 플루토늄 점화전이 핵융합을 시작한다.

5. 압축되고 가열된 리튬-6 중수소화물 연료는 핵융합 반응을 시작하며, 중성자 선속은 탬퍼 역시 핵분열하도록 한다.

위키피디아의 '핵무기 설계' 항목에 나오는 관성 가둠 핵융합 개념도

시켜 고온을 만들면, 안에 있는 연료용기의 외부가 기화되면서 순간적으로 용기 내부의 밀도가 300배 정도 압축된다. 이어 용기 내부의 플루토늄이 폭발하여 중수소를 담은 용기 내부가 핵융합이 일어날 수 있을 정도로 고온, 고압이 되어 핵융합이 일어나게 되며 최종적으로 3억 도 정도까지 높아진다. 1952년 11월 서태평양의 에니위탁 환초에서 실시된 미국의 수소폭탄 실험은 보통 폭약 1000만 톤에 해당하는 에너지를 발생시켰는데, 핵분열 폭발 에너지가 더 많고 핵융합에 의한 에너지는 4분의 1 정도인 것으로 추정했다. 당시 이 시험 폭탄은 총 무게가 80톤을 넘어 폭탄이라고 하기에는 너무 크고 압축 설계의 원리를 시험한 것이라고 볼 수 있다.

관성 가둠으로 핵융합 발전을 하려면 폭탄 실험에서 했던 이 구

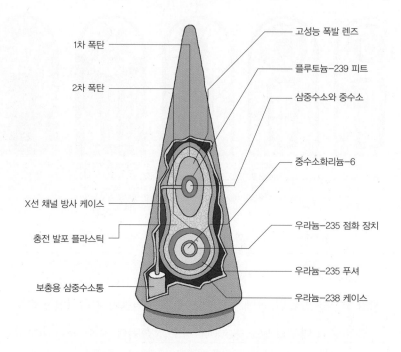

1차 폭탄

2차 폭탄

고성능 폭발 렌즈

플루토늄-239 피트

삼중수소와 중수소

중수소화리늄-6

X선 채널 방사 케이스

충전 발포 플라스틱

우라늄-235 점화 장치

보충용 삼중수소통

우라늄-235 푸셔

우라늄-238 케이스

수소폭탄은 소형화 되어 1968년 B61핵폭탄이 실전 배치되었다.
그림은 가장 최신형이라는 W88 핵탄두로 잠수함발사 유도탄인 트라이던트 II 에 장착한다.

조를 아주 작게 만들어 꼬마폭탄으로 만들어야 한다. 꼬마폭탄은
수 밀리그램의 중수소와 삼중수소의 혼합물을 후추씨 크기의 플라
스틱 캡슐에 담아 연필 지우개 크기의 금속 실린더에 담은 것이다.
이런 소량의 연료로도 2억 도까지 오르는 에너지가 방출된다. 그러
나 수소폭탄에서와 같이 핵분열폭탄으로 촉발할 수는 없으므로 고
성능의 레이저로 가열한다. 연료캡슐의 외부가 용발하면서 밖으로

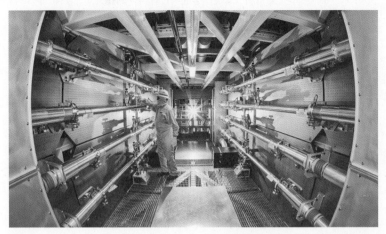

자료: Lawrence Livermore National Laboratory

핵융합 연구의 메카 격인 로렌스 리버모어 국립연구소의 국립점화시설(NIF) 증폭기의 내부 모습. 관성가둠은 투입 에너지 대비 발생 에너지가 너무 적어 연구비를 따내기가 어려워졌다.

튕겨나가면 내부로 압력이 작용하여 연료캡슐 안의 액체 중수소가 압축되며 가열되고, 마침내 중심에서부터 핵융합이 시작되어 순식 간에 전체적으로 핵융합을 일으키는 게 설계 개념이다. 캡슐을 가 열하기 위해서는 100만 줄1Mj 이상의 레이저 에너지가 필요하다. 현재 세계적으로 미국의 로렌스 리버모어 국립연구소의 국립점화 시설과 프랑스의 레니저메가줄 시설이 이런 정도의 레이저 장비를 갖추고 실험을 하고 있다.

관성 가둠 핵융합이 풀어야 할 과제는 캡슐을 고르게 가열하는 것과 압축시간과 연료 가열 시간에 적절한 간격을 두는 것이다. 캡 슐이 불규칙하게 가열되면 풍선이 터지듯이 캡슐 내부를 압축하지 못하고 새어나갈 것이다. 또한 충분히 압축되지 못한 상태에서 연료가 가열되면 점화 상태에 이르지 못하게 된다. 캡슐을 고르게 가열하기 위해서 미국의 국립점화시설은 192개의 레이저빔을 사면팔방에 배치하고, 연료캡슐 외부의 금속 용기에 반사되어 캡슐에 이르는 레이저가 비슷해지도록 이중의 구조를 갖추고 있다.

자장 가둠은 말 그대로 강력한 자기장 안에 플라즈마를 가두는 것이다. 관으로 된 피뢰침이 번개를 맞으면 안으로 찌그러드는데 이를 핀치 효과라고 한다. 강한 전류가 흐를 때 중심으로 향한 전자기력에 의해 발생하는 효과다. 자장 가둠은 여기에서 시작됐다. 강력한 자기장을 만들어 고온의 플라즈마를 조임으로써 주변 기기로

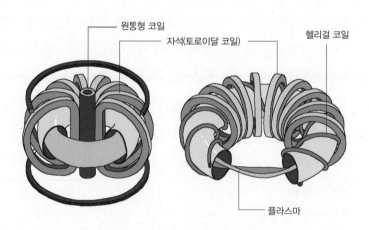

무지하게 뜨거운 플라즈마가 주변 용기에 닿지 않고
꽈배기 모양으로 도넛 안을 돌아가도록 자기장을 만들어 가두어야 한다.

부터 떼어놓는 방식이다. 1946년 영국에서 시도된 이 방식은 미국에서 스텔러레이터로 구체화됐고, 1960년대 후반 소련의 토카막이 최고의 성능을 구현했다.

토카막은 자기코일 토로이드 용기라는 뜻의 러시아 말이다. 도넛모양의 용기(토러스) 주위에 자장을 유도하는 코일을 설치하여 가열된 플라즈마가 토러스 벽에 닿지 않고 회전하도록 설계한다. 토카막은 플라즈마의 온도와 유지 시간에서 이전의 다른 시도들보다 우수한 성과를 내어 빠르게 확산됐다. 1970년대에 프랑스의 TFR, 유럽공동체에서 돈을 대고 영국에 건설된 JET, 미국 프린스턴 대학의 TFTR, 일본의 JT-60이 잇달아 건설됐다. 이들의 수명이 다한 후인 2007년 한국은 초전도체를 이용한 최신 토카막 KSTAR를 준공하여 2008년 7월 플라즈마 발생에 성공했다.

그런데 핵융합발전의 연구에는 많은 에너지와 비용이 들어간다. 국제핵융합실험로의 플라즈마는 15MA의 전류가 흐르도록 강력한 자기장을 형성해야 하며, 플라즈마를 가열하기 위해 외부에서 추가로 40MW를 입력해야 한다. 또한 고온의 플라즈마를 품고 있는 만큼 토카막을 둘러싼 냉각시스템의 운영에도 에너지가 들어가고, 자기장 코일은 초전도 상태를 유지하기 위해 극저온(영하 269℃)이 되어야 한다. 이런 에너지를 투입하기 위해서는 수십 MW급의 발전소 하나는 있어야 한다.

비용도 만만치 않아 KSTAR를 건설하는 데 3090억 원의 사업비가 투입됐다. 웬만한 가스복합화력발전소를 건설할 수 있는 비용이

대덕연구단지 내 국가핵융합연구소의 자랑거리인
케이스타는 세계적 수준의 토카막 핵융합 실험로다.

다. 언제 실현될지 모르는 사업에 대규모 예산을 투자하기란 선진국
도 어렵긴 마찬가지다. 그래서 각국은 힘을 모아 핵융합발전의 연
구개발에 나서기로 뜻을 모았다. 대규모의 국제핵융합실험로ITER,
International Thermonuclear Experimental Reactor를 건설하기로 한 것이다.

1988년 국제원자력기구의 지원 아래 미국과 소련, 유럽, 일본의
협력으로 설계를 시작한 ITER는 2003년 한국과 중국, 2005년 인도
가 참여하면서 현재의 틀을 갖추게 됐다. 시설을 유치하려는 유럽,
일본, 캐나다의 경쟁은 유럽연합이 사업비의 45%를 부담하는 조건
에서 프랑스 카다라슈로 결론이 났다. 제외된 캐나다는 ITER에서

132

프랑스 남부 카다라슈의 국제핵융합실험로 건설 현장. 국제 공동 과학 연구로는 최대 사업이다.

철수했으며 남은 6개국이 사업비의 약 9%를 각각 부담한다. 2019년 완공을 목표로 하는 ITER의 총 사업비는 71억 유로, 이 중 우리나라가 부담해야 하는 비용은 1조 9819억 원에 이른다. 이는 2011년 기준으로 당초 50억 유로였던 사업비가 해가 갈수록 증가했기 때문이다. 따라서 실제 완공 때까지 얼마가 더 늘어날지는 미지수다.

ITER의 목표는 외부의 가열이 없이도 플라즈마 내의 핵융합 에너지만으로 계속적인 핵융합이 일어나는 연소 상태를 유지함으로써 핵융합발전의 가능성을 실증하고 원천기술을 확보하는 데 있다. 이를 위해 ITER는 플라즈마를 400초 동안 지속시키고 500MW

의 열을 출력하며 투입한 에너지보다 10배의 에너지를 생산하려고
한다. ITER의 목표가 순조롭게 달성되면(!) 2030년대에 실증발전소
데모DEMO를 가동하고 2040년대에 핵융합발전소를 상용화한다는
계획이다. 발전 시스템은 핵분열 원자력발전소와 같이 원자로에서
발생한 열에너지로 증기를 만들어 터빈을 돌리는 방식이다.

　하지만 ITER의 목표를 달성하는 것이 그리 쉬운 일은 아니다.
KSTAR의 최종 목표는 플라즈마 상태를 10초간 유지하면서 온도를
3억 도까지 올리는 것인데, 2012년에 온도 5000만 도의 플라즈마를
17초 유지하는 데까지 와 있다. ITER가 건설되어 본격 실험에 들어
가도 플라즈마를 400초 동안 지속시키고 나아가 연소 상태에 이르

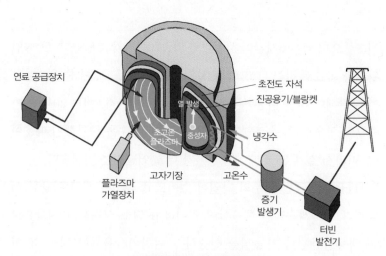

국제핵융합실험로의 설계 개념도

도록 할 수 있을지는 해봐야 알 일이다. 그리고 이 단계에 도달한다 해도 실제 우리에게 전기를 안겨줄 핵융합발전소가 세워지려면 연소 상태를 안전하게 며칠이고 운영할 수 있는 단계로 나가야 한다. 또한 핵융합 연소가 일어나면 짧은 시간에 집중적으로 열에너지를 방출하는데 이를 어떻게 효율적으로 흡수하여 발전을 할 것인지는 시험발전소DEMO 단계에서 풀어야 할 과제이다.

현재까지 핵융합발전의 연구개발 진행 정도는 설계 개념을 잡은

1. TF 초전도 도체(Conductor) 총 조달 금액(kIUA): 215.01 외국 참여율: 20.18% 외국 조달 금액(kIUA): 43.39	4. 블랑켓 차폐블록(Shield Block) 총 조달 금액(kIUA): 58.0 외국 참여율: 49.83% 외국 조달 금액(kIUA): 28.90	5. 조립장비(Assembly Tooling) 총 조달 금액(kIUA): 23.01 외국 참여율: 100% 외국 조달 금액(kIUA): 23.01
2. 진공용기 본체(Vacuum Vessel) 총 조달 금액(kIUA): 123.04 외국 참여율: 21.29% 외국 조달 금액(kIUA): 26.20		6. 열차폐차(Thermal Shield) 총 조달 금액(kIUA): 26.88 외국 참여율: 100% 외국 조달 금액(kIUA): 26.88
3. 진공용기 포트(Vacuum Port) 총 조달 금액(kIUA): 76.96 외국 참여율: 72.74% 외국 조달 금액(kIUA): 55.98		7. 삼중수소 저장 및 공급시스템 총 조달 금액(kIUA): 15.36 외국 참여율: 81.5% 외국 조달 금액(kIUA): 12.48
8. 전원공급장치(AC/DC Converters) 총 조달 금액(kIUA): 126.60 외국 참여율: 37.28% 외국 조달 금액(kIUA): 46.07	9. IVC 버스바(IVC Bus bars) 총 조달 금액(kIUA): 3.98 외국 참여율: 100% 외국 조달 금액(kIUA): 3.98	10. 진단장치(Diagnostics) 총 조달 금액(kIUA): 143.74 외국 참여율: 3.13% 외국 조달 금액(kIUA): 4.49

ITER 화폐단위(kIUA: kilo ITER Unit of Account): 1kIUA=1,552백만 Euro(2010년 기준)
총 조달 금액: 271.75kIUA

자료: ITER 한국사업단

**국제핵융합실험로에 우리나라가 현물로 출자하는 한국 부품들.
국내 연구기관과 기업들이 참여한다.**

정도에 불과하다. 에너지를 생산할 수 있는 연소 상태에 아직 도달하지 못했으며, 핵융합이 일어나는 플라즈마 상태를 수백 초 유지해보기 위해 71억 유로를 들여 실험로를 건설하고 있는 중이다. '인공태양'을 만드는 일이 불가능하다고 단언할 수는 없다. 하지만 우리가 에너지 고갈의 벽에 부닥쳤을 때 우리를 구원해줄 에너지 화수분은 아니라는 것이 핵융합발전 연구의 현 단계다.

그러므로 핵융합발전 연구는 우주과학과 같은 거대 과학 연구 정도로 이해해야 한다. 현재 인류의 생활에 당장 필요한 건 아니지만 능력이 되는 나라에서 많은 연구비를 쏟아 부어 우주과학을 연구하고 우주선을 쏘아보내기도 하는 건, 우주에 대한 정보와 지식을 넓히는 뜻도 있지만 그 과정에서 발전하는 과학 기술이 우리 실생활에 도움을 주기 때문이다. 핵융합 연구도 마찬가지다. 가까운 미래에 핵융합에 의한 에너지 생산을 하지 못하고 먼 미래에도 그럴지 모르지만 그 과정에서 진보하는 과학기술이 우리에게 보탬이 된다.

따라서 국가 재정을 편성할 때 핵융합 연구개발비는 에너지 관련 예산이 아니라 그냥 과학 분야 연구개발비로 분류돼야 한다. 그런데 그동안 미래창조과학부의 미래유망원천기술개발비에 들어 있던 국제핵융합로 건설사업비 273억 원이 올해부터 산자부의 전력산업기반기금 예산으로 이관됐다. 하지만 앞서 살펴보았듯이 핵융합에너지가 우리 곁에 오려면 수십 년의 시간 더 걸리거나 어쩌면 불가능할지도 모른다. 핵융합에너지는 아직 미래 산업 '유망 원천 기술'로 대접하는 것이 마땅하다.

2부

에너지 전환
시대의 논리

01

'화석연료 고고씽!'파

'에너지 전환'은 '에너지 체제의 전환'을 줄인 말이야. 과학에서 에너지 전환 하면 위치에너지가 운동에너지로 혹은 운동에너지가 전기에너지로 바뀌는 등의 '에너지 변환'과 같은 뜻으로 쓰였어. 그런데 요즘은 에너지 변환보다는 에너지 체제의 전환이라는 의미로 사용하는 이가 많아졌지.

각설하고, 그래서 에너지 체제를 왜 바꾸려고 하냐고?

내가 바꾸려는 게 아니야. 세월이 흐르다 보니 저절로 바뀌고 있어. 꽃이 피면 지고 달이 차면 기울듯 세상만사가 다 그렇잖아. 지금 에너지 체제가 우리 어릴 때 산에 나무하러 다니던 때와 다르듯 10년 뒤면 또 많이 바뀌어 있을 거야.

우리네 청춘이야 급격한 산업화 시절이니까 장작에서 구공탄으로, 석유보일러를 거쳐 가스보일러, 지역난방으로 숨가쁘게 바뀌었

에너지 전환 시대의 논리

지만, 성숙한 산업사회로 진입하고 있는 마당에 바뀔 게 뭐가 있느냐고?

그래, 그렇게 생각하는 사람들이 바로 '화석연료 고고씽!'파야.

석탄, 석유, 천연가스. 현재 에너지 체제의 주역인 화석연료 3인방이지. 대표 선수는 석유! 석유 시대가 계속되리라는 믿음은 의외로 넓게 퍼져 있어. 바닷물이 눈에 띄게 뒤로 빠지고 있는데도 막상 닥쳐와야 '아~ 이런, 이게 쓰나미구나!' 하는 사람들처럼 말이야.

우리나라 사람은 대부분 이쪽 파야. 96%의 1차 에너지원을 해외에 의존하고 있어 연간 전체 수입액의 3분의 1을 에너지 사오는 데

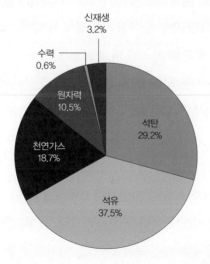

자료: 《에너지통계연보(2014)》

우리나라가 쓰는 1차 에너지원의 85.7%는 화석연료다.
원자력까지 96%를 수입하는 데 쓰는 돈은 연간 200조 원!

쓰고 있으면서도 돈만 있음 얼마든지 사올 수 있다고 생각하더라고.

그런데 세계적으로 이쪽 파는 극히 소수야. 미국 정도? 하지만 미국도 지방정부 차원에서는 전환을 꾀하는 쪽이 많아. 특히 민주당이 강세인 주에서는. 그래도 세계 13위의 석유 매장량을 가지고 세계 최초로 석유산업을 시작한 나라로서 이쪽 업계의 입김이 여전히 연방정부를 지배하는 건 사실이야. 게다가 10여 년 전부터 개발이 시작된 셰일가스가 붐을 일으키면서 당분간 이 기조가 이어질 거야.

그럼 한번 따져보자고. 석유 시대가 얼마나 유지될지, 그 과정에 무슨 일이 일어날지 말이야.

석유는 수십억 년 전 미생물이 큰 호수나 바다 밑에 퇴적되고 이게 지각변동으로 땅속으로 들어가 고압과 고열로 응축돼 엑기스만 남은 탄화수소화합물이야. 석탄은 식물들이 쌓인 거고, 천연가스는 석유나 석탄이 생길 때 가스가 따로 모인 거지.

인류가 처음 사용한 자연에너지는 불이야. 처음에는 주변에 널려 있는 마른 나무를 모아 땠지. 나무건 석탄이건 뭘 태워서 에너지를 얻는 건 그 속에 있는 탄화수소화합물이 산소와 결합하는 반응 때문이야. 탄소와 수소가 산소와 결합하면서 열에너지를 내놓는 거지. 그 결과물이 탄소가 탄 이산화탄소와 수소가 탄 물이고.

나무를 때던 시절에 석탄과 석유는 연료 축에도 못 끼었어. 목재 연료 중 고급인 숯은 깔끔하게 타는데, 시커먼 석탄과 석유를 태우면 유독가스가 나오는 거야. 당연히 집 안에서 쓸 수가 없었지. 아주 오래전 메소포타미아 사람들은 이 끈적끈적한 아스콘 같은 석유로

배의 틈을 막거나 길을 낼 때 더러 사용했대.

석탄, 산업혁명을 일으키다

———

석탄이 본격 연료로 사용된 것은 12~13세기 영국에서였어. 면직공업이 발달하고 종획(인클로저) 운동으로 농민들이 농토에서 추방되면서 도시가 성장했지. 그러자 도시 인근의 야산들은 빠르게 민둥산이 되어갔고, 장작을 구하지 못한 서민들은 독한 가스가 나오는 석탄이라도 때야 했어. 13세기 후반에 런던은 이미 석탄의 뿌연 연기로 덮여 있었대.

16~17세기가 되면 귀족들도 어쩔 수 없이 유독한 연료를 집 안으로 끌어들일 수밖에 없었어. 석탄의 채굴과 유통이 산업화 되면서 공장들은 이 열량 높은 연료에 매료돼. 특히 제철업에서는 숯보다 엄청 센 이 녀석으로 코크스를 만들어 가마에 집어넣어. 근대 제철산업이 시작된 거야. 이로써 석탄산업과 제철업, 면직공업으로 대표되는 1차 산업혁명이 꽃을 피우지.

석유, 신대륙 아메리카를 세계 무대로 이끌다

———

산업혁명의 대열에 뒤늦게 명함을 올린 신대륙 아메리카에서는

19세기 후반까지도 석탄보다 풍부한 목재를 더 많이 사용하고 있었대. 그런데 석탄이 화학산업의 원료가 되어 화학공업이 태동하던 이 무렵에 아메리카의 시골구석에서 화석연료의 총아인 석유의 상업적 시추가 시작돼. 1859년 에드윈 드레이크가 펜실베이니아 주 오지의 유전에 파이프를 박아 퐁퐁 뽑아내는 기술 적용에 성공한 거지.

처음엔 이 시커멓고 찐득찐득한 원유를 정제해서 등유와 윤활유로 사용했어. 고래기름과 피마자기름, 목랍으로 불을 밝히던 때에 싸고 좋은 등유가 시장에 등장하자 반응은 폭발적이었지. 휘발유는

미국의 초기 시추정 모습

에너지 전환 시대의 논리

다루기 까다로운 천덕꾸러기였어. 원유를 증류할 때 젤 먼저 튀어나와 폭발을 일으키기도 하는 이 녀석은 독일의 고틀리에프 다임러와 칼 벤츠가 각각 내연기관을 장착한 자동차를 만들면서 귀중한 존재가 돼.

스탠더드 오일의 존 록펠러

미국에서 유전 개발과 정유공장은 빠르게 확산됐어. 이렇게 커진 장마당에 재빠르게 끼어든 농산물 중개업자 존 록펠러는 미국의 석유산업을 스탠더드 오일이라는 독점회사로 통합하고 최초의 다국적 대기업으로 성장시켜. 록펠러가 스탠더드 오일로 세계 최고의

록펠러 재단 창립자 존 로커펠러. 외래어 표기법은 록펠러라는 관용 표기를 인정한다.

갑부가 된 건 '리베이트'와 '트러스트'를 통해서였어. 이 두 가지를 경제용어로 만든 건 온전히 록펠러의 공이야.

먼저 록펠러는 리베이트를 통해 클리블랜드의 석유정제업을 통일해. 당시 원유나 정제한 석유는 운하와 철도로 운송했는데, 이게 생산량이 들쑥날쑥이라 철도회사들이 애를 먹고 있었어. 어떤 때는 물동량이 몰려 차량이 부족하고 어떤 때는 대부분의 화차를 놀려야 하는 식이었지. 이때 록펠러는 철도회사에 물량을 일정하게 몰아주는 조건으로 운임을 대폭 할인받아. 철도회사로서도 수입이 보장되

록펠러의 클리블랜드 1호 정유공장. 수년 후 그는 클리블랜드의 정유회사를 모두 장악한다.

에너지 전환 시대의 논리

고 안정적인 운영을 할 수 있으니 누이 좋고 매부 좋은 일이었지.

이렇게 해서 클리블랜드의 정유회사들을 하나둘 흡수한 록펠러는 스탠더드 오일을 세워 전국 통일에 나서게 돼. 우선 이름부터가 폼 나잖아? '표준 석유.' 초기에 등유의 품질은 제멋대로였거든. 중유가 많으면 그을음이 너무 많이 나고, 휘발유가 많으면 불붙이다가 펑 터지기도 하고 말야. 근데 록펠러는 "우리 건 균질합니다! 우리 등유가 그야말로 표준!"이라고 대놓고 뺑을 친 거지.

그리곤 트러스트 증권을 발행해서 다른 정유회사들도 하나둘 끌어들여. 본래 트러스트trust라는 말은 신뢰라는 뜻이잖아? 그러니까 다른 석유회사들한테 '너희 주식 51%를 우리한테 맡겨. 우리가 경영권을 갖는 대신 트러스트 증권을 줄게.' 하면서 독점 체제를 넓혀간 거지. 반항하는 회사는 은행을 통해 압박을 가해. 록펠러는 금융자본가들한테도 스탠더드 오일 증권을 나눠주고 말 안 듣는 회사엔 자금줄을 죄게 한 거야. 1890년대가 되면 미국 석유산업의 90% 이상을 스탠더드 오일이 차지하고 록펠러는 지금까지도 깨지지 않는 세계 최고 갑부가 됐어. 어떻게? 석유가격을 통제하고 공급량을 조절해서.

그래서 요즘은 트러스트라는 말이 주식신탁, 그리고 이렇게 형성된 기업합동, 독점기업 등의 뜻을 갖게 된 거래. 미국을 장악한 스탠더드 오일은 유럽에도 자회사를 세워 등유와 윤활유 시장을 잠식해나가. 최초의 다국적 대기업이 된 거야.

유럽, 러시아의 석유로 대응하다

당시 유럽인들에게 미국은 근본 없는 신흥 졸부였어. 그런데 이 녀석들이 새로운 상품으로 자기네 시장을 치고 들어오네. 석유가 석탄에 비해 월등한 이유는 에너지 밀도가 높다는 거, 즉 같은 양으로 훨씬 많은 열량을 낼 수 있기 때문이야. 그리고 액체라는 장점이 있지. 어떤 용기에도 담기 좋고, 나르기 편하고, 때고 끄기 쉽고, 그래서 화석연료 3형제 중에서도 석유가 대표선수인 거지. 그런데 신흥 졸부가 이걸 들고 나타났으니 원조 부르주아 스타일이 완전 구겨진 거야.

다이너마이트 대마왕 알프레드 노벨의 형인 루트비히 노벨은 1871년 러시아제국 카스피해 연안의 바쿠 지역에서 석유 생산에 뛰어들어. 1885년경이 되면 러시아의 원유 생산은 미국 생산 수준의 약 3분의 1 정도에 이르게 되지. 노벨은 유럽의 저명한 은행가 가문인 로트실트(로스차일드)가의 프랑스 분가로부터 도움을 받아 철도를 깔고 이 석유를 유럽으로 가져와.

로트실트네는 3초간 고민했어. '이건 검은 황금이야! 돈만 델 게 아닌데…?' 그리고 얼마 후 로트실트가는 독자적으로 바쿠에서 유정과 정유소를 매입한 뒤 노벨과 경쟁해. 로트실트가는 바쿠의 석유를 아시아로 보내기 위해 국제무역업자인 마커스 새뮤얼과 손을 잡아. 새뮤얼은 수에즈운하 통행권을 획득하고 아시아 곳곳에 저장 탱크를 건설했는데, 그의 이 석유무역회사가 바로 셸의 전신이지.

에너지 전환 시대의 논리

카스피해 서안 바쿠에 빽빽이 들어선 유정탑.
노벨과 로스차일드 집안이 석유사업을 시작한 곳이다.

한편 록펠러의 스탠더드 오일은 국내에서 큰 반발에 부닥쳐. 석유
와 화학산업, 전기가 추동하는 2차 산업혁명이 세상을 바꾸고 그 와
중에 돈으로 신분 상승하는 이들이 비 온 뒤 죽순처럼 솟아나는 마당
에 검은 황금을 독점하다니! 아메리칸드림을 좇는 미국인들이 들고
일어나 '록펠러와 40인의 도적들'(스탠더드 오일에 주식을 넘긴 석유회사
가 40개쯤 된대)을 비난하고 나선 거야. 마침내 1890년에 미국 반독점
법의 첫 장을 연 '셔먼 반트러스트법Sherman Antitrust Act'이 제정됐어.
경제학에서 반트러스트가 반독점과 같은 뜻으로 쓰이는 연유래.

　1899년 록펠러는 트러스트를 해체하고 뉴저지 스탠더드 오일을
지주회사로 하여 지배권을 유지해. 하지만 1911년 오랜 소송 끝에
패배한 뉴저지 스탠더드 오일은 결국 33개의 소유 회사를 분리하고
사실상 해체돼. 이들은 이후 인수합병과 이름 바꾸기를 계속하여

뉴저지 스탠더드 오일은 엑손, 뉴욕 스탠더드 오일은 모빌, 캘리포니아 스탠더드 오일은 쉐브론, 인디애나 스탠더드 오일은 아모코 등으로 이어져.

세계를 장악한 세븐 시스터즈

한편 1910년대가 되면, 본토가 유전인 미국 석유 재벌과 러시아 카스피해, 흑해 주변에서 부를 쌓아 올린 유럽 석유 재벌들이 새로운 먹잇감인 중동으로 눈을 돌리게 돼. 먼저 진출한 나라는 영국, 프랑스, 독일이었어. 제1차 세계대전이 끝난 뒤엔 승전국 영국과 프랑스가 패전국 독일 것을 나눠먹었지. 미국은 끼어들고 싶어 안달이 났고….

중동 석유를 놓고 경쟁하던 열강의 다국적 석유기업 7개 회사는 1928년에 이르러 나눠먹기 협약을 맺어. 미국계의 엑손, 모빌, 쉐브론, 텍사코, 걸프와 영국의 브리티시 페트롤리엄BP, 영국과 네덜란드의 합작사인 로열더치셸 등 이 7개 석유회사를 사람들은 세븐 시스터즈 혹은 메이저 세븐이라고 부르게 돼.

7공주파는 협조적인 부족장과 손잡고 말 안 듣는 부족들을 때려잡으며 사막에서 석유를 끌어올리고 본격적인 석유 시대를 열어나가. 이 과정에서 땅따먹기 결과에 따라 선을 그어 왕정국가들로 독립을 시켜. 유럽은 지중해 너머라 여차하면 득달같이 달려올 수 있

에너지 전환 시대의 논리

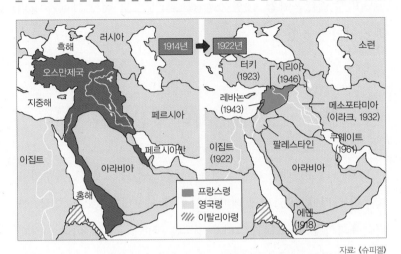

<table>
</table>

자료: 《슈피겔》

1910~20년대 제국주의 침탈로 조각난 중동 지도(괄호 안은 독립한 해)

는데 대서양을 건너야 하는 미국으로선 찜찜했어. 그래서 제2차 세계대전 이후 서방세계의 맹주로 올라선 미국은 알박기를 해. 바로 이스라엘의 건국! 미국 정계의 큰손으로 성장한 유태계 자본력이 기회를 놓치지 않은 거야. 이슬람 내부 동력만으로 중동의 평화를 이룰 수 없는 까닭이 바로 여기에 있어. 이스라엘 문제를 해결하지 않고는 중동은 앞으로도 계속 분쟁에 휘말릴 거야.

1949년 미국 연방통상위원회의 자료에 따르면 7공주파가 미국과 공산권을 제외한 세계 석유 자원의 82%, 생산의 80%, 시설의 76%를 장악했다고 해. 이들은 1차 석유파동 전인 1972년 세계 100대 기업 자산 랭킹에서 1위 엑손, 2위 로열더치셸, 7위 걸프, 8위 모빌, 11위

'화석연료 고고씽!'파

브리티시 페트롤리엄, 12위 소칼(쉐브론) 등으로 여섯 자매가 상위권에 자리 잡고 있어.

오페크OPEC, 세계경제의 중심에 들어서다

1950~1960년대는 중동의 산유국들을 중심으로 자원민족주의가 대두한 시기야. 1951년 팔레비 왕정 아래 모사데그 총리는 영국–이란석유회사를 국유화해. 그러자 영국은 불매운동으로 이란의 경제를 마비시키고, 미국은 CIA를 보내 팔레비의 친위 쿠데타를 도왔지.

1950년대 중동과 북아프리카에서 대유전이 발견되고 공급 과잉이 되면서 7공주파는 원유 공시가격을 인하해. 그러자 수입이 줄어든 산유국들은 독자적인 세력화의 필요성을 절감해. 마침내 1960년 9월 이라크는 이란, 사우디아라비아, 쿠웨이트, 베네수엘라 등 5대 석유 생산 수출국 대표를 바그다드로 초청해 석유수출국기구OPEC를 결성했어.

가격 카르텔의 성격을 띠고 출발한 OPEC는 1973년 1차 석유파동을 거치면서 지속적인 가격 상승을 유지하기 위해 산유량을 조절하는 생산 카르텔로 변모해. 점차 자신감을 회복한 산유국들은 7공주파로부터 유전의 소유권을 거둬들이기 시작했어. 장기 공채를 발행하여 보상하는 방식으로 유전에 대한 지배권을 되찾아나간 거지.

1979년 2차 석유파동을 거치면서 이제 OPEC는 변방의 북소리가

에너지 전환 시대의 논리

1960년 창립 모임과 2010년 콘퍼런스 모습. 시작은 미약하였으나 지금은 창대하다.

아니라 세계경제의 중심부에 확고하게 자리를 잡게 돼. 전 세계는 OPEC의 공시가격과 생산쿼터 결정에 일희일비하고 막대한 오일머니는 세계 금융의 큰손이 됐어. 만수르를 넘어 억수르가 된 거야.

현재 OPEC는 창립 멤버 5개국에 알제리, 앙골라, 나이지리아, 리비아, 에콰도르, 카타르, UAE, 인도네시아까지 해서 모두 13개국(가봉은 중간에 들어왔다 나갔음)이야.

1973년의 1차 석유파동, 1979년의 2차 석유파동은 수급요인, 즉

'화석연료 고고씽!'파

공급이 수요를 따라주지 못해서 일어난 게 아니라 정치적, 지정학적 요인이 컸어. OPEC가 세계경제의 중심에 들어서는 과정이라고 보면 돼.

우선 1차 석유파동. 1973년 10월 6일 오후 1시, 세 차례 전쟁에서 진 아랍의 명예를 조금이라도 회복해보고자 이집트와 시리아 연합군은 각각 시나이반도와 골란고원에서 이스라엘군을 기습공격해. 이스라엘군은 사전에 정보를 입수했지만 미국과 유럽의 지원을 받기 위해 선제공격을 포기하고 반격으로 맞서.

그로부터 열흘 뒤인 10월 16일, 이란, 이라크, 사우디아라비아, 쿠웨이트, 아부다비, 카타르 등 중동의 6개 산유국은 유가를 17% 인상하여 bbl(배럴)당 3.65달러로 발표해. 이튿날인 10월 17일 아랍석유수출국기구OAPEC 10개국은 이스라엘이 점령지에서 철수할 때까지 9월부터 소급하여 매달 5%씩 생산량을 감축하겠다고 선언했어. 지난 100년 동안 사람들의 생활 속에 깊숙이 자리 잡은 석유가 값싼 원자재에서 벗어나 강력한 정치적 무기로 등장하는 순간이었지.

12월 하순 산유국들은 감산 정책을 철회했지만 유가 인상이 계속돼. 12월 23일 OAPEC의 6개 페르시아만 산유국은 아라비안라이트 원유 공시가를 1974년 1월 1일부터 128% 인상한 bbl당 11.651달러로 인상해. OPEC 13개국 중 다른 7개국은 이들의 결정에 따르겠다고 이미 발표한 뒤였고. 세계 석유 수출량의 85%가 인상에 포함된 거야.

2차 석유파동. 1978년 12월 17일 아랍에미리트연방의 아부다비

에너지 전환 시대의 논리

2차 석유파동 때 석유를 사기 위해 주유소에 늘어선 사람들

에 모인 OPEC 13개국은 1979년도 원유가를 당시 bbl당 12.70달러에서 분기별로 나누어 총 14.5% 올린 14.542달러로 합의해. 이때까지만 해도 세계는 이것이 2차 석유파동의 전주곡이 될 줄은 몰랐어.

그러나 팔레비 왕정에 반대하는 이란의 시위가 격화돼 이듬해 2월 11일 이슬람 지도자 호메이니가 이란의 전권을 장악하자 세계 석유시장이 요동치기 시작해. 이란은 2월 16일 왕정 때보다 15분의 1로 석유 수출량을 줄이겠다고 발표했어. 그러자 중동 산유국들이 2월초 유가를 7% 인상한 데 이어, 2월 27일 쿠웨이트가 9.35%, 베네수엘라가 15% 인상해. 그리고 이렇게 시작된 유가 인상 랠리는 1980년 1월까지 이어져.

1년 이상을 달려온 유가 인상 랠리는 2월 22일 OPEC 비밀회의에서 유가를 연 4회 인상하되, 선진국의 인플레율과 경제성장률, 그리

1979년 이란은 팔레비 왕정을 몰아내고 회교공화국을 선포했다.

고 달러화 가치변동에 연동하겠다는 장기 유가 계획에 합의하면서 가까스로 진정 국면에 들어서. 이렇게 1·2차 석유파동은 수급 요인 이 아니라 지정학적 요인과 오페크의 자원민족주의에 기인한 것이 었기에 OPEC가 세계경제의 중심에 자리 잡으면서 유가도 하향 안 정세를 유지하게 돼.

석유 전쟁의 패배자 소련

그런데 1차 석유파동 이후 계속된 유가 상승은 새로운 국면을 초 래해. 비OPEC 산유국의 생산량이 늘어난 거야. 유가가 오르니까 심 해 유전의 경제성이 생겼고 북해 유전이 개발돼 영국, 덴마크, 노르웨이 등이 새로운 산유국 대열에 들어섰지. 그리고 시장경제 싸움에서 뒤처진 소련 경제가 원유 수출에 의존하며 생산량을 늘리게 돼.

1986년 오르기만 하던 유가가 20달러선으로 급락해. 이때 예전같으면 감산으로 가격 유지에 나섰을 사우디아라비아가 가격 인하를 감수하기로 선언해. 사우디아라비아도 처음에는 감산에 나섰어. 그런데 상황이 변하는 거야. 가격이 오르는 게 아니라 내 시장만 좁아지네? 이 때문에 사우디아라비아는 바로 감산 정책을 포기했지. 이젠 갈 때까지 가보자! 치킨 게임이 된 거야.

여기에는 절친 미국과 야합이 있었다는 풍문이 있어. 뉴라이트 대통령 로널드 레이건이 이 참에 주적 소련을 밀어붙여보기로 한 거야. 개혁 없이는 수명 연장이 어려워진 소련의 주수입원인 석유 돈줄을 죄는 거지. 결과적으로 몇 년을 버티지 못한 채 소련이 붕괴하고 1990년대말까지 유가는 하향 안정돼.

02

피크오일 논쟁

두 차례의 석유파동을 거치고 난 뒤 에너지판에서는 '석유 생산 정점peak oil' 논쟁이 벌어져. 화석연료는 매장자원이니까 무한정 퍼낼 수는 없고 결국 언젠가는 정점을 지나 점점 줄어들 거 아냐? 과연 그게 언제냐는 거였지.

미국의 지질학자 킹 허버트는 오래전부터 이 문제를 연구해서 1956년에 미국의 석유 생산 정점을 예측해. 미국의 석유 매장량과 새로 발견되는 매장량 그리고 생산량 곡선을 분석해보니 1970년대 초에 피크오일에 이를 거라고 예상한 거지. 그런데 실제로 미국의 재래식 석유생산은 1970년을 고비로 감소하기 시작했어.

이에 탄력을 받은 이들은 세계 석유 매장량과 생산량, 1960년대 이후로 감소하는 신규 발견량 등으로 2010년 전후면 정점에 이른다는 예측을 해. 하지만 국제에너지기구IEA나 미국의 에너지정보국

156

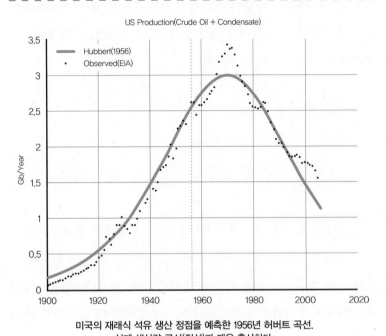

US Production(Crude Oil + Condensate)

미국의 재래식 석유 생산 정점을 예측한 1956년 허버트 곡선.
실제 생산량 곡선(점선)과 매우 흡사하다.

EIA 등은 2030년 이후에나 피크오일이 올 거라는 낙관적인 견해를
유포했어.

그리고 1986년 유가가 하향 안정세에 접어들어 10년 이상 유지
되자 이 논쟁은 대중의 관심에서 멀어지는 듯했지. 유가 하락을 주
도한 신자유주의자들과 다국적 석유 대기업들은 조기 피크오일론
자들을 비현실적인 비관론자들이라고 비웃고, 주류 언론은 이들을
철저히 냉대해. 이 시기 세계의 석유 소비량은 약 30%가 늘어났어.
일일 생산량이 1983년 5661만bbl에서 1998년 7346bbl이 됐지. 피

크오일론이 관심을 못 받아도 한정된 매장 자원은 빼먹는 만큼 따박따박 줄어들었고, 한편에서 앞날을 준비하는 나라들은 대체에너지 개발과 보급에 꾸준히 투자를 해.

자매들의 반격—
OPEC 국영석유회사를 약화시켜라

———

힘을 잃은 피크오일론에 주목하고 에너지 전략의 중심으로 끌어낸 이들은 역설적이게도 미국의 네오콘들이야. 1990년대 후반 미국의 석유 자급률은 절반 이하로 떨어져. 1971년 이후 국내 생산량이 떨어지고 수입량은 늘어나더니 이제 수입량이 더 많아지게 된 거지. 미국은 세계에서 에너지를 가장 많이 쓰는 나라야. 당연히 석유도 그래. 2위인 중국보다 지금도 거의 두 배나 많이 써. 따라서 세계 제일의 석유 수입국이기도 해.

때마침 석유지질학자 콜린 캠벨과 장 라에레르는 1998년 3월 발표한 〈값싼 석유의 종말The End of Cheap Oil〉이라는 보고서에서 '10년 내에' 석유 생산 정점에 도달할 것이라고 예측해. 이듬해 에너지 투자 회사 사장인 매튜 시몬스는 기존 중동 유전의 급격한 감소율을 들어 재래식 석유의 정점이 2006~2012년 사이에 올 거라고 주장해.

당시 클린턴 민주당 정부는 석유보다는 재생가능에너지 쪽을 바라봤어. 1992년 리우환경회의에서 합의한 기후변화협약에 참여하

에너지 전환 시대의 논리

고, 1997년 어렵사리 결실을 맺은 실행프로그램인 교토의정서에도 들어가려고 했지. 하지만 공화당이 지배하는 미국 의회는 미국 산업의 경쟁력에 부정적인 영향을 끼친다며 비준을 거부해. 그리고 자매들(석유 메이저)의 지원을 받은 부시 대통령이 당선되자 취임 첫해인 2001년 교통의정서 불참을 전격 선언했어.

미국의 석유 수입량이 자국의 생산량을 넘어선 1998년부터 미국 의회와 정책연구소들은 미국의 에너지 미래에 대한 분석과 전략 수립에 나서. 초당파적인 국제전략문제연구소CSIS조차 2000년 11월 〈21세기 에너지 지정학〉이라는 보고서를 통해 캠벨이나 시먼스의 주장은 거부하면서도 페르시아만 지역이 2020년까지 에너지 생산을 80%까지 늘려야 한다고 강조해.

베이커 공공정책연구소와 외교관계위원회CFR는 2001년 〈21세기 전략적 에너지 정책 과제〉에서 피크오일에 대해서는 낙관론을 펴면서도 석유 가격 인상과 공급 부족이 미국을 위험에 빠뜨릴 수 있다고 경고해. 이 보고서는 제3세계에서 자원민족주의와 함께 성장한 국영석유회사가 지배하는 현존 석유의 정치경제학을 재편해야 한다는 제안을 내놔. 이 말인즉슨 OPEC 산유국 국영회사들의 힘을 빼앗아 다국적 석유 대기업에게 넘겨주어야 한다는 말이야. 자매들이야말로 석유산업에 대한 투자와 안정적인 공급을 담보할 수 있다는 거지. 사담 후세인 치하에서 석유 생산에 차질을 겪고 있는 (실은 서방국가들의 경제제재 때문이었지만) 이라크는 적절한 사례가 돼주었어.

이런 미국의 석유 전략은 2000년 선거에서 기후변화에 즉각 대응할 것을 주장한 민주당 앨 고어에게 지고도 이긴 공화당 조지 부시에 의해 구체화 돼. 딕 체니 부통령의 지휘하에 2001년 5월 발행된 백악관의 국가에너지 정책 보고서는 미국의 석유 생산이 1970년 정점보다 39% 하락했으며 2020년에는 전체 석유 소비의 3분의 2를 수입해야 할 것이라고 겁을 줘.

그리곤 석유 공급에서 중요한 역할을 해야 할 페르시아만 지역의 저투자와 그에 따른 생산 차질을 우려해주는 척하면서, 결국은 미국이 나서서 이 문제를 해결해야 할 것이라고 자리를 깔아. 어떻게? 국가 안보가 걸려 있는 문제니만큼 군사력을 동원해서라도!

기회는 노리는 자에게 찾아온다고 했던가, 그해 가을 9월 11일, 미국의 초고층 쌍둥이 건물인 세계무역센터가 이슬람 무장단체 알카에다의 공격으로 허무하게 무너져 내리는 참사가 벌어져. 사전에 정보를 입수하고도 미온적으로 대처했던 부시는 9.11 참사가 벌어지자마자 빈 라덴 집안과 관계된 미국 내 사우디아라비아인들을 안전하게 공항에서 배웅하고 난 뒤, 곧바로 빈 라덴이 둥지를 튼 아프가니스탄으로 밀고 들어가.

소련이 붕괴한 후 중앙아시아 국가들은 러시아의 지배력에서 벗어나려 했고, 이들 나라의 석유와 가스에 접근하길 원하는 미국에게 아프가니스탄은 전략적 요충지였어. 이미 그 이전부터 다국적 석유 기업들은 은밀하게 아프가니스탄 상륙작전을 도모하고 있었지.

가볍게 아프가니스탄을 점령한 미국은 곧바로 중앙아시아로부

에너지 전환 시대의 논리

터 인도양에 이르는 파이프라인 건설에 착수하고는 다음 목표물로
눈을 돌려. 바로 아버지 부시가 혼내주었던 이라크! 본래 이라크는
미국의 우방이었어. 이슬람 신정국가가 되어 이슬람 자주노선을 내
세우는 호메이니 이란 정부를 혼내주라고 무기 대줘가며 키웠거든.

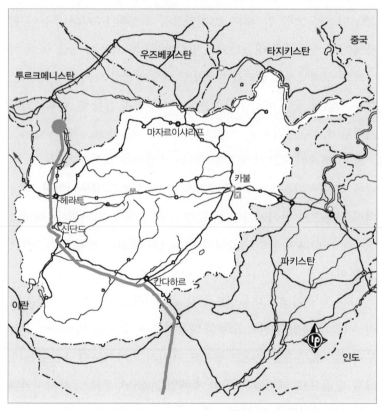

자료: Lonely Planet Guide to Central Asia

중앙아시아와 인도양을 잇는 아프가니스탄의 파이프라인 계획

그랬던 사담 후세인이 쿠웨이트를 점령하여 배반의 아이콘이 되자 아버지 부시는 미군을 투입해 원상복구하는 수준에서 마무리를 했지. 하지만 아버지 부시는 석유 걱정할 필요 없는 20세기 아저씨였고, 20세기 소년인 아들 부시는 미국의 석유가 점점 부족해지는 상황에 있었어.

핑계는 대라고 있는 것, 아들 부시는 대량학살무기를 찾겠다며 2003년 3월 20일 전격적으로 이라크를 침공해. 부시의 푸들이 된 블레어의 영국군을 대동하고서 말이야. 종파 싸움에 등을 돌린 시아파와 경제제재로 궁핍해진 국민들에게 버림받은 사담 후세인 군대는 힘없이 무너지고, 후세인은 3년의 두더지 생활 끝에 체포되어 처형됐지.

토니 블레어가 부시의 푸들이라는 불명예를 감수하고 이라크 전쟁에 뛰어든 이유는 1999년 정점을 친 북해 석유 때문이었어. 영국 역시 중동으로 돌아가야 하는 분명한 이유가 생긴 거였지. 이라크 전쟁이 서방파의 승리로 끝나자 이라크의 유전은 자매들의 수중으로 떨어져.

이 와중에 이명박 대통령도 섣불리 숟가락을 얹다가 허튼짓을 했어. 미국의 파병 강권에 노무현 대통령은 온갖 욕을 먹어가며 건설부대와 의료부대를 보내고 쿠르드 자치지역 자이툰에 주둔했는데, 그걸 밑천으로 이명박은 취임 첫해인 2008년 쿠르드 자치지역의 5개 광구 탐사권을 덜컥 계약해. 19억bbl의 유전을 손에 넣는다고 대대적으로 선전하면서 말이야.

에너지 전환 시대의 논리

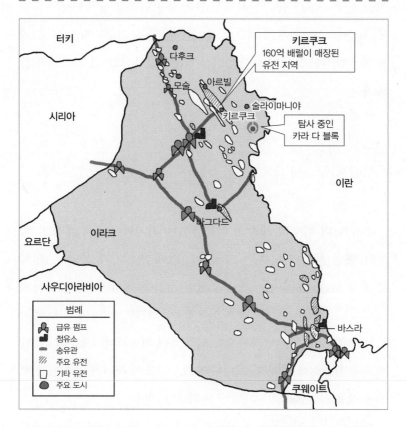

키르쿠크
160억 배럴이 매장된
유전 지역

탐사 중인
카라 다 블록

터키

시리아

이란

요르단

이라크

사우디아라비아

다후크

모술

아르빌

술라이마니야

키르쿠크

바그다드

바스라

쿠웨이트

범례

🐖 급유 펌프
🏭 정유소
— 송유관
▨ 주요 유전
▢ 기타 유전
⬤ 주요 도시

이라크의 유전과 송유관 지도. 미국의 이라크 점령 이후 석유 메이저의 파티가 이어졌다.

하지만 불과 3년 뒤 이 계약은 돈만 날린 신기루였음이 드러나. 허술한 계약으로 빈 깡통을 덥석 무는 바람에 탐사 결과와 관계없이 돈만 뜯기고, 이라크 중앙정부에 밉보여 이라크 석유·가스전 입찰엔 등록도 못하는 한심한 신세가 됐지. 현재 한국석유공사는 바이안 광구 등 3개 광구 탐사권을 완전히 반납하고 상가우사우스 광구 지분(60%)의 일부도 매각할 방침이래. 남은 건 2억 5000만bbl의 유전이 발견된 하울러 광구의 15% 지분뿐이야. 그거라도 잘돼야 할 텐데….

비전통 석유, 본격 개발 시대로 접어들다

———

1960년대 말부터 개발돼 석유파동을 거치며 서방파의 효자 노릇을 해온 북해의 석유는 20세기와 함께 전성기가 끝났어. 영국은 1999년, 노르웨이는 2년 뒤 생산 정점을 지났지. 재래식 석유 conventional oil(지하 웅덩이에 고여 있어 빨대만 꽂으면 빼먹을 수 있는 석유) 확보를 위해 중동을 난장판으로 만들었던 서방파에게 21세기 초반 새로운 희소식이 전해져. 캐나다의 오일샌드에 투자가 몰리면서 비전통 석유unconventional oil 개발이 본격화한 거야.

이름에서 드러나듯이 오일샌드는 역청이 묻어 있는 찐득찐득한 모래야. 여기에 수증기를 쏴서 비투멘을 분리하고 이를 정제하면 재래식 원유와 같은 상태가 돼. 앞뒤로 공정이 더 들어가니 재래식 석유보다 당연히 생산가가 비싸지. 오일샌드에서 1bbl의 원유를 생산하려면 20~40달러가 들어가. 그런데 캐나다가 자국에서 쓰는 용도로 조금 생산하던 오일샌드가 21세기에 이르러 유가가 30달러 이상으로 올라가자 경제성이 생긴 거야. 서방파 자매들을 비롯해 새롭

에너지 전환 시대의 논리

노천채굴 방식

① 땅 위에서 오일샌드 채취(비투멘 함유한 모래)

② 오일샌드를 분쇄기에 넣어 모래 덩어리와 돌을 분쇄

③ 오일샌드에 따뜻한 물을 첨가

④ 오일샌드 흙탕물을 분해 용기에 넣어 모래와 비투멘을 분리

⑤ 거품 제거 후, 원심분리기를 통해 비투멘 추출

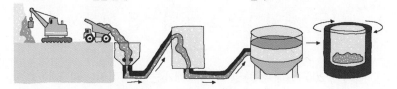

지하채굴 방식(증기 주입)

① 고압의 증기를 오일샌드 광구로 주입

② 지하 파이프에서 뿜어져 나온 뜨거운 증기가 오일샌드와 희석

③ 유동화되면서 모래와 분리된 비투멘을 하단 파이프로 채집

④ 회수장치를 통해 지상으로 비투멘 운송

비투멘 회수 장치   증기 주입 장치

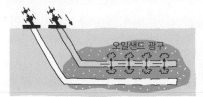

주: 환경 및 생산 효율화를 위해 최근에는 다양한 지하채굴 방식(In-situ method)이 적용되고 있음.
자료: Syncrude, Petro-Canada, Washington Post

오일샌드 생산 방법. 이렇게 채굴한 비투멘을 정제해야 재래식 원유와 같은 상태가 된다.

게 석유시장의 큰손으로 등장한 중국의 국영 두 자매는 물론 한국석유공사도 투자 대열에 나서게 되지.

　캐나다는 오일샌드에 힘입어 석유 매장량 5위권 안으로 진입하고, 미국으로서는 가깝고 말 잘 듣는 곳에 예비군을 확보하게 되어

한숨 돌릴 수 있는 상황이 돼. 아들 부시가 임기 말에 이라크에 심드렁해지는 이유 중 하나야.

미국, 셰일가스로 옛 명성을 회복하다

여기에 2000년대 후반 들어 미국에게는 혁명적인(우리에게는 그저 사돈이 땅을 산) 상황이 전개돼. 바로 셰일가스의 개발!

퇴적암의 일종인 셰일(혈암) 중 지하 2km 이하에 있는 것에는 석유와 가스가 포함돼 있는 게 있어. 그러나 이것 역시 모든 나라의 셰일층에 다 있는 건 아니고 북미, 중국, 유럽, 북아프리카, 호주 등 기존 유전지대나 석탄층 인근에 몰려 있어. 아쉽게도 우리나라와 일본 등은 이 혜택에서도 제외돼.

셰일가스는 암석층에 퍼져 있으니 재래식 석유마냥 빨대만 꽂아서는 빼먹을 수가 없어. 그래서 그동안은 가채확인매장량에 끼지도 못했던 거야. 그런데 그리스 이민자의 아들로 태어나 텍사스 갈베스톤에서 17살 때부터 유전 일을 했던 조지 미첼이 돌파구를 뚫어. 그는 유전에서 기술을 배운 뒤 형과 함께 시카고 마권업자로부터 텍사스 포트워스 근처의 땅을 조금 샀는데 여기서 13번 유정을 파 연속으로 성공하면서 '미첼에너지개발회사'를 중소기업으로 키워.

미첼은 소규모 유전의 개발에 머물지 않고 기술 개발에 투자하는데, 1980년대부터 그는 수평시추에 관심을 기울여. 2km 이하의 땅

에너지 전환 시대의 논리

속까지 수직으로 파이프를 내려 보낸 뒤 이번엔 비스듬하게 내려가 수평으로 헤집고 나가는 파이프를 박는 일을 상상하고 추진한 것은 미첼의 공이지. 1990년대 수평시추가 어느 정도 궤도에 오르자 석유업계에서 전부터 사용해온 수압파쇄법을 결합해. 수압파쇄는 물과 화학약품을 섞어서 고압으로 쏘아 암석을 깨는 공법이야.

이로써 그동안 그림의 떡이었던 셰일가스를 개발하는 길이 열렸어. 지하 2~4km 셰일층까지 수직시추를 하고 1.5km 정도 수평시추를 한 뒤 수압파쇄로 암석에 틈을 내면 그곳으로 가스가 모여 올라오는 거지. 조지 미첼이 1998년 포트워스에서 첫 상업적 개발에 성공한 뒤 21세기에 유가가 상승하면서 생산비용을 넘어서자 각국의 투자가 몰리기 시작한 거야.

수평시추 수압파쇄 공법으로 셰일가스 개발을 길을 연 조지 미첼.

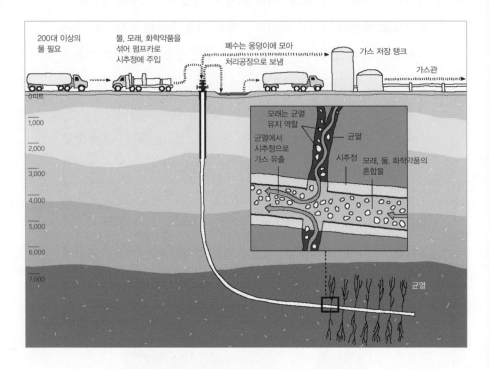

| 200대 이상의 물 필요 | 물, 모래, 화학약품을 섞어 펌프카로 시추정에 주입 | 폐수는 웅덩이에 모아 처리공장으로 보냄 | 가스 저장 탱크 | 가스관 |

셰일가스 시추정은 셰일층에 수평으로 파이프를 박고 암석에 틈을 벌려 가스와 석유를 모아낸다.

미국의 셰일가스 생산은 2005년경부터 급격히 늘어나. 그에 따라 미국 내의 가스 가격은 2008년부터 세계시장 가격과 이별하고 급락하기 시작해. 2009년에는 100만Btu당 3달러 이하까지 떨어졌어. 4~5달러선에서 등락하던 가스 가격은 2014년 하반기 이래 유가 하락 국면에서 2달러대에 머물고 있지.

2008년은 다들 잘 알 듯이 미국발 금융위기가 터져 전 세계가 불

에너지 전환 시대의 논리

경기에 들어선 때잖아. 우리나라도 2009년 GDP가 0.3% 증가하는데 머물 정도로 고생들 했지. 그래도 되는 사람은 어떻게 해도 되는가 봐. 셰일가스 개발한다고 돈이 몰리니 일자리가 생겨, 가스값이 싸지니까 전깃값도 싸져…. 일단 미국 국내 경제에 청신호가 켜졌어. 게다가 셰일가스를 생산할 때 두 번째로 많이 포함된 에탄을 분리할 수가 있는데 이것이 화학산업의 쌀인 나프타를 대신하는 거지.

본래 석유화학산업이란 정유과정에서 나오는 나프타를 가져다 에탄올과 프로필렌 등으로 분해해 각종 석유화학제품의 원료로 쓰는 거잖아? 그런데 미국은 옛날부터도 천연가스나 석유정제폐가스에서 추출한 에탄을 석유화학공업의 주원료로 썼대. 그게 석유 정제를 거쳐서 나오는 나프타보다 싸니까. 그래서 그동안 미국 내의

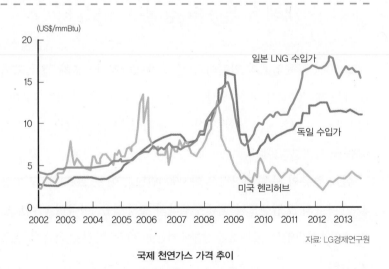

국제 천연가스 가격 추이

자료: LG경제연구원

석유화학 기업들은 인도네시아나 중동 등 가스산지 근처로 이전하는 추세였는데, 셰일가스 붐이 일어 값싼 에탄이 공급되자 셀케미컬, 다우케미컬 등 석유화학 기업들이 국내로 귀환하거나 미국 내 투자를 늘리게 됐지. 당분간 에틸린계 석유화학공업의 경쟁력은 미국이 최고라는 게 중론이야.

아무튼 미국의 금융위기는 양적 완화라는 통화정책과 셰일가스 개발 붐에 힘입은 국내 산업의 회복으로 반등의 기회를 잡게 돼. 최초의 흑인이자 민주당 출신 대통령 오바마가 2012년 재선할 수 있었던 배경이야. 미국이 셰일가스 붐을 '셰일혁명'이라고 부르는 건 그래서 이해가 돼. 그런데 우리에게도 그럴까?

재래식 석유의 정점은 지났다

2010년 석유업체의 입김이 강한 국제에너지기구조차 결국 고해성사를 해. "(재래식) 원유 생산은 2006년 최고점이었던 하루 7000만 bbl에 다시 이르지는 못할 것이다." 재래식 원유의 생산 정점이 지났음을 인정한 거야.

현재 원유의 하루 생산량은 약 9000만bbl. 이 중 2000만bbl 이상을 캐나다의 오일샌드와 베네수엘라의 초중질유, 미국의 타이트오일(셰일가스전에서 나오는 유황 성분이 적은 원유) 등 비전통 석유가 채우고 있어.

에너지 전환 시대의 논리

BP의 자료(BP Statistical Review of World Energy June 2015)를 한번 볼까.

연도	1980	1986	1990	1995	2000	2003	2006	2009	2014
가채확인 매장량 (억bbl)	6,834	9,077	10,275	10,659	12,581	13,341	13,638	15,101	17,001
일생산량 (만bbl)	6,295	6,074	6,538	6,799	7,496	7,757	8,248	8,126	8,867
R/P	29.8	41.2	43.1	42.9	46.0	47.1	45.3	51.0	52.5

가채확인매장량이 점점 늘어나지. 그래서 현재 수요량으로 쓸 수 있는 기간을 나타내는 R/P비율도 52.5년까지 늘어난 거고.

그런데 이건 재래식 석유의 잔고는 점점 줄어들고 비전통 석유의 가채매장량이 불어난 거야. 바로 오일샌드와 초중질유, 타이트오일이 들어와준 덕분이지. 재래식 석유에서 늘어나는 건 심해유전뿐이야. 그나마 좀 양이 되는 게 브라질 앞바다의 초심해ultra deep water 유전인데, 여기는 보통 2~3km의 바다 밑에서 다시 3~4km를 파야 유전에 닿아. 비교적 얕은 바다인 멕시코만의 경우에도 2018년에 생산을 개시하는 헤스Hess의 개발 광구는 1킬로미터 바다 밑에서 9km를 내려가야 유전이 있대.

자, 빨대만 꽂으면 빼먹을 수 있던 재래식 석유는 줄어들고 증기분류, 수평시추, 수압파쇄, 초심해, 북극해 등 열악한 환경에서 갖은 방법을 동원해야 얻을 수 있는 비전통 석유가 늘어만 가는 석유 수요의 빈자리를 채워나가는 게 현재의 상황이야.

논리적으로 석유 생산 정점은 비전통 석유의 생산가가 유가를 상회하는 순간일 거야. 물리적으로 1bbl의 원유를 얻는 데 1bbl이 낼 수 있는 에너지 이상이 들어간다면 에너지로서의 원유는 의미가 없겠지. 그러나 그때도 사람들은 원유를 생산할 텐데 그건 태워 없애는 에너지로서가 아니라 고분자화합물인 화학산업의 원료로 쓰기 위해서일 거야. 주기율표로 유명한 러시아 화학자 멘델레예프는 일찍이 1892년 러시아 정부에 보낸 편지에서 "그냥 태워 버리기에는 너무 귀한 물질이다. 석유를 태운다는 것은 곧 돈을 태우는 것이다. 화합합성물의 원료로 이용해야만 한다"라고 했대. 이제 그런 상황이 다가오는 거야.

3차 석유대전?

————

하락한 유가는 2015년 말 30달러대로 떨어졌어. 한때 2000원을 넘었던 휘발유 가격이 1300원대로 떨어진 요즘 많은 사람이 값싼 석유 시대가 끝나지 않았다고 믿는 듯해. 과연 그럴까?

이번 유가 하락의 원인은 미국발 셰일 붐이야. 2000년대 후반부터 전 세계의 석유자본이 숟가락을 얹은 미국의 셰일가스전에서 타이트오일과 콘덴세이트(천연가스 개발 과정에서 얻어지는 액상의 탄화수소. 초경질유로 원유보다 정제가 쉬움)의 생산량이 대거 늘었기 때문이야. 그래서 미국 석유업체는 1975년 이래 지속되어온 석유 금수 조

에너지 전환 시대의 논리

치의 해제를 원했어. 미국 정부는 콘덴세이트를 원유가 아니라고 해석하여 건별로 수출을 허용했는데 그 첫 선적이 2014년 7월 말 텍사스 갤버스턴 항에서 한국으로 출발한 40만t이야. GS칼텍스가 미쓰이상사한테 재입찰 받은 거래.

아무튼 미국의 석유 생산이 늘어나면서 세계 석유 생산 재고량이 늘어나자 업계는 유가 유지를 위해 사우디아라비아가 감산에 나서 주기를 바랐어. 하지만 사우디아라비아가 "노!"를 외쳤지. 그러자 서부 텍사스 중질유WTI가 2014년 7월 31일, 두바이유가 9월 5일, 브렌트유가 9월 8일자로 100달러 밑으로 떨어졌어. 호사가들은 1986년 사우디아라비아가 감산을 거부하고 저유가가 장기화하자 3년 뒤 몰락의 길을 걸었던 소련을 떠올리며 이번엔 누가 표적인가 하고 호들갑을 떨었어. 경제제재를 받고 있는 러시아냐, 외채 상환에 몰린 베네수엘라냐 하고 말이야.

하지만 그때랑은 조건이 달라. 우선 1980년대에는 재래식 석유의 싸움이었고 가장 경제난이 심했던 소련이 무너져 시장에서 쪼그라드는 것으로 마무리됐지. 그러나 지금은 같은 생산 조건이 아니야. 사우디아라비아의 생산가는 20달러 안팎, 캐나다의 오일샌드는 30달러 안팎, 미국의 타이트오일은 70달러 안팎이거든.

감산을 거부한 사우디아라비아의 속내는 이런 거야. '유가가 떨어지면 생산가가 비싼 쪽이 감산을 해야지 왜 우리가 하냐?' 국제에너지기구의 2014년 10월 월간보고서는 손익분기점이 80달러 이상인 원유 생산 규모를 오일샌드, 심해유전, 타이트오일 합쳐 하루

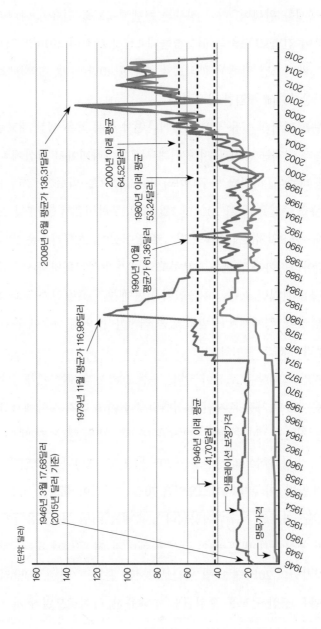

미국의 셰일 붐으로 시작된 저유가 국면은 세일개발업체의 구조조정으로 마무리될 것이다.

에너지 전환 시대의 논리

260만bbl로 추정했어. 1980년대 중반 유가가 하락할 때 감산으로 대응하여 시장만 빼앗긴 경험이 있다 보니 2014년 11월 OPEC 정례회의는 논란 끝에 '시장에 맡긴다'는 사우디아라비아의 전략을 채택했지. 유가는 곤두박질쳐 50달러 아래까지 내려갔어.

국가 재정을 석유 수입에 크게 의존하는 산유국들도 재정 수입의 감소로 힘들어졌지만, 가장 괴로운 건 역시 미국의 셰일가스전에 돈을 쏟아부은 쪽이었어. 한때 1900개까지 늘어났던 미국의 시추정 수가 2014년 말부터 줄어들기 시작하여 2015년 말에는 약 700개 수준까지 떨어졌어. 그런데 생산량은 오히려 조금씩 늘어 2015년 4월 하루 958만bbl로 최고치를 기록한 후에야 하락하기 시작해.

저유가 국면에서 수익이 감소함에도 불구하고 석유 생산이 늘어난 이유는 몇 가지가 있어. 우선 본래 석유 개발이란 게 십수 년에서 수십 년에 걸친 장기 사업으로 추진되기 때문에 단기적으로 가격이 하락한다고 해서 즉각적으로 생산 조정에 들어가지 않아. 사업주기 전체 기간의 수익률이 주요 판단 근거니까. 또 하나 생산 초기 2~3년 사이에 전체 매장량의 70~80%를 추출하는 셰일가스전의 특징도 작용했지. 그런가 하면 유가 하락으로 수익이 줄어든 개발사가 이를 조금이라도 만회하려고 생산량을 늘린 측면도 있어.

하지만 저유가 국면이 장기화하면서 미국의 중소 셰일개발업체들의 경영난은 심화됐어. 인원을 감축하고 지출 비용을 줄이고 신규 개발을 취소 또는 연기했지만 자금 압박은 커져만 갔지. 결국 2015년에만 40여 개 업체가 파산보호신청을 해. 미국의 석유업계는 돌파구를 찾고자 40년간 지속된 석유 금수 조치를 해제하기를 원했고, 의회 다수파인 공화당은 마침내 금수 조치 해제 법안을 2016년 예산안과 묶는 방법을 동원해 오바마 대통령으로 하여금 서명하게 만들어. 2016년 초 휴스턴 운하에서 유조선에 선적된 60만 bbl의 경질유가 네덜란드 회사인 비톨그룹의 스위스 정유공장으로 향함으로써 미국 석유가 본격적으로 국제시장에 복귀했어.

하지만 전문가들은 미국의 석유 수출이 많지 않을 것으로 전망해. 가격이 그리 싼 편이 아니거든. 월가의 석유산업 사랑으로 구조조정이 늦춰지기는 했지만, 결국은 인수합병이 활발해지고 생산량도 조금씩 줄어들 것으로 미국의 에너지청은 전망해. 미국의 투자사인 골드만삭스는 미국의 셰일업체가 생산량 조정에 들어가기 위해서는 유가가 20달러 이하로 떨어져야 한다고 주장해. 30달러대로 떨어진 2015년 말에도 생산량이 크게 떨어질 기미를 보이지 않는 걸 보면 실제 그런 상황이 올지도 몰라. 골드만삭스의 분석은 유가의 반등이 미국 셰일업체의 생산 조정에 달려 있다는 게 핵심이야.

우리에게 주어진 마지막 '인디안 서머'

——

에너지 수입국인 우리나라의 소비자들은 이런 저유가 국면이 오래 지속되기를 바라지. 그러나 이건 정말 희망사항일 뿐이야. 경제 제재가 해제된 이란과 전후 혼란을 겪고 있는 이라크의 생산 증대로

에너지 전환 시대의 논리

OPEC의 전체 생산량은 하루 50만~100만bbl 정도 늘어나겠지만 미국 등 비OPEC 산유국의 생산량이 줄어들어 수급 균형이 이루어질 2016년 말께 국제 유가는 반등 국면으로 들어설 것으로 전문가들은 예측해.

문제는 신규 개발 계획 취소와 지연 효과가 나타날 2020년대 초반엔 공급이 수요를 따라주지 못해 또 한 번 유가가 급등하는 상황이 벌어질 거라는 점이야. 그리고 그 이후엔 유가가 50달러 이하로 떨어지는 상황을 다시 보기는 어려울 거야.

우리 경제가 버틸 수 있는 유가 수준은 어느 정도일까? 경제학자들은 bbl당 150달러라고 분석해. 150달러가 넘어가면 물가와 산업 생산이 조정 가능한 범위를 벗어나 경기가 침체하고 GDP는 마이너스 성장을 할 거래.

우리에게 그런 시간이 얼마나 주어질까? 앞으로 20년을 넘지 못할 거야. 96%의 1차 에너지원을 수입에 의존하는 우리로서는 다음 에너지 체제를 준비하기에 결코 넉넉한 시간이 아니야. 아니, 턱없이 부족한 시간이야.

생산 정점에 임박할수록 유가는 급격하게 오를 거야. 설령 우리가 충분한 돈을 가지고 있다 해도 접근하기가 쉽지 않을 거야. 미국이나 중국은 에너지 안보를 위해 군사력 동원도 마다하지 않을 의욕이 있지만 솔직히 우리가 그럴 수준은 아니잖아?

현재의 저유가 국면은 우리가 에너지 체제의 전환을 추진할 수 있는 마지막 기회의 순간이야. 추운 겨울을 앞두고 찾아온 짧은 '인디안 서머'에 우리는 겨우살이를 단단히 준비해야 해. 늦으면 늦을수록 더 많은 비용을 지불해야 할 테니까.

03

'화석연료 고고씽!'파에게
날아든 경고장

화석연료를 동력으로 한 1·2차 산업혁명은 인류에게 대량생산 대량소비라는 미증유의 물질문명 사회를 선사했어. 석탄과 석유, 천연가스 3형제는 밀도 높은 에너지원일 뿐 아니라 석유화학산업을 통해 우리에게 아주 많은 소재를 싼값에 공급해주었거든. 의류와 플라스틱 제품은 물론 화장품, 의약품에 이르기까지 석유는 우리 생활 곳곳에 자리 잡고 있어.

어느 순간 뿅 하고 석유로 만든 것이 사라진다면 우리는 순면이나 실크 팬티를 입은 사람 말고는 모두 벌거숭이가 될 거야. 건물은 철골조와 콘크리트, 목재 가구만 남겠지. 석유 중독에 걸린 현대인들에게 석유 금단현상은 끔찍한 사태를 몰고 올 거야.

150만 년 전 인류가 처음 불을 사용하던 때로부터 중세까지 아주 오랜 시간 인류는 바이오매스에너지 시대를 살았어. 주변에서 구할 수 있는 마른나무가 연료원이었고 숯은 있는 집안이나 대장간 등에서 사용했지. 동네 주변의 산과 우거진 숲은 사람들이 살기에 충분한 나무를 해마다 재생산해냈어.

그런데 중세에 상공업이 발달하면서 철의 수요가 늘어나자 숲이 사라지기 시작했어. 1t의 철을 생산하는데 대략 1000t의 나무가 필요했거든. 11세기 말에 이르자 영국 남동부 대부분의 삼림이 자취를 감추었대. 유독가스를 내뿜는 석탄이 연료로 쓰이기 시작한 배경이야.

영국 국왕이 처음 채탄 면허를 내준 13세기 이래, 1차 산업혁명을 거치면서 석탄의 생산량은 기하급수적으로 늘어나. 그리고 산업혁명이 국제적으로 확산되는 19세기가 되면 증가속도가 더욱 빨라져. 1800년에 1500만t이었던 전 세계 석탄 생산량은 1835년에 3600만t, 1855년에 8900만t, 1885년 4억 2200만t, 1900년경이면 연간 생산량이 7억t에 이르게 돼. 참고로 2013년에는 78억 2300만t을 채굴했어.

1859년 상업 생산을 시작한 석유는 등유와 윤활유로 시장을 넓혀나가. 초기 말썽꾸러기였던 휘발유도 곧 귀한 대접을 받게 돼. 1885년 때마침 독일의 기술자 고틀리에프 다임러와 칼 벤츠가 각각 가솔린 내연기관 자동차를 제작했거든. 1908년 미국의 자동차왕 헨리 포드는 본격적인 자동차 대중화의 문을 열어. 컨베이어 라인에 의한 작업 방식으로 대표되는 표준화, 단순화, 전문화의 포드시스템은 1925년 199만 950대의 자동차를 판매함으로써 최전성기를 맞이해.

에너지 전환 시대의 논리

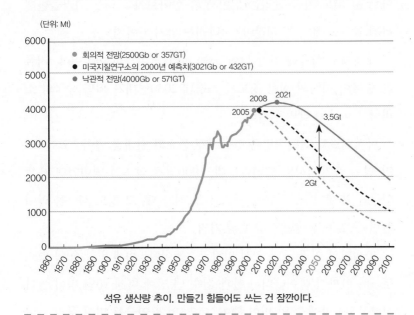

(단위: Mt)

- 회의적 전망(2500Gb or 357GT)
- 미국지질연구소의 2000년 예측치(3021Gb or 432GT)
- 낙관적 전망(4000Gb or 571GT)

석유 생산량 추이. 만들긴 힘들어도 쓰는 건 잠깐이다.

제1·2차 세계대전을 거치면서 등유는 비행기의 연료로도 사용되고 중유는 선박과 공장 보일러의 연료가 됐어. 세계적으로 산업화가 확산됨에 따라 석유의 생산량도 기하급수적으로 늘어나. 위 그래프의 굵은 선을 보면 1950년대부터 석유 생산량이 얼마나 급격하게 늘어났는지 알 수 있어. 2013년엔 석유 41억 1700만t, 천연가스 3조 4790억㎥를 퍼냈지.

앞으로도 석유 소비량은 더 늘 거야. 선진국들의 소비는 정체를 보이지만 신흥 개도국의 소비 증가가 엄청나거든. 요즘 중국과 인도의 자동차 증가량은 우리나라 전체 자동차 수를 능가해. 우리는 마트 갈 때도 차를 굴리는데 이제 좀 살아보자고 하는 나라들한테 타지 말라고 할 수는 없잖아? 사다리는 남겨 놔야지.

세계에서 석유를 가장 많이 쓰는 나라는 여전히 미국이야. 지금은 중국이 미국의 절반 정도를 쓰는데 2030년대가 되면 중국의 소비량도 미국에 맞먹을 거래.

화석연료와 산업혁명은 인류에게 풍요의 시대를 열어주었어. 그건 인구 증가에서도 드러나는데, 1800년경 약 8억 명이었던 세계 인구는 20세기 초 약 16억 명으로 두 배가 돼. 그 정도 식구를 먹여 살릴 수 있는 생산력을 갖게 된 거지.

20세기의 인구 증가 역시 기하급수적이야. 20세기 말 60억 명으로 4배 가까이 불어나더니 불과 십수 년 만에 다시 10억 명이 늘어서 2015년 말에 73억 명이 됐어. 이 73억의 인구를 먹여 살리기 위해 오늘도 세계는 엄청난 에너지를 쓰고 있어. 이 중 80%는 화석연료야.

그런데 석유 중독에 빠져 역사상 최대의 소비 시대를 구가하는 인류에게 자연으로부터 경고장이 배달돼. 바로 기후변화!

기후변화는 정말로 화석연료가 초래한 재앙일까?

탄소의 순환과 탄화수소화합물의 숙명
———

잠깐 중학교 2학년생들의 과학시간으로 가보자.

에너지 전환 시대의 논리

열을 전달하는 방식엔 옆에 붙어 있는 분자에게 전해주는 전도, 분자가 움직여 전달하는 대류, 그냥 막바로 전달되는 복사가 있어. 복사 때문에 난로가에서 불을 쬐기만 해도 따뜻해.

복사에너지는 모든 열을 가진 물체가 내쏘는 전자기파야. 그런데 에너지의 밀도에 따라 파장이 달라져. 표면 온도가 6000도에 가까운 태양의 전자기파는 가시광선에 집중돼 있고, 온도가 더 높으면 파장이 짧은 자외선 쪽, 온도가 낮으면 적외선 쪽의 긴 파장을 갖게 된대. 사람의 체온 정도로는 가시광선은 못 내고 적외선 정도만 내쏘니까 밤중에도 적외선 감지기를 쓰면 사람을 알아볼 수 있는 거지.

태양계 모든 에너지의 근원은 태양이야. 태양이 아주 높은 온도에서 수소를 헬륨으로 핵융합하면서 내는 에너지가 전자기파의 형태로 태양계에 에너지를 공급하고, 안드로메다에서도 태양이 희미하게 반짝이는 걸 볼 수 있는 거지. 그래서 가까이 있는 수성과 금성은 스스로 에너지를 내지 않지만 뜨겁고, 지구는 적당하고, 화성 너머는 생명체가 존재하기엔 너무 춥고 그런 거래.

지구는 1분마다 1cm^{2}에 약 1cal의 태양 복사에너지를 받고 있어. 지구 전체로 하면 무지하게 많은 양이지. 그럼 이렇게 태양에너지를 계속 받다 보면 지구는 점점 데워져서 열탕이 되지 않을까?

그건 염려 마. 지구도 복사를 통해 열을 내보내서 전체적으로는 복사평형을 이루거든. 지구로 들어오는 태양의 복사에너지 중 30%는 대기와 지표면에 의해 그냥 반사돼. 20% 정도는 대기가 흡수하고 나머지 절반 정도가 지표면을 데워. 태양에너지를 받은 지표면

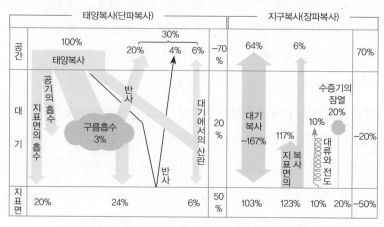

지구로 들어오는 태양에너지와 나가는 에너지는 평형을 이룬다.

은 전도로 공기를 데우고 수증기를 만들어 대기로 올려보내. 그리고 나머지는 적외선으로 방출돼 그대로 우주 밖으로 나가기도 하고 대기에 흡수되기도 해. 이런 복잡한 과정을 거쳐 지구는 열평형을 이루고 있는 거지.

지구에 대기가 없다면 어떻게 될까? 그건 달을 보면 알 수 있는데, 낮에 햇볕을 받는 곳은 섭씨 150도까지 올라가지만 밤에는 영하 100도 이하로 내려가. 날마다 200도 이상의 초열탕과 초냉탕을 오르내리는 곳이 달이야. 지구가 달과 달리 따뜻한 이유는 대기라는 이불을 덮고 있기 때문이야. 지금 지구의 평균온도는 대략 섭씨 15도인데 만약 대기의 온실효과가 없다면 평균 지표면 온도는 영하 18도가 될 거래.

에너지 전환 시대의 논리

그런데 대기의 성분 중에는 온실효과가 큰 게 있어. 지구의 복사 파장은 적외선이라고 했잖아? 이 적외선 파장을 잘 흡수하는 것들이지. 수증기가 가장 센데 이 건 우리가 어쩔 수 없는 녀석이니까 넘어가고, 이산화탄소와 메탄, 아산화질소, 수화불화탄소, 과불화탄소, 육불화황, 이렇게 6적이 수배자 명단에 올랐어.

이 녀석들은 대기 중에 그리 많지 않아. 대기는 질소가 79%, 산소가 21% 정도 되고, 이산화탄소의 현재 농도는 400ppm이니까 0.04%인 거지. 나머지 5적의 양은 적지만 온실효과는 더 커. 그래서 소 방귀(메탄)도 지구온난화에 나름 역할을 하고 있어.

문제는 19세기부터 산업혁명이 세계적으로 확산되면서 석탄과 석유를 무지막지하게 사용했고 그 결과 대기 중의 이산화탄소 농도가 산업화 이전 280ppm에서 이제 400ppm을 넘어섰다는 거야. 그리고 이 기간에 지구 평균온도는 0.85℃가 올랐어. 0.85도라는 수치를 우습게 보면 안 돼. 지구 마지막 빙하기와 지금의 평균온도차가 불과 5도거든.

물론 지구가 46억 년을 살아오는 동안 지구의 온도는 오르락내리락을 반복했어. 원시 지구는 이산화탄소와 수증기로 덮여 있는 뜨거운 행성이었고 오랫동안 비가 내리며 지구가 식은 뒤에도 대기 성분에는 이산화탄소가 많았대.

이때도 탄소는 순환을 했어. 대기 중의 이산화탄소는 비에 쓸려 지상으로 내려오고 탄산염이 되어 퇴적되어 암석이 됐다가 풍화작용으로 다시 이산화탄소가 되어 대기 중으로 방출되는 50만 년이

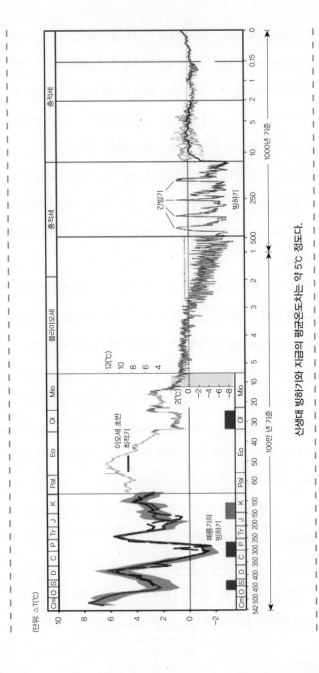

신생대 빙하기와 지금의 평균온도차는 약 5℃ 정도다.

걸리는 대순환을 거친대. 그리고 이산화탄소의 대기 중 농도는 지구의 온도와 양의 상관관계를 가지고 있는 것으로 밝혀졌어. 온도가 오르면 이산화탄소 농도도 높아지고 온도가 내리면 이산화탄소 농도도 낮아졌지.

그런데 생명의 탄생은 이런 탄소 순환에 변화를 가져왔어. 초기 광합성 박테리아는 대기 중의 이산화탄소를 왕성하게 먹어치우며 산소로 대치해 지구를 오늘날의 푸른 별로 바꾸었어. 이산화탄소가 줄어든 대기의 온실효과는 이전보다 작아져 지구의 온도 변화 폭을 낮추었대.

육상 식물은 대기 중의 탄소를 탄화수소화합물로 바꾼 다음 땅속에서 고온과 고압에 의해 석탄으로 응축됐어. 수많은 수생 동식물은 바다와 호수 아래 쌓이고 쌓여 땅속으로 들어간 뒤 열과 압력을 받으며 석유와 가스로 숙성됐지. 이 화석연료들은 밀도가 높아진 탄화수소화합물들이야.

우리가 화석연료를 사용하여 에너지를 얻는 건 이들을 태우는 행위이고, 바로 이들이 가진 탄화수소화합물에서 탄소와 수소를 태워 열을 내. 수소는 타서 물이 되고 탄소는 타서 이산화탄소가 되고 우리는 열을 얻는 거지.

이렇게 수억 년을 땅속에 묻혀 있던 탄소는 자연적인 과정이라면 50만 년 정도의 순환주기를 갖지만, 불과 200년도 안되어 우리 인류가 대기 중으로 대량 방출하고 있는 거야. 석유는 거의 절반을 태워버렸어.

그러다 보니 19세기 중반 이후 지구 평균온도의 상승 추세는 인위적인 요인이 크고, 지금도 가파르게 진행되고 있다는 게 기후변화에 관한 정부간 협의체IPCC의 공식적인 견해야.

기후변화가 뭐 어때서, 그래서 어쩌라고?

이게 우리나라 사람들의 생각이야. 퓨리서치센터의 2015년 조사에 따르면 기후변화를 심각하게 생각하는 한국 사람의 비율은 5년 전의 68%에서 48%로 줄었대. 기상청 관측 기록도 그렇다고 하고, 사과 산지도 강원도까지 올라왔고, 동해안 명태는 베링해로 올라가 구경하기도 힘들고 등등 뭐 그런 거 보면 지구온난화가 맞기는 한 거 같은데, 우리한테 해로운 건가? 하는 속내들이지.

IPCC의 보고서도 그래. 섭씨 2도 정도 올라가는 동안은 중위도 지방의 농업 생산이 늘 거라고 봐. 그리고 없는 사람이 살기에는 추운 겨울보다는 더운 여름이 낫잖아? 그런데 2도를 넘어서면서부터는 얘기가 달라져. 지금도 벌써 장마는 희미해지고 게릴라성 집중호우가 늘어나고 겨울의 혹한이 기승을 부리는 기후로 바뀌고 있는데, 이런 기상이변이 급증하고 병충해도 늘어나 결국은 농업 생산도 줄어드는 등 득보다 실이 커지는 거지. 특히 해수면 상승으로 해변에 집중돼 있는 도시의 주민들이 이주를 해야 하고, 사막화 진행이 속도를 내어 인류의 주거환경에 큰 변화를 가져와 국가 간 갈등이 안보를 위협하게 될 거래.

영화 〈투모로우〉의 빙하기도 불가능한 시나리오가 아냐. 그린란드의 빙하가 녹아 북해의 염도를 낮추어 멕시코만 난류의 흐름이 바뀌고 이 변화가 뉴욕을 얼려버리는 것도 배제할 수 없는 경우의 수야.

그리고 우리가 손 놓고 있기에는 벌써 기후변화로 인한 비용을 내부경제화한 나라가 많아졌어. WTO도 있고 여러 나라와 FTA도 맺었으니까 무역 장벽이 없어졌다고? 천만에, 연비 떨어지는 차를 유럽에 팔려면 과징금을 물어야 해. 효율 떨어지는 가전제품도 마찬가지고. 항공기는 유럽연합 탄소배출권 거래제에 참여해야 유럽에 취항할 수 있어.

우리가 기후변화의 요인이 화석연료라는 데 동의하지 않아도, 혹은 그래서 뭐 어쩌라고 하며 뒷짐을 져도, 우리는 이미 탄소배출에 비용을 매기고, 싫으면 벌칙을 받으라는 경제체제에 살고 있는 거야. 우리는 아직 안 매기고 있지만 말이야.

기후변화협약과 교토의정서, 그리고 탄소경제

온실효과를 처음으로 소개한 건 프랑스의 과학자 푸리에야. 1872년 지구에 흡수되는 태양에너지와 반사되는 열의 차이를 증명하고 대기의 역할을 밝힌 거지. 영국의 틴들은 이산화탄소와 수증기의 역할, 그중에서도 수증기가 가장 강력한 온실 기체라는 걸 알아냈어. 1986년 스웨덴의 기상학자 스반테 아레니우스는 이산화탄소량의 변화에 따른 대기 가열 효과를 계산했대.

하지만 이런 얘기는 과학적 발견일 뿐 사회적 반향은 없었어. 막 산업화가 확산되는 마당에 사람들은 화석연료가 가져다주는 편리한 물질문명을 좇기에도 바빴으니까.

1958년 미국의 화학자 찰스 킬링은 하와이 제도 마우나로아 산 기슭에서 대기 속의 이산화탄소 농도를 측정하기 시작해. 그해

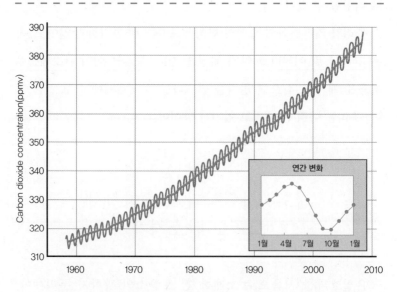

1958년 관측 첫해 315ppm이었던 대기 중 이산화탄소 농도가 이제 400ppm을 넘어섰다.

에너지 전환 시대의 논리

315ppm이었던 이산화탄소 농도는 해마다 증가해 2013년 400ppm을 넘어섰어.

그 이전의 농도는 어떻게 알아냈을까? 그건 남극과 그린란드에 있는 빙하에게 물어봐야 돼. 1998년 러시아와 유럽의 연구진들은 남극 보스토크 관측기지에서 3623m 깊이에 있는 얼음까지 시추를 했는데, 이건 42만 년 전에 언 거래. 이 얼음 막대는 42만 년 전부터 지금까지 얼음이 연속으로 쌓여 있는 귀중한 시료인데, 이 얼음 속의 기포는 그 당시의 대기를 그대로 간직하고 있어. 이걸 분석하면 성분은 물론 산소와 수소의 동위원소 분포를 통해 온도까지 알 수 있대. 현대 과학의 놀라운 성과야.

여기에 퇴적암과 화석을 통해 식생을 연구하면 대충 당시의 기후가 파악되는데, 이렇게 축적한 고기후 자료를 통해 기후학자들은 몇 가지 중요한 사실을 확인했어. 기온과 이산화탄소 및 메탄의 농도가 양의 상관관계에 있다는 점, 그리고 이산화탄소의 농도는 빙하기에 180ppm, 간빙기에 280~300ppm 정도로 분석되는데 오늘날 이산화탄소 농도 400ppm과 메탄 농도 1789ppb(ppb: 10억 분의 1)는 자연적인 농도변화 폭을 훨씬 초과해 전례 없이 높은 농도를 보인다는 거야.

1980년대 초 미국과 영국에서는 19세기 후반부터 모은 기상관측 자료에서 부실한 것은 골라내고 이를 전산자료화하는 작업이 이루어졌어. 이와 더불어 이 자료를 활용하는 3차원 기후모델이 다양하게 분석되어 과거 기후와 비교하고 미래를 예측하는 정확도를 높일

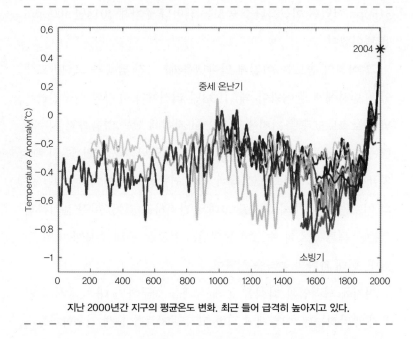

지난 2000년간 지구의 평균온도 변화. 최근 들어 급격히 높아지고 있다.

수 있게 됐지. 연구 결과는 대부분 온난화의 경향과 위험성을 경고
했고 마침내 1988년 국제연합환경계획UNEP과 국제기상기구WMO
는 30개국의 기후학자들을 제네바로 불러모아. 이렇게 구성된 IPCC
는 1990년 1차 보고서를 통해 '지난 100년 동안 지표의 평균기온이
0.3~0.6℃ 상승, 해수면은 10~25cm가 높아졌으며, 인간 활동에
의한 온실 기체 증가의 영향이 절반 이상'이라고 발표해.

　　이에 탄력을 받은 국제사회의 기후변화 대응 노력은 1992년 리
우데자네이루에서 열린 국제연합환경회의에서 '기후변화에 관한
국제연합 기본협약UNFCCC'으로 결실을 봐. 이 협약의 기본 원칙은

에너지 전환 시대의 논리

생각비행에서
만든 책들

상상의 나래를 펴자!
책으로 꿈꾸는 생각의 혁명!

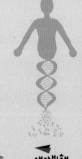

이메일 | ideas0419@hanmail.net
블로그 | www.ideas0419.com
전화 | 02-3141-0485
팩스 | 02-3141-0486
주소 | 서울시 마포구 월드컵북로 132, 402호

"급변하는 세계 금융경제 환경에서 투자의 중심을 잡아주는 임경 교수의 투자 3부작!"

돈은 어떻게 움직이는가? (5판)

코로나 시대, 금리와 환율의 긴밀한 연결고리

임경·권준석 지음 | 30,000원

우리나라가 외환위기와 글로벌 금융위기를 이겨낸 경험을 토대로 코로나 위기를 다른 나라들보다 잘 견디고 있지만 방심할 수 없다. 순간의 실수로 외환위기나 글로벌 금융위기보다 더 큰 위기에 봉착할 수 있다. 시시각각 변하는 세계 금융경제 환경에서 우리의 위치와 지향점을 생각하며 점검해야 한다.

환율은 어떻게 움직이는가?

미래를 예측하는 환율전략

임경 지음 | 20,000원

화폐전쟁, 통화전쟁에서 환율전쟁으로 이어지는 세계는 탐욕과 공포의 전쟁터다. 글로벌 경제의 발전이라는 그럴듯한 명분을 내세우지만, 그 뒤에는 자국의 이익을 극대화하려는 실리가 숨어 있다. 모든 환율전쟁에는 손익을 다투는 전투가 일상이며, 매일 벌어지는 이 전투에서 손해를 보지 않으려는 각국의 의도가 드러난다.

• 2020 세종도서 교양부문 선정도서

투자를 위한 생각의 틀

성공과 실패를 가르는 금융·경제 지식

임경·하혁진 지음 | 30,000원

복잡하고 불확실한 세상에서 투자에 대한 공부가 필수인 시대가 되었다. 하지만 신문과 뉴스, 각종 서적, 인터넷 등을 통해 실시간으로 쏟아지는 투자 정보와 금융상품의 동향을 개인투자자들이 습득하며 공부하기란 쉽지 않다. 이 책은 투자자가 중심을 잡고 자신의 투자전략을 세울 수 있도록 안내하는 금융·경제 내비게이터다.

'공동의 그러나 차별적인 책임'이라는 말로 압축돼. 온실 기체라는 게 배출한 나라에만 갇혀 있지 않고 지구 대기권에 퍼져나가니까 전 세계가 공동으로 대응하지 않는 한, 어느 한 나라의 감축은 의미가 없으니 '공동의 책임'인 거야. 그리고 지금까지 온실가스 농도 증가에 가장 큰 영향을 끼친 건 선진 산업국가들이거든. 그들이 먼저 이산화탄소를 내뿜으면서 산업화의 열매를 따먹었으니 더 많은 책임을 져야 하고 또 그렇게 하겠다는 약속이 '차별적인 책임'이야.

방법은 온실 기체 6적의 배출량을 줄이는 것! 6적 중에 대표가 이산화탄손데, 이건 80%가 화석연료를 태우는 데서 발생하는 거야. 그러니 사실 기후변화에 대응한다는 건 화석연료의 사용량을 줄이는 게 최선의 방법이야.

그런데 아직도 굶어 죽는 사람들이 있고 전기는커녕 나무로 밥 해먹는 사람이 전 세계 인구의 4분의 3이라는데, 이들 국가의 경제도 성장하려면 아직은 화석연료가 필수적인 상황이야. 한쪽에서는 경제성장을 통해 삶의 질을 높여야 하고(화석연료 소비량 증가) 한쪽에서는 온실 기체를 감축(화석연료 사용 축소)해야 하는 곤란한 처지가 됐어.

기후변화협약은 매년 12월 당사국총회를 열어 대응책을 모색했어. 그런데 190여 개 나라의 국익이 부딪히다 보니 명분을 잡고 세게 밀어붙이는 쪽, 어제는 좀 춥던데 하면서 시비 거는 쪽, 이리저리 빼는 쪽, 계산기 두드리며 이리 붙었다 저리 붙었다 하는 쪽 등등 난항을 거듭했어.

가장 적극적인 곳은 해수면 상승으로 국토가 잠기고 있는 나우루 등 섬나라들과 홍수, 가뭄 등 기상이변의 피해를 보고 있는 저개발 국가들이야. 부유한 나라들이 100년 동안 배출한 온실가스 때문에 없는 나라 사람들이 피해의 일선에 서 있는 불공평한 상황이 됐으니까 말이야.

여기에 든든한 우군이 유럽연합! 사실 기후변화협약에 소극적인 미국의 딴지 걸기에도 불구하고 국제협약으로 성사된 데는 유럽연합의 힘이 컸어. 유럽연합 국가 중에는 1970년대 석유파동을 거치면서 대체에너지의 개발을 서둘러 재생가능에너지 보급에 앞서 있

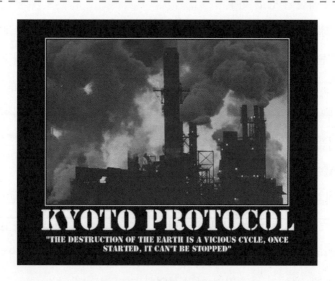

교토의정서는 기후변화를 억제하기 위해
온실가스 배출량을 줄이기로 한 최초의 국제적인 실행 프로그램이다.

에너지 전환 시대의 논리

고, 에너지 효율화에도 힘을 기울여 경제성장과 에너지 소비량 증가의 고리를 끊어가는 나라들이 있었거든.

실행계획을 세우는 데 있어 쟁점이 된 것은 '어느 나라'에게 '얼마만큼의 감축량'을 매길 것인가였어. 1인당 배출량이 같아지도록 하자, 과거 누적 배출량에 따라 한도를 정하자, 저감비용이 같아지도록 하자 등등 각국의 이해에 따라 여러 가지 방안이 속출하는 가운데 5년의 산고 끝에 1997년 12월 교토에서 열린 기후변화협약 당사국총회에서 교토의정서를 낳았어.

교토의정서는 선진 38개국이 먼저 감축에 나서 2008년부터 2012년까지 5년 동안 1990년 배출량 대비 평균 5.2%를 감축하는 프로그램이야. 선진국이 먼저 의무 감축에 나선다는 데서 '차별적인 책임'의 원칙이 지켜졌어. 국가별로는 감축량에 차이가 있는데 유럽연합 소속 23개국이 8%로 가장 높고, 미국 7%, 일본과 캐나다 6%, 뉴질랜드와 러시아, 우크라이나는 현상 유지, 아이슬란드는 10% 증가가 허용됐어.

교토의정서가 국제적으로 발효하려면 55개국 이상이 비준하고 비준한 국가들의 배출량이 전체의 55%를 넘어서야 했어. 그런데 세계 1위 배출국인 미국이 의회 다수파인 공화당의 반대에 부닥쳐 비준이 늦어졌어. 미국은 아들 부시 임기 첫해인 2001년 아예 교토의정서 탈퇴를 선언해. 미국의 몽니로 140개국 이상이 비준했음에도 배출량이 55%를 넘지 못해 강제력을 발휘하지 못하던 교토의정서는 2004년 11월 러시아가 비준을 마침으로써 2005년 2월 26일 공식 발효됐어.

교토의정서는 이행에 신축성을 허용하기 위해 배출권 거래와 공동이행JI, 청정개발체제CDM를 도입했어. 배출권 거래는 목표를 달성하지 못한 나라와 초과 달성한 나라가 배출권을 사고팔 수 있도록 한 거고, 공동이행은 의무 감축을 해야 하는 나라들 간에 다른 나라에서 감축에 기여한 것, 즉 독일이 폴란드의 공장 설비를 저탄소 시설로 개비하는 걸 도왔다면 그중 일부를 독일의 감축량으로 인정해주는 거야. 청정개발체제는 감축 의무가 없는 나라에서 탄소 저감에 기여한 걸 인정해주는 방식이야. 우리나라가 풍력발전기를 설치한다든가 공장 설비를 에너지 효율이 높은 것으로 바꾸어 탄소 저감에 기여했을 때 인정해주는 방식이지.

이렇게 해서 형성된 게 탄소시장이야. 남거나 모자라는 탄소배출권과 탄소감축 인증서를 사고파는 시장! 탄소 저감 노력을 열심히 한 기업과 나라는 득을 얻고 게을리한 기업과 나라는 돈을 내게 하는 이른바 '시장경제 방식'의 탄소저감책이지. 한 국가 내에서는 탄소세가 더 효과적이라는 분석도 있지만 강제성을 부여하기 어려운 국제사회에서는 이런 유연한 접근도 하나의 방법이 될 수 있을 거야.

에너지 전환 시대의 논리

파리협정, 모든 나라가 참여하는 탄소 감축 프로그램

2008년 교토의정서 이행이 시작되자 기후변화협약 당사국 총회는 포스트 교토 체제에 대한 논의에 박차를 가했어. 미국을 비롯한 선진국들은 이제 개도국도 감축 의무를 져야 한다고 주장했지. 때마침 2007년부터 중국이 미국을 제치고 탄소배출국 1위로 등극해 선진국의 주장에 힘을 실어주었어. 개도국은 당연히 반발했지. '교토의정서 정도로 선진국이 차별적인 책임을 다했다고 할 수 있느냐?'라며 반발했어. 개도국은 지속적인 경제성장이 필요한 상황이라 없는 살림에 화석연료 사용을 줄일 수는 없는 형편이거든.

팽팽한 대립으로 포스트 교토 체제 합의 시한인 2009년 코펜하겐 회의에서는 '지구의 평균기온을 산업화 이전보다 2℃ 이하로 유지하기 위해 대기 중 이산화탄소 농도를 450ppm 이하로 억제한다'는 목표에만 합의해. 선진국은 저개발국가의 기후변화 대응을 지원하기 위해 2020년까지 매년 1000억 달러의 기금을 만들기로 약속했어. 이 회의에 참석한 이명박 대통령은 "대한민국은 2020년 배출전망치 대비 30%를 감축하겠다!"고 호기롭게 공약을 하고 와.

선·후진국의 대립으로 인해 교토의정서가 끝나는 2012년 도하 당사국총회에서 2차 공약 기간을 2013년에서 2020년까지 연장해 파국을 피하고, 2020년 이후 모든 국가가 의무 감축에 참여하는 신규 협약을 2015년까지 수립하기로 해.

이를 앞두고 IPCC는 2014년 10월 하순 열린 총회에서 5차 보고서를 최종 승인했어. 이 보고서는 지난 133년 동안 지구 온도는 0.85℃(0.65~1.06℃), 해수면은 110년간 19cm(17~21cm)가 상승했음을 확인했지. 또한 지구 평균온도를 산업화 이전보다 2℃를 넘지 않도록 하기 위해서는 2050년까지 전 세계 온실가스 배출량을 2010년 배출량인 49Gt/년(이산화탄소 환산량) 대비 40~70%를 감축해야 하고, 2030년까지는 약 30~50Gt/년 수준에서 유지해야 한다고 권고해. 이에 근거하여 유엔환경계획은 인류의 이산화탄소 배출 예산이 1조t이라고 발표해. 2℃ 목표를 위해 산업화 이후 인류에게 허용된 2조 9000t의 이산화탄소 배출량에서 이미 1조 9000t을 배출했으니 남은 한계량은 1조t이라는 이야기야.

유럽연합은 2014년 10월 24일 28개국 정상이 모여 온실가스 배출량을 2030년까지 1990년 대비 40%까지 감축하기로 결의해. 같은 기간 재생가능에너지의 이용 비율을 전체 에너지의 27%까지 끌어올리고, 에너지 효율도 27% 높이기로 했어. 파리회의와 전초전인 리마 회의에서 주도권을 잡겠다는 포석이었지.

그런데 같은 해 11월 12일 아시아 태평양 경제협력체APEC 회의가 열리던 베이징에서 온실가스 최대 배출국인 G2가 기후변화에 대해 극적인 합의를 발표해. 오바마와 시진핑의 정상회담에서 미국은 2025년까지 온실가스 배출량을 2005년 대비 26~28% 줄이고, 중국은 2030년 이후 온실가스 배출 감축에 들어가기로 한 거야. 양국의 약속이 기후변화를 억제하기에 충분하지는 않지만 유럽연합

에너지 전환 시대의 논리

이 주도하는 기후변화회의에서 발언권을 강화하기 위해 손을 잡은 셈이야.

교토의정서에서 탈퇴한 상태인 미국이 이렇게 적극성을 보인 건 일부 주정부에서 보여준 성공 사례에서 힘을 얻은 한편 기후변화 대응 요구가 G2의 상대국인 중국을 압박할 수 있는 주요한 수단이라고 인식했기 때문이야.

일찍이 1970년대 말부터 풍력발전을 보급한 바 있는 캘리포니아주는 지구온난화 대응법을 제정해 2020년까지 1990년 수준으로 온실가스 배출량을 줄이고, 2012년 기준 15.4%인 재생가능에너지 발전 비율을 33%까지 올리려고 해. 전국적으로도 오바마 정부 들어 5년 동안 재생가능에너지발전 비율이 2.5%에서 5.4%로 두 배 이상 늘었어.

미국은 중국을 압박하기 위해 2020년 시작되는 프로그램에는 모든 국가가 의무를 져야 한다고 주장했어. 특히 온실가스 배출 1위로 자리 잡은 중국이 더 이상 빠져서는 안 된다고 강조하면서 말이야.

하지만 감축 방식에 있어서는 유럽연합보다 제약이 약한 방식을 원했어. 유럽연합은 감축 목표와 절차, 제도가 법적 구속력을 갖는 의정서를 주장하는 반면 미국은 법적 구속력을 갖되 감축 규모와 시기를 각국이 정하도록 하자는 거야.

2015년 12월 파리에서 열린 기후변화협약 당사국총회에서는 명확한 감축 목표와 국제법적 강제력을 갖는 협약을 요구하는 유럽연합 및 군소도서 국가들과 각국의 자발적 노력 선에서 인정하자는 미국의 입장이 막판까지 대립했어. 결국 강제성은 없지만 각국이 제출한 자발적 기여안INDC을 5년마다 평가하여 발표하는 것으로 타협을 보고 파리협정Paris Agreement이라는 새로운 틀을 만들어냈지.

목표는 조금 강화했어. 지구 평균기온 상승을 2℃보다 상당히 낮게 유지하되 1.5℃로 제한하기 위해 노력한다는 문구를 추가했거든. 모든 나라는 5년마다 자체적으로 작성한 감축계획서를 제출하여 별도의 등록부로 관리하고 사무국은 5년마다 이를 평가하여 발표해. 개도국의 감축 노력을 지원할 기후재원은 확실한 액수를 정하지는 못했지만, 재원 조성을 위해 선진·개도국의 참여를 촉구하고 이전보다 더 많은 금액을 지원한다는 데 합의했어.

파리협정에 대처하는 우리의 자세

———

현재 교토의정서 체제에서는 의무감축국에서 제외된 우리나라지만 연간 온실가스 배출량 순위가 세계 7위(2012년 6억 8830만 이산화탄소환산톤)이고 누적배출량 순위는 19위야. 당연히 기후변화회의에서 우리나라는 아래위로 공격을 받는 처지에 몰려 있지.

그래서 경제계가 그렇게 앓는 소리를 함에도 불구하고 우리 정부가 파리 기후변화회의에 제출한 자발적 기여안은 2030년까지 BAU(현재의 추세를 반영한 예측량) 대비 37%를 감축하겠다는 거였어. 현재 추세로 갈 때 2030년에 예상되는 배출량은 8억 5060만t인데 이 중

3억 1472t을 줄여 5억 3590만t만 배출해야 하는 거지. 그러니까 지금도 1억 5000만t 정도 초과 배출하고 있는 상황인 거야.

우리가 국제사회에 약속한 목표를 이루려면 당장 지금부터 배출량 증가를 묶고 줄여나가야 하는 상황인데 이게 과연 가능할까? 그럼 어떻게 하지? 그냥 뭉개고 갈까?

비록 파리협정이 강제성은 없다고 하나 스스로 약속하고 그 이행실적을 평가하여 발표함으로써 국제사회로부터 받는 대접은 달라질 거야. 약속을 어긴 국가에 대해서는 개별 국가 차원의 제재가 명분을 갖게 되는 거지. '우리나라 기업은 탄소 감축을 위해 이런 비용을 지불하는데 너희 기업은 그리하지 않았으니 벌칙으로 국경세를 부과할 거야!' 이럴 때 우리는 할 말이 없어. 우리나라 기업들이 탄소 감축에 반대하는 논리가 추가 부담으로 경쟁력이 약화된다는 거잖아? 저들도 마찬가지야. 하지만 저들은 그 비용을 부담하고 탄소를 감축했거든. '그러니 하지 않은 너희 제품이 우리나라에 들어오려면 벌칙을 받아!' 이건 세 살배기도 알 만한데 우리나라 경제계만 나 몰라라 하는 배째라 정신이야.

그럼 어떻게 탄소 배출량을 감축하지? 그건 이미 실적으로 보여주는 나라들이 있어. 유럽연합은 교토의정서에서 1990년 대비 8%를 감축하기로 약속했지? 그런데 유럽연합은 이 목표를 초과 달성했어. 2012년에 1990년 대비 17.9%를 감축했고 2020년엔 20%를 목표로 하고 있어. 그런데도 이 기간에 유럽연합의 경제는 성장했지. 경제성장과 탄소배출량 증가의 연계를 끊어버린 거야.

어떻게 이런 일이 가능했을까? 그래, 바로 에너지 효율화와 재생가능에너지의 보급, 이 두 가지를 통해서야. 에너지 사용의 효율성을 높여 에너지 수요량을 줄이고 온실가스를 배출하지 않는 재생가능에너지원의 사용을 늘림으로써 탄소 배출량을 대폭 줄일 수 있었어. 우리라고 못할 일이 아니야. 하지만 이를 위해서는 에너지를 대하는 근본적인 인식의 변화가 필요하고 명확한 정책 방향과 추진력이 필요해.

외적으로는 북한이 있어. 우리가 북한에서 하는 온실가스 감축도 인정받을 수 있거든. 민둥산이 된 북한에 나무를 심고, 제조업 투자 시 에너지 효율 제품과 설비를 제공하고, 재생가능에너지를 보급하면 남북 경제 통합과 온실가스 감축 목표 달성이라는 꿩 먹고 알 먹는 효과를 볼 수 있지. 교토체제에서 공동이행과 청정개발체제라는 선례가 있기 때문에 가능한 일이야.

저개발국을 위한 지원 역시 우리나라의 태양광·풍력발전, 그리고 태양열 이용 설비들을 공공개발원조 프로젝트와 연계하면 손해 보는 장사가 아니야. 황사 발원지에 나무도 심는 것도 마찬가지로 누이 좋고 매부 좋은 일이지.

에너지 전환 시대의 논리

04

원전파의 어두운 미래

'화석연료 고고씽!'파 다음으로 파벌을 이룬 게 바로 1부에서 설명한 '원전파'야. 20세기 중반 핵무기가 개발되고 일란성쌍둥이인 원전이 모습을 드러낸 시점이 1950년대 후반이지. 1·2차 석유파동이 세계를 휩쓴 1970년대와 이어진 1980년대는 원전 건설 전성기였어. 경수로의 탄생지인 미국이 제일 많이 지었고, 그다음이 프랑스, 일본, 영국, 러시아, 독일, 한국 순이야. 폐로를 제외하고 현재 운전하는 원자로 수로 따지면 미국(99기), 프랑스(58기), 일본(43기), 러시아(34기), 중국(27기), 우리나라(24기) 순이고 말이야.

원전파는 그동안 세 번의 노심용융 사고를 내고 그때마다 위기를 겪었어. 1979년 미국의 스리마일 원전 노심용융사건, 1986년 소련 체르노빌 원전 폭발사고, 그리고 2011년 후쿠시마 원전 폭발사고가 날 때마다 원전 건설 계획이 취소되고 급기야 단계적 축소에 들어간 나라가 많아졌지.

화석연료는 갖은 방법을 동원해서 땅속에 흩어져 있는 석유까지 쥐어짜며 셰일붐으로 명맥을 이어가는데, 원자력은 왜 이런 어려움을 겪는 걸까?

자연에너지가 아니라
인위적으로 만들어낸 에너지

———

그건 원자력이 가진 태생적인 한계라는 생각이 들어. 원자력은 다들 알다시피 핵분열 에너지야. 우라늄-235에 중성자를 충돌시키면 원자핵이 둘로 쪼개지면서 질량 결손이 생기고 이 질량이 에너지로 방출돼. 아인슈타인의 그 유명한 $E=mc^2$가 적용되는 거지.

문제는 이 핵분열이 자연에 존재하는 현상이 아니라는 거야. 1938년 독일의 오토 한과 프리츠 슈트라스만이 최초로 성공한 인간이 만들어낸 현상이지. 자연에는 방사성붕괴(핵붕괴)라는 현상만이 존재해.

이번엔 잠깐 고등학교 2학년생들의 물리 시간으로 가보자.

원자는 양성자와 중성자로 이루어진 원자핵과 주변을 도는 전자로 구성되는데, 양성자와 중성자 사이에는 우주 최강 핵력이 작용하고 원자핵과 전자 사이에는 전기력이 작용하고 있어. 이런 힘들이 최소한으로 잘 조화를 이루고 있으면 안정한 상태인데 그렇지 못하

에너지 전환 시대의 논리

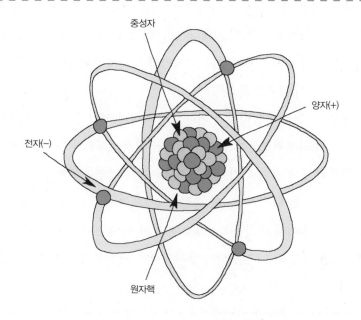

중성자

양자(+)

전자(-)

원자핵

원자 구조. 양성자와 중성자로 이루어진 핵을 중심으로 전자가 궤도를 돈다.

면 방사성붕괴를 통해 힘의 균형 상태를 찾아나가는 거야.

특히 원자 상태가 불안정한 81번 탈륨부터 92번 우라늄은 스스로 원자핵이 붕괴되어 보다 안정된 다른 원소가 돼. 이런 현상을 처음으로 관찰한 사람은 프랑스의 물리학자 앙투안 베크렐이야. 1898년 베크렐은 우라늄 광석 옆에 둔 사진건판에 광석 모양의 감광 흔적이 생기는 것을 보고 우라늄에서 어떤 광선이 나온다고 추정했어. 이어서 슈미트와 퀴리가 각각 토륨에서도 방사선이 방출되는 것을 확인해. 1899년에 러더퍼드는 라듐에서 나오는 방사선에는 두 종류의 방사선이 섞여 있음을 알아내고, 그중 투과성이 약한 것을 알파선α-ray, 투과성이 강한 것을 베타선β-ray이라고 이름 지어. 1900년 빌라드는 라듐 방사선에서 알파선, 베타선 이외에 투과성이 매우 강한 감마선γ-ray이 있음을 발견했지.

1902년 영국의 물리학자 어니스트 러더퍼드와 화학자 프레더릭 소디는 방사성원소들이 붕괴하여 다른 방사성원소가 되고, 붕괴를 거듭하면 결국 납이 되어 붕괴를 멈추는 붕괴계열을 밝혀내.

알파붕괴는 양성자 2개와 중성자 2개로 이루어진 알파입자(헬륨 원자핵)가 떨어져 나가는(다른 말로 하면, 알파선을 방출하는) 과정이야. 방사성붕괴를 할 때 방출되는 알파입자는 매우 빨라서 다른 입자를

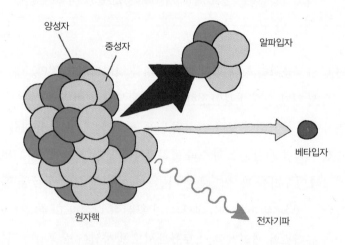

에너지 상태가 불안정한 원자는 다양한 형태로 에너지를 방출하고 안정한 상태를 찾는다.

에너지 전환 시대의 논리

파괴할 수 있는 에너지를 가지고 있어. 알파붕괴가 일어나면 원자번호가 2 작은 원소가 돼. 즉 원자번호 92인 우라늄이 알파붕괴를 통해 원자번호 90번인 토륨이 되는 거야.

베타붕괴는 베타입자(양전자 또는 음전자)가 떨어져 나가(베타선을 방출하고) 원자번호가 1 적거나 많은 원소로 바뀌어. 그런데 원자의 고유한 전자가 떨어져 나가는 것이 아니라 양성자가 중성자로 변하면서 양전자를 내놓거나(원자번호 1 감소), 중성자가 양성자로 되면서 음전자를 내놓는(원자번호 1 증가) 경우야.

감마붕괴는 입자가 아니라 단파장의 감마선이 방출되는 거야. 알파붕괴나 베타붕괴에 의해 높은 에너지를 가지고 불안정한 상태(들뜬 상태)가 된 원자핵이 감마선의 형태로 에너지를 방출하고 안정화하는 과정이지.

지구 내부의 열은 대부분 지각과 맨틀에 포함돼 있는 방사성물질들이 자연 붕괴하면서 방출하는 에너지에 의한 것이라고 알려져 있어. 지각 속에 있는 방사성물질이 붕괴되면서 방출하는 입자의 운동에너지와 전자파는 주변 물질들에 충돌하여 열에너지로 변해. 이렇게 지각과 맨틀에서 모인 에너지가 화산활동과 지진을 일으키는 힘이 되는 거래.

우리는 살면서 이렇게 자연 상태에서 발생하는 방사선을 쬐고 있어. 공기 중에 있는 라돈에 의한 피폭이 절반 정도 되고, 땅속에 있는 우라늄이나 토륨의 방사선, 음식물을 통해 섭취하는 칼륨이나 탄소 동위원소, 그리고 우주에서 날아오는 우주선에도 미량의 방사선이 있대. 이걸 모두 합치면 연간 2.4mSv(밀리시버트) 정도 된대. 지구 생태계는 이런 자연 방사선에 맞춰져 왔어. 지금 우리 몸은 이 정도의 방사선 피폭에 최적화돼 있다고 볼 수도 있지.

하지만 짧은 시간에 많은 방사선을 쬐면 세포조직이 직접 손상을 입기도 하고 우리 몸의 70%인 물이 이온화되어 세포의 구조와 기능, 염색체 손상 등이 초래돼. 그래서 병원에서도 방사선과는 엄격히 통제하잖아.

방사성붕괴는 넓은 의미의 원자력에 해당하지만 우리가 산업적으로 이용할 만한 에너지를 내지는 못해. 대신 인공적 동위원소를 통해 각종 검사용, 암치료와 같은 의료용, 유전자조작과 같은 농업용 방사선으로 활용하고 있어. 그리고 붕괴하여 반으로 줄어드는 시간(반감기)이 원소에 따라 일정한데 이런 반감기를 이용해서 화석이나 유물이 언제적 건지 알아볼 수도 있어.

그런데 원자력발전은 전혀 새로운 상황 전개야. 46억 년 지구의 역사 속에서 자연적인 핵분열은 찾아보기 어렵거든. 20억 년 전 가봉의 오클로 우라늄광에서 핵분열의 흔적이 발견됐다는 보고도 있지만 그게 사실이라면 현재의 원자로와 같은 환경이 자연적으로 존재해야 하는 아주 희귀한 경우지. 핵분열은 과학기술을 발전시킨 인간이 실험실에서 인공적으로 발견한 지극히 인위적인 현상이야.

1938년 12월, 독일의 오토 한과 프리츠 슈트라스만은 우라늄-235에 속도가 느린 중성자(열중성자)를 충돌시켜. 그러자 원자핵에 열중성자가 흡수되면서 질량이 비슷한 두 개의 바륨(Ba, 원자번호 56)

에너지 전환 시대의 논리

동위원소로 갈라지고 감마선과 2~3개의 중성자가 방출됐어. 그리고 이때 자연적인 방사성붕괴와는 비교되지 않을 정도의 큰 열에너지가 발생함을 발견한 거지. 보통 우라늄 1g이 핵분열하면 석유 9드럼 혹은 석탄 3t을 태우는 것과 같은 크기의 에너지를 낼 수 있어.

핵분열 과정에서는 다양한 방사성물질이 생성되고 주변에 있는 물질들을 방사능으로 오염시켜. 사용후 핵연료에는 우라늄은 물론 핵분열 과정에서 생성된 플루토늄, 세슘, 아이오딘, 스트론튬, 테크네튬 등의 방사성동위원소 등이 포함돼 있어. 이들 방사성물질들이 방사선을 방출하고 안정화하는 데는 오랜 시간이 걸리는데, 요오드-131과 같이 반감기가 8일 정도 되는 것에서부터 플루토늄-239

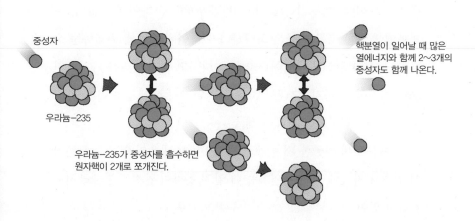

중성자

우라늄-235

우라늄-235가 중성자를 흡수하면 원자핵이 2개로 쪼개진다.

핵분열이 일어날 때 많은 열에너지와 함께 2~3개의 중성자도 함께 나온다.

핵분열 과정. 우라늄-235에 중성자를 충돌시키면 원자핵이 쪼개지고 엄청난 열에너지를 방출한다. 우라늄-235 1g이 완전히 핵분열할 경우 석탄 3t을 태울 때 나는 열량과 맞먹는다.

원전파의 어두운 미래

(24만 100년), 우라늄-235(7억 년)와 같이 수만, 수억 년에 이르는 것도 있어.

문제는 바로 이 지점이야. 핵분열은 자연 방사성붕괴처럼 저절로 일어나지 않아. 인간에 의해 조작된 외부의 충격이 필요해. 자연에게는 이제까지 경험하지 못했던 새로운 상황이 벌어지는 거지.

자연에서 벌어지는 일은 셀 수 없이 많아. 우리가 다 인식할 수 없는 수준이지. 이런 수많은 일이 서로 영향을 끼치면서 지구라는 하나의 계를 이루고, 나아가 태양계가 되고, 우주가 돼. 동시에 벌어지는 수많은 일이 서로에게 서로를 적응시키며 현재의 환경을 만들어왔지. 지금도 그렇게 변화해가고 있고 말이야.

그런데 핵분열은 인간이 만들어낸 상황이야. 심지어 원소기호 93번 넵투늄부터 118번 우누녹튬까지는 인간이 실험실에서 만들어낸 원소들이야. 핵무기 원료인 94번 플루토늄도 자연에는 없어. 즉 핵분열에 따른 모든 현상은 하나하나가 자연에 새롭게 존재하는 상황인 거고 이것이 자연에 어떤 영향을 끼치고 어떤 결과를 가져올지 모르는 상황인 거지. 그래서 하나부터 열까지 통제를 받아야 하고 모든 영향과 결과가 검토돼야 해.

첫 핵분열에 성공한 지 이제 불과 78년! 아직 우리 인간은 핵분열이 인간과 자연에 끼치는 영향을 다 알지 못하며 완전히 통제하지도 못하고 있어.

에너지 안보가 중요하다

————

에너지 안보는 세 가지 측면에서 따져봐야 해. 기술적 그리고 국제관계적으로 활용가능한가availability, 경제적으로 감당할 만한가affordability, 지속가능한가sustainability.

그런데 원자력은 현재 활용할 수 있는 에너지 중에서 에너지 안보상 가장 취약한 에너지원이야. 왜냐고?

우리나라에 있는 우라늄광은 함량이 0.03%라 개발하기엔 경제성이 낮아. 0.1~0.3%는 돼야 경제성이 있는데 이런 우라늄광은 호주와 카자흐스탄, 러시아, 캐나다, 남아공 등 상위 5개국의 매장량이 전체의 63%를 차지해. 이건 중동에 3분의 1 정도가 몰려 있는 석유보다 독과점이 더 심하지.

게다가 우라늄광은 그대로 사용할 수가 없어. 우라늄 중의 대부분은 우라늄-238이고 핵분열에 필요한 우라늄-235는 0.7% 정도밖에 안돼. 이걸 3~5%가 되도록 농축해야 핵연료로 쓸 수 있어.

그런데 우라늄 농축은 핵무기 개발과 직결된 문제야. 핵무기확산금지조약은 기존 핵무기 보유국 외에는 우라늄 농축시설을 가져서는 안 되고 실험실에서 소량 농축하는 것도 금지하여 국제원자력기구IAEA의 엄격한 통제를 받도록 하고 있어. 2000년 초 대덕에 있는 원자력연구소에서 레이저법을 사용하여 우라늄-235를 0.2g 농축한 적이 있어. 연구소는 실험실 수준의 일시적 연구였기에 이를 IAEA에 보고하지 않았지. 그런데 2004년에 뒤늦게 이게 탐지됐네.

그해 9월 우리나라는 IAEA의 특별사찰을 받고 반성문을 쓰는 등 곤란한 처지에 놓였어. 일본은 신이 나서 "이란은 이것보다 적은 양의 실험 농축으로도 악의 축이 됐다"며 나발을 불었고 말이야.

현재 세계적으로 우라늄 농축시설을 가진 나라는 미국, 러시아, 영국, 프랑스 4개국이야. 중국도 핵무기를 위한 농축시설은 있겠지만 상용시설은 없어. 그래서 우리나라는 우라늄광을 사서 이 4개 강대국에게 농축을 의뢰해야 해. 이들 국가가 농축우라늄을 공급하지 않으면 우리나라 24기의 원자로는 그냥 애물단지가 되는 거야.

만약 중동 산유국들이 우리한테 석유를 안 판다고 하면 돈을 더 주고라도 러시아나 베네수엘라에서 사오든지 현물 시장에서 사올 수 있어. 그런데 원자력 연료는 단 4개의 나라가 우리의 목줄을 죄고 있는 상황인 거야. 미국에 찰싹 붙어 있으면 괜찮을 거라고? 천만의 말씀 만만의 콩떡! 우리가 아무리 딸랑거려도 큰 그림은 우리 뜻대로 되지 않아. 우리 고조할아버지들이 사셨던 19세기 말을 생각해봐.

아무튼 이래서 원자력이 기존 에너지원 중에서 안보상 가장 취약한 에너지원인 거야.

원전이 싸다고? 정말?

2014년 전력거래소에서 한국전력이 사들인 전력 매입 가격을 보면 평균 93.70원이야.(자료: 《2015 전기연감》) 이 중에서 원자력이 54.96원으로 제일 낮고 유연탄 65.79원, 신재생 137.71원, 천연가스 156.13원, 수력 160.91원, 석유 221.32원 순이지.

이건 뭐, 원자력 전깃값은 다른 거에 비하면 뭐, 상대가 안돼. 이러니 '원전이 위험하기는 하지만 어떻게 해, 그냥 참고 살아야지!' 하고 생각하는 거지.

그런데 과연 그럴까?

미국에서는 1979년 스리마일 원전사고 이후 새로운 원전 발주가 없었어. 그래서 원전산업계에서 매사추세츠 공과대학MIT에다 원자력산업 발전을 위한 연구 용역을 줘. 이렇게 해서 2003년에 나온 MIT의 〈원자력 발전의 미래〉라는 보고서의 결론이라고 할 수 있는 게 아래 표야.

경수로의 발전단가는 kWh당 6.7센트, 유연탄은 4.2센트, 가스는 3.8~5.6센트야. 원전이 더 비싸지? 그래서 '원전이 건설비용을

CASE (Year 2002$)	REAL LEVELIZED COST Cents/kWe–hr
Nuclear(LWR)	6.7
+Reduce construction cost 25%	5.5
+Reduce construction time 5 to 4 years	5.3
+Further reduce O&M to 13 mills/kWe–hr	5.1
+Reduce cost of capital to gas/coal	4.2
Pulverized Coal	4.2
CCGT[a](low gas prices, $3.77/MCF)	3.8
CCGT(moderate gas prices, $4.42/MCF)	4.1
CCGT(high gas prices, $6.72/MCF)	5.6

a Gas costs reflect real, levelized acquisition cost per thousand cubic feet (MCF) over the economic life of the project.

MIT 보고서는 원자력의 경쟁력이 떨어지는 데 대한 대책을 제시한다.

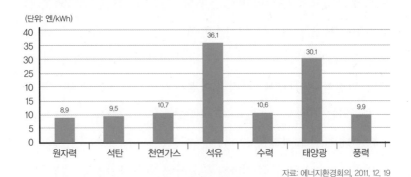

자료: 에너지환경회의, 2011. 12. 19

일본 발전원별 생산 비용

25% 절감하면 5.5센트, 거기다 공기를 5년에서 4년으로 줄이면 5.3
센트, 여기다 관리운영비 줄이고 자본비용 줄이고 하면 석탄발전하
고 경쟁할 수 있을 거야'라고 권고하는 거지. 사실 미국에서 원전 건
설이 중단됐던 건 안전보다도 경제성 때문이었던 거야.

비용 구분	단가(원/kWh)
명시적 보조금	2.4
암묵적 보조금	0.2~16.1
위험회피비용(시나리오)	3.0~203.1
위험회피비용(기존 원전)	3.8~6.3
위험회피비용(신규 원전)	52.1~94.9

- 명시적 보조금: 정부가 예산으로 직접 지원하는 금액.
- 암묵적 보조금: '원자력손해배상법'에 따라 원전 사업자의 배상책임을 제한함으로써 주는 간접 혜택.
- 위험회피비용: 기존 또는 신규 원전으로 인해 발생할 수 있는 사고위험을 피하기 위해 간접적으로 드는 사회적 비용. 시나리오는 프랑스의 원전사고 시나리오를 활용한 추정치임. 기존 원전과 신규 원전의 위험을 회피하기 위해 전 깃값 상승 지불 의사 등을 국민에게 설문으로 물어 나온 금액.

자료: 한국환경정책평가연구원

원자력발전 비용 산출 때 고려되지 않은 사회적 비용(신고리 3·4호기급 원전 기준)

에너지 전환 시대의 논리

후쿠시마 원전사고 이후 일본에서는 민간 전문가가 참여하는 전력가격검증위원회가 구성되어 보고서를 내. 그렇게 나온 일본의 발전원별 원전단가는 위 표와 같아.

원자력은 석탄은 물론 풍력과 그리 차이가 나지 않아. 그럼, 우리나라는 도대체 어떻게 된 걸까? 단서는 국책연구기관인 한국환경정책·평가연구원의 보고서에서 엿볼 수 있어. 2013년 말 발간된 《화석연료 대체에너지원의 환경·경제성 평가(1)—원자력을 중심으로》에는 숨은 비용과 위험회피비용을 고려하면 우리나라 원전의 실제 생산단가는 54.2~254.3원/kWh 수준임을 알 수 있어.

이게 진실이야. 이제 '원자력이 싸다'는 얘기는 그만하면 좋겠어. 우리도 민간 전문가가 참여하는 전력생산비용검증위원회를 구성해서 계산해보고 그 결과 가지고 싸다 비싸다 얘기해야 해.

원전사고가 일어날 확률

라스무센 보고서로 널리 알려진 〈원자로 안정성 연구〉는 1975년 미국 원자력규제위원회에서 수행했어. 이 보고서는 '100기의 원전 운영으로 인한 조기 사망 위험도가 비원자력 산업 및 인공재해로 인한 위험도에 비해 100배 이상 낮다'고 분석했어. 그러면서 '원자로에 완전한 노심용융이 일어날 확률은 1년에 1기당 2만 분의 1'이라는 결론을 내렸지.

한편 1998년 울진 3호기를 첫 한국 표준형 원전으로 가동하면서 정부는 무슨 근거인지는 몰라도 중대 사고 확률을 '100만 분의 1'이라고 주장해. 그렇다니 일단 넘어가기로 하자.

요즘 매주 토요일 저녁 추첨하는 우리나라 로또 복권의 1등 당첨 확률은 814만 5060분의 1이야. 이건 뭐, 원전 노심용융 사고 확률보다도 훨씬 희박한 확률이지. 그런데 매주 평균 6명의 1등이 당첨금을 타가. 그래서 한때 조작설이 돌기도 했지. 하지만 한 주에 5000만 게임이 넘게 판매돼. 그러니까 평균 6명이 당첨되는 게 확률상 맞아.

확률이란 이런 거야. 미국은 2만 분의 1이라고 하고 우리나라는 100만 분의 1이라고 해도, 전 세계에 약 400기의 원자로가 50년 이상 돌아가고 있는 거니까 그동안 스리마일 아일랜드, 체르노빌, 후쿠시마에서 발생한 3번의 노심용융 사고는 확률상 나오는 값이야.

2014년 11월 11일 오후 4시 26분경 고리원전 4호기 핵연료 저장 건물에 있는 폐기물 건조기에서 불이나 건조기 내부가 그을리고 장갑과 수건 폐기물 일부가 불에 타는 사고가 있었어. 불이 난 지 1시간도 더 지나 5시 38분경 현장을 둘러보던 직원이 연기가 나는 것을 보고 현장에 있는 소화기로 14분 만에 불을 껐대. 주제어실에는 화재경보를 알리는 모니터가 있고 어딘지는 모르지만 경보기도 울렸대.

이 사고가 알려진 후 한수원은 "연기감지기 두 대 중 한 대는 애초부터 소리가 나지 않게 만들어졌고, 다른 한 대는 경보음이 울렸지만 직원이 듣지 못해 진화가 늦었다. 주제어실 경보등은 뒤편에 있어서

에너지 전환 시대의 논리

일본 간세이가쿠인대학의 박승준 교수는 고리원전에서
체르노빌 규모의 사고가 날 경우 최대 85만 명이 암으로 숨진다는 분석을 내놓았다.

못 봤다"며 "발전소 가동 및 안전에는 문제가 없다"고 발표했어.

12월 2일에 나온 사고 조사 내용을 보면 '애초부터 소리가 나지 않게 만들어졌다'던 하나의 경보기는 주제어실에 있는데 누군가 전원을 꺼놓은 거래. 하지만 누가, 언제, 왜 전원을 껐는지는 알 수 없대. 울린 경보기는 주제어실 옆 장비실에 있는 건데 이것도 한 차례만 경보음을 울리는데다 방화벽에 가로막혀 62.5데시벨(전화벨 소리가 70데시벨 정도)가량인 경보음을 듣지 못했대. 주제어실 경보 모니터는 근무자의 오른쪽 뒤에 설치되어 있어 못 봤대.

어때? 짜릿짜릿하지? 스리마일 원전사고는 이런 사소한 사건 몇 개가 우연히 겹치면서 발생한 정상사고야. 이런데도 원전이 안전하다고? 정말?

자손만대 물려줄 핵폐기물

___

천년 고도 신라(기원전 57~935)의 도읍지 경주에는 옛 선인들의 많은 유물과 유적이 남아 있어. 시내 곳곳에 동산 같은 왕릉이 산재하여 선조들의 다양한 물품도 잘 보전돼 왔지. 하지만 1200년 넘은 에밀레종은 이제 그 소리를 직접 들을 수는 없어. 단단한 구리로 만들었지만 천년의 세월이 흐르다 보니 보존을 위해 소리를 내는 건 무리래.

그런데 2005년 11월 경주시민들은 수백 년을 고이 간직해 후손들에게 물려줄 역사적 시설을 유치하기로 결정했어. 주민투표 결과 찬성률은 89.5%에 이르렀지. 바로 중·저준위 방사성폐기물 처분장이야.

'3000억+α'라는 미끼를 물고 경북 포항, 영덕 그리고 전북 군산과 치열한 경쟁을 치른 결과야. 군산하고는 지역감정까지 불거져 볼썽사나운 모습들이 연출되기도 했지.

수차례의 설계 변경과 공기 연장 끝에 2014년 12월 원자력안전위원회는 경주방폐장 1단계 처분시설의 운영 허가를 승인했어. 이미 지상의 인수저장고는 쓰레기통이 가득 찬 울진원전으로부터 수천 드럼이 들어와 있는 상태였지. 2015년 7월 이후 장갑, 방호복, 필터 등 원전에서 발생한 중·저준위 방사성폐기물들은 드럼통에 담겨 이곳 지하 80~130m에 만든 6개의 원통형 사일로에 쟁여지고 있어. 2015년 10월말 현재 전체 원전에 쌓여 있는 중·저준위 폐기

에너지 전환 시대의 논리

경주시에 준·저준위 방사성폐기물 처분장 조감도
지하 80~130m 사일로에 최소 300년 이상 보관해야 한다.

물은 200리터 드럼통 9만 3800개. 얘들은 최소 300년이 지나야 방사성 핵종들이 사라져. 그런데 앞으로 원전이 완전 폐쇄될 때까지는 계속 폐기물이 나올 테고, 또 300년이 지나봐야 실제 무해한 상태로 될지 알 수 있으니 수백 년을 신주단지 모시듯 고이 간직하면서 후손에게 물려줘야 해.

문제는 이곳이 해안으로부터 그리 멀지 않은 곳이라는 거야. 그래서 지하수 유입이 상당히 많아. 다른 나라의 사례를 보자.

땅을 얕게 파고 콘크리트 시설물로 묻는 천층 매립 방식을 택했던 미국은 지하수 오염이라는 암초에 부닥쳐 막대한 자금을 들여 보수작업을 해야 했어. 미국 켄터키 주의 맥시플랫 처분장은 1962년에 문을 열었는데, 1974년 주정부가 플루토늄을 포함한 방사성 핵종이 처분장으로부터 수백m 떨어진 곳까지 이동했다고 밝혔어. 미국 환경청도 이듬해 보고서에서 지층 샘플, 감시용 우물, 하천에서 플루토늄을 발견했다고 인정했지. 당초 건설사NECO는 "플루토늄이 반감기(2만 4100년)동안 1인치도 움직이지 못할 것"이라고 주장했으나 실제로는 '10년도 안되어' 플루토늄이 외부로 이동했음을 확인한 거야.

한편 동굴 처분 방식을 택했던 독일도 마찬가지의 문제에 부닥쳐. 독일 니더작센 주의 아쎄 방폐장은 과거 소금 광산을 활용한 심층 처분시설로 1978년까지 발생한 12만 6000드럼을 저장했어. 그러나 동굴 처분장 지반에 금이 가고 지하수가 스며들면서 방사능 유출이 우려되자 연방방사능방호청은 콘크리트나 화학물질로 채우는 방법, 좀 더 깊은 곳에 동굴을 만들어 옮기는 방법, 폐기물을 꺼내 옮기는 방법을 놓고 검토를 했지. 마침내 2010년 1월 연방정부는 10년에 걸쳐 40억 유로(약 5조 5000억 원)를 들여 폐기물을 옮기기로 결정해. 연방방사능방호청은 폐기물 드럼들이 부식된 상태여서 옮기는 과정에서 작업자들이 피폭될 위험이 크지만, 장기적 안전을 위해서는 이 방법밖에 없다고 밝혔어.

지금 정부의 입장은 60cm의 콘크리트 방벽이 유출을 막을 거라고 장담하지만 현대 콘크리트의 역사가 300년도 안된 마당에 확신할 수는 없는 주장이야. 이제부터 경주 방폐장 주변 지하수의 흐름

에너지 전환 시대의 논리

은 면밀하게 조사돼야 해. 조금이라도 유출 징후가 보이면 대책을 세워야지.

핵폐기물에서 더 큰 문제는 고준위폐기물, 즉 사용후 핵연료야. 사용후 핵연료에 함유된 플루토늄이 99% 정도 소멸하는 기간은 약 1만 년, 가장 긴 방사성 핵종들까지 소멸하려면 10만 년 정도가 필요해. 10년에 걸쳐 잔열을 없앤 폐연료봉조차 1m 거리에 1시간만 서 있어도 치사량의 4배나 되는 방사능에 피폭된대. 따라서 미국 환경청의 사용후 핵연료 영구처분 규제기준을 보면 최소 1만 년 이상 생물권으로부터 안전하게 격리할 것을 요구하고 있어.

사용후 핵연료를 직접 처분하려면 지하 500~1000m의 암반층에 격리 보관해야 해. 미국과 스웨덴, 핀란드, 캐나다 등에서 직접 처분 방침을 굳혔지만 아직 처분장을 운영하고 있는 나라는 없어. 미국의 경우 1982년 3곳의 부지를 조사하여 최종 선정하고 1998년까지 완공하여 운영한다는 계획이었지만, 1998년 미국의 에너지부는 네바다 주의 유카마운틴을 부지로 선정하여 최종 조사 보고서를 의회에 제출하는 것에 만족해야 했어.

유카마운틴 처분장은 라스베이거스에서 160km 떨어진 사막지대에 있는 응회암층 지대야. 지하수층은 지하 500~1000m에 형성돼 있대. 에너지부는 지하 200~500m층에 처분장을 건설하여 지하수층과 300m 정도 간격을 두도록 고려했어. 또 300년까지는 회수가 가능하게 하여 후손들이 최종 결정권을 갖도록 설계했지. 2002년 건설계획이 의회에서 통과되고 2008년 건설허가를 신청했으나, 일정이 늦어짐에 따라 2001년에 576억 달러로 추정하던 총사업비가 960억 달러로 늘어났어.

그러나 네바다 주민들의 반발에 부닥친 미국은 이 계획을 보류하고 고준위 폐기물 정책에 대한 새로운 로드맵을 작성해. 2010년 1월 오바마 정부는 '미국 원자력의 미래를 위한 블루리본 위원회'를 발족하고 2012년 1월에 최종 보고서를 제출받아. 이 위원회는 보고서에서 방사성폐기물 문제에 대한 국가의 혼선이 금전적 손해와 기타 손실을 가져왔으며, 안전하고 영구적인 해결 방법을 위한 전략의 수립이 시급하다고 지적해.

이듬해 미국 정부는 블루리본 위원회의 권고 사항을 대부분 수용하여 2025년까지 복수의 중간 저장시설 부지 및 인허가를 추진하고, 2048년까지 지층처분장 부지 선정과 타당성을 입증하여 그 이후에는 사용후 핵연료와 고준위 방폐물을 영구처분하기로 장기 전략을 세웠어.

현재 영구 처분장 부지를 선정한 나라는 핀란드와 스웨덴뿐이야. 핀란드는 1983년 부지 선정에 착수하여 2001년 올킬루오토를 최종 부지로 선정하고 2015년부터 건설에 들어갔어. 스웨덴은 1992년 부지 선정에 착수하여 17년만인 2009년 포스마크를 부지로 선정하고 2032년엔 가동할 수 있도록 진행하고 있지.

우리나라는 2013년 10월이 되어서야 '사용후핵연료공론화위원회'가 활동을 시작했어. 시민단체 추천 위원 2명이 독립성을 문제 삼아 참가를 거부한 채 출범한 위원회는 20개월의 활동을 거쳐

에너지 전환 시대의 논리

스웨덴 포스마크 핵폐기물 처분장 예정지. 부지 선정에 17년이 걸렸다.

2015년 6월 최종 권고안을 내. 공론화위원회는 최종 보고서를 통해 '2051년까지는 처분시설을 건설하여 운영해야 하며, 2020년까지 처분시설 부지 혹은 부지 조건과 유사한 지역에 지하연구소 부지를 선정하고 2030년에는 실증연구를 시작'하라고 권고했지. 그런데 2016년 고리원전을 시작으로 각 원전의 사용후 핵연료 보관시설이 포화 상태에 이르게 돼. 처분장은 어딘지도 모르는 상황인데 원전의 쓰레기통이 넘치기 직전이야. 급한 대로 원전 내 보관시설을 조밀화하거나 임시 저장시설을 만들어 보관한 뒤 2030년 지하연구소가 가동된다면 그곳의 처분전 보관시설로 옮기자는 게 공론화위원회의 대안이야.

경주 방폐장의 1단계 공사비는 1조 5228억 원이야. 여기에 유치지역 특별지원금 3000억 원, 지역지원사업비 3조 2000억 원이 투입됐어. 경주 방폐장 건설에 들어간 비용은 실질적으로 5조 원이 넘는거지. 여기다 폐기물이 반입되고 나면 관리운영비를 제외하고도 매년 반입수수료 85억여 원을 경주시에 지불해야 해.

미국의 고준위폐기물 처분장인 유카마운틴 처분장은 960억 달러가 들어갈 것으로 추정됐어. 핀란드는 약 30억 유로, 스웨덴은 약 42억 유로를 예상 건설비용으로 잡고 있지.

건설비만 수조 원, 부지 선정과 지원 금액까지 합치면 수십조 원에 달하는 이 폐기물 처리 비용은 어떻게 마련할까?

이를 위해 우리나라는 전기사업법 시행령 제61조에 '원자력사후처리충당금' 확보를 규정하고 있어. 원자력사후처리충당금은 원자력발전소의 차폐격리 및 해체철거 비용, 중·저준위 방사성폐기물의 처분비용, 사용후 핵연료의 중간저장 및 처분에 쓰일 예정이야. 한국수력원자력(주)은 이에 따라 매년 원전사후처리충당금을 적립(2004년 기준 6조 2600억 원)했어.

그런데 한국수력원자력(주)은 이 돈을 장부상에만 적립하고, 실제 신규 원전 건설사업에 투자해왔지. 노무현 정부는 2006년 에너지기본법을 제정한 데 이어 방사성폐기물관리법을 추진하여 2008년 3월에야 국회를 통과하고 2009년 방사성폐기물관리공단이 설립되어 비로소 방사성폐기물관리기금을 적립하기 시작해. 2009년 1797억 원을 시작으로 매년 3000~5000억 원 규모의 기금이 조성될 예정이야. 2008년 이전에 발생한 사용후 핵연료에 대한 4조 2000억 원은 5년 거치 15년 분할 납부 형태로 유예됐어. 2015년 말 현재 쓰고 남은 기금은 약 2조 4295억 원쯤 돼.

게다가 법안을 제정할 당시에는 오염자 부담 원칙에 따라 방사성 폐기물관리기금에는 정부 출자나 보조금 지급을 제외했으나, 이명박 정부는 2009년 정부 출연금 조항을 신설해 공단의 운영이나 방사성폐기물 관리사업에 필요한 자금을 출연 또는 보조할 수 있도록 개정했어. 향후 한수원이 부담하지 못하는 부분을 세금으로 메우는 상황이 벌어질 판이야.

더구나 발전소 해체 비용은 방사성폐기물관리기금에서도 아예 빠져 있어. 이 부분은 여전히 한국수력원자력㈜에서 장부상으로 적립하고 있을 뿐, 여전히 신규 원전 건설에 전용하고 있는 거지.

우리나라는 한 기의 원자로를 해체한 경험이 있어. 서울 공릉동 옛 한국원자력연구소 부지에서 1972년에 가동을 시작한 트리가마크 Ⅲ는 2MW급의 소형 연구용 원자로였어. 1995년 대전 한국원자력연구소에 자체 설계로 완공한 30MW급의 하나로 원자로가 본격 가동되면서, 1996년 트리가마크Ⅲ의 해체 작업이 시작됐는데, 주변 시설까지 모두 해체하는 데 들어간 시간은 5년, 비용은 192억 원이야.

587MW에서 1000MW에 이르는 원전의 대형 원자로를 해체하는 데는 이보다 훨씬 많은 시간과 비용이 들어가. 상용 원전 한 기를 폐기하는 데는 10~25년이 걸려. 한국수력원자력㈜은 한 기의 해체 비용으로 4000억 원 정도를 예상해. 그러나 이것은 다른 나라에 비

해 턱없이 낮게 잡은 액수야. 실제 해체 작업이 이루어지고 있는 영국 셀라필드 원전의 경우 소요 예상 금액은 약 1조 9429억 원, 일본 도카이 원전의 경우 약 1조 2338억 원을 예상하고 있어. 프랑스는 현재 가동이 중단된 9기의 원전 해체 비용으로 350억 유로를 예상하고 있지.

결국 원자로를 해체할 시기가 되어 부족한 비용은 정부의 지원으로 채우든지, 전기료의 인상을 통해 미래의 소비자에게 전가해야 해. 우리가 쓰는 전기 때문에 방사성폐기물을 물려주는 것도 미안한 일인데 비용마저 후손에게 지우는 것은 너무 염치없는 짓이야.

프랑스는 2006년 제정된 법에 따라 원전기업들의 해체 예치금과 해체 예상비용의 적절성을 평가하는 위원회를 구성했어. 우리나라도 객관적인 위원회를 구성해서 해체 예상 비용을 산정하고, 독립적인 기관에서 이를 적립하도록 해야 해. 이렇게 해야 정부의 보조금과 후손에게 미룬 비용 덕에 원자력의 발전비용이 저렴하다는 진실이 본래의 모습을 드러내게 될 거야.

축소되는 원전산업, 변해야 산다
————

원전산업의 현황은 '원전 마피아의 대부들'에서 다뤘으니 대강만 얘기할게. 후쿠시마 원전사고 이후 단계적 축소에 들어간 나라가 많아졌어. '그럼에도 불구하고'를 외치며 원전 건설을 밀어붙이려던 이탈리아의 베를루스코니 총리는 국민투표에서 참패하여 별장 파티나 하는 처지가 됐지.

지금 세계에서 가장 의욕적으로 원전 건설에 나서고 있는 나라는 중국이야. 에너지 소비량이 급증하고 있는데다 석탄 위주의 현 체제가 온실가스 최대 배출국으로 만들어 압박을 받는 상황이 됐거든. 그밖에 몇몇 나라가 1~2기씩 건설하려는 계획이 있지만, 아랍에미리트 이후 프랑스와 일본이 시장을 싹쓸이 하는 원천기술 독점 시장이 됐어.

그런데 최근에 주목할 만한 상황 변화가 있었어. 2015년 9월 영국을 방문한 시진핑 중국 주석은 영국 보수당 정권이 계획하고 있는 3기의 원전 건설에 중국이 참여하기로 약속했지. 2기는 아레바의 주도로 중국이 참여하지만 세 번째는 중국이 개발한 원자로에 아레바를 참여시키는 컨소시엄으로 진행하겠대. 12월에 러시아를 방문한 나렌드라 모디 인도 총리는 인도에 12기의 원전 건설을 추진하는 양해각서를 맺고 와. 이로써 서방파 3개 연합에 중국과 러시아가 뛰어든 5강 구도가 됐어. 그리고 원전 수주는 국제정세와 전략의 산물이라는 걸 새삼 확인시켜주었지.

우리나라 원전산업계로서는 미국이나 일본이 수주할 경우 원자로 공급업체로 참여하는 정도가 최대치가 될 전망이야. 어부지리를 얻었던 아부다비의 대리전 상황은 다시 보기 어려울 거야. 원전산업계는 이제 건설보다는 안전 관련 분야, 그리고 핵폐기물 처리, 폐로 쪽으로 방향을 잡아야 해.

05

재생가능에너지의 미래

1973년 1차 석유파동은 선진 공업국 사람들에게 큰 충격을 안겨주었어. 과학기술을 발전시켜 문명을 일구고 그 힘으로 자연을 지배하는 걸 당연시하며 자연이 인간을 위해 존재하는 거라고 착각하며 살던 사람들에게 '어라? 이거 화수분이 아니었네?' 하고 깨닫게 해주었지.

때마침 본격 상용화에 돌입한 미국의 경수로가 유럽과 선발 개도국들로 불티나게 팔려나갔어. 우리나라도 없는 살림이지만 고리에 두 기를 들여놓기로 했지. 석유에만 의존했다간 큰일나겠거든.

그런데 다른 대안을 찾는 사람도 많았어. 그중엔 북해의 바람을 막아선 유틀란트 반도의 시골 마을 대장간에서 출발한 베스타스라는 회사가 있어. 농기계 분야 중견 회사인 덴마크의 베스타스가 풍력터빈을 개발해 전 세계에 바람을 일으킨 과정을 구경해보자.

베스타스, 풍력으로 날아오르다

___

1898년 유틀란트 반도 대서양 바닷가의 조용한 농촌 마을 렘에서 22살의 핸드 스미스 한센이 동네 대장간을 인수해. 처음에는 풀무로 화덕을 달구며 시뻘건 쇳덩이를 망치로 내려치던 옛날 우리 시골 장터에 있었던 대장간 모습과 크게 다르지 않았나 봐. 하지만 한센은 풍부한 아이디어와 열정으로 고객의 요구에 즉각 대응하며 대장간을 안착시켰대.

1928년 스미스 한센은 아들 페더와 철제 창틀을 만드는 회사를 세워 제2차 세계대전 때까진 잘나가다가 전쟁으로 철이 배급제가 되자 사업이 위축됐대. 전후에 아들 페더는 동료들과 함께 독일군이 남기고 간 막사에서 믹서와 주방기구를 만드는 회사를 만들어 다시 활기를 찾는데, 긴 이름을 축약해 만든 새 이름이 바로 베스타스 Vestas래.

1950년에는 냉각 우유통 특허를 구매해 농민들의 요구에 맞춰 튼튼하고 실용적인 제품을 생산해 인기를 끌었어. 1956년에는 냉각

1956년에 만든 베스타스 로고

기술을 이용해 부어마이스터 엔드 바인 조선소의 터보차저 쿨러 파트너가 되어 인터쿨러를 베스타스 포트폴리오의 베스트셀러로 만들었지.

1959년 동료들의 지분을 매입하며 승승장구하던 페더 한센은 호사다마라고 1960년 화재로 사무실과 공장이 전소하는 시련을 겪지만 경트럭용 수압 크레인으로 재기했어. 1968년엔 이 수압 크레인이 베스타스 생산품의 96%를 차지하며 65개국으로 수출돼. 1971년에는 크레인 생산을 위한 별도의 공장을 지었대.

베스타스의 최초 모델은 다리우스 형이었다. 요즘은 소형 풍력기에 적용한다.

에너지 전환 시대의 논리

이때 처음으로 비오아 매슨이라는 기사를 채용하는데, 이 양반이 혁신가로서 풍력발전기 기술 개발에 재능을 보였어. 1차 석유파동으로 추운 겨울을 보낸 베스타스는 비공개로 풍력터빈 실험에 착수했는데, 최초 모델은 다리우스형이었어. 이건 사진과 같이 생긴 수직형 모델인데, 요즘 소형 풍력발전기에 채택되는 방식이야. 하지만 1978년에 실험 설치한 첫 제품은 지속성과 경제성에서 불합격이었어. 첫술에 배부를 수는 없었던 거야.

그해 다른 도시의 대장장이인 요르겐슨과 쉬티에스댈이 요즘 사용되고 있는 3익형 풍력터빈을 개발하고는 자금이 없어 베스타스에 도움을 요청해. 이 기술의 가치를 알아본 베스타스는 즉각 이들을 연구팀에 합류시켜. 그리고 이듬해 날개 길이 10m에 30kW의 용량을 가진 풍력발전기를 회사 부지에 세웠어.

때마침 미국 캘리포니아 주에서 풍력발전 바람이 불어와. 1976년 미국 대통령에 당선된 카터는 대체에너지 개발에 중점을 두었어. 1977년에 에너지부를 설치하고 1978년엔 전력사업규제정책법을 제정하는 한편 세금감면 등 재정적 유인책을 마련하여 재생가능에너지의 활용을 적극적으로 장려해. 이에 부응하여 캘리포니아 주가 풍력발전 설치에 보조금을 주어 보급 확대에 나선 거야.

1980년 유럽의 풍력발전기 구매를 위해 미국의 존드라는 회사가 네덜란드를 방문해. 이 소식을 들은 베스타스는 회사 쌍발기를 암스테르담으로 보내 존드의 구매단을 데려오고 마침내 2기의 판매 계약을 성사시켜. 그런데 이런 세상에! 호사다마라고 그해 가을 요란한 태풍이 불어와 본사에 설치했던 풍력발전기의 날개를 부러뜨려버렸어. 비에 젖은 날개 잔해가 회사 바닥에 나뒹굴었지.

디자인에 심각한 결점이 있음을 확인한 페더 한센은 어려운 결정을 해. 이미 주문받은 미국과 국내 풍력발전기의 설치를 중단하고 문제 해결에 몰두했지. 이듬해 베스타스는 유리섬유 부품을 이용해 전체 생산 단계에서 고품질을 확보할 수 있었어.

자발적인 품질 개선 노력은 구매자들의 신뢰로 이어졌지. 미국 존드는 1981년에 155기를, 1982년에는 550기를 주문해. 이건 뭐 좁은 덴마크 시장에선 상상도 못했던 물량이야. 이 때문에 베스타스 직원이 200명에서 870명으로 늘어났어.

1985년에 베스타스는 처음으로 피치를 조정할 수 있는 터빈을 출시해. 피치 제어란 날개의 각을 조정함으로써 바람이 부는 세기에 따라 출력을 조정하는 방식이야. 태풍이 불 때도 날개가 돌아가면 그냥 망가지잖아? 그때는 돌아가지 않고 서도록 날개의 각도를 조정해주는 거지. 이렇게 베스타스는 끊임없이 기술을 향상시키며 경쟁자들을 앞서갔어.

그런데 순항하던 베스타스의 풍력발전 사업이 큰 시련을 겪게돼. 미국의 존드가 1200기를 1985년 12월 1일까지 납품해달라고 주문했는데, 두 번째 선적 시 해운사가 파산해 풍력터빈을 실은 배가 로스앤젤레스 외항에 묶여버린 거야. 존드는 기일을 넘긴 터빈의 인수를 거절했을 뿐 아니라 이미 배달한 터빈 대금을 결제하지 않았어.

에너지 전환 시대의 논리

다량의 재고를 다시 실어와야 하는 베스타스로서는 1986년이 악몽의 해였어. 엎친 데 덮친 격으로 덴마크 정부는 세법을 개정해 과세 환급을 절반으로 줄여. 결국 베스타스는 10월 3일 지불 유예 조치를 취하기에 이르렀지.

1987년 베스타스는 풍력발전에 집중하기로 하고 사업 부문을 정리해서 Vestas Wind System A/S를 설립해. 그리곤 덴마크 정부 출연 원조기구인 Danida가 인도에 후원하는 6개의 풍력 에너지 프로젝트에 선정돼 재도약의 발판을 마련했어.

끊임없는 기술 개발로 업계를 선도한 베스타스의 풍력발전기

세계적으로 풍력발전 설치가 본격화한 1990년대는 풍력발전산업계의 경쟁이 치열해져. 베스타스는 날개 무게를 줄이고 운영시스템을 최적화하는 등 기술 개발을 게을리하지 않았지. 1995년에는 덴마크의 해상 풍력 단지에 날개 길이 20m, 500kW급 10기를 설치해. 1998년 베스타스가 상장할 때는 세계시장의 22.1%를 점유하는 부동의 풍력발전 선두 기업이 됐어.

　　2000년에 스페인 가메사로부터 1800기를 수주하면서 점유율을 26%까지 올렸던 베스타스는 북해 혼스 리프의 해상 풍력 프로젝트

덴마크의 해상 풍력 단지

에너지 전환 시대의 논리

에서 또 한 번 귀중한 경험을 하게 돼. 2002년에 설치한 80기의 나셀(풍력발전기 타워 위에 얹힌 기계실 부분)이 적절하게 작동하지 않아 전량 수리해야 했거든. 이때의 경험이 베스타스로 하여금 육상풍력에서 뒤쫓아온 경쟁자들을 해상풍력에서 앞서가게 하고 있지.

2004년에는 덴마크의 또 다른 풍력터빈 회사인 NEG Micon을 합병해서 세계시장 점유율 32%를 차지하고, 2007년에는 지구촌 어디에선가 4시간마다 베스타스 풍력발전기가 1기씩 설치되는 세계적인 기업이 됐어.

2008년 5524명의 종업원과 함께 6억 6800만 유로의 영업 이익을 낸 베스타스는 풍력발전산업이 미래 성장동력 산업임을 입증했지. 중국 정부의 재생가능에너지 투자에 힘입어 중국 업체들이 급성장하면서 현재 베스타스의 시장점유율은 10%대로 떨어졌지만, 기술을 선도하는 주자임에는 변함이 없어. 이런 베스타스의 역사는 1973년 석유위기 때 재생가능에너지로 눈길을 돌려 성공한 대표적인 에너지 전환 사례야.

덴마크, 풍차의 나라에서 풍력발전의 나라로

베스타스의 성공은 한 기업의 성공 사례에 국한되지 않아. 대체에너지로서 풍력에 주목하고 지원을 아끼지 않은 덴마크 정부, 즉 덴마크 민관의 승리이기도 해.

덴마크는 북해의 편서풍으로 사철 풍력이 풍부한 나라야. 19세기 말 전기가 보급될 무렵 풍력발전기를 만들어 보급에 나선 것도 덴마크의 라 쿠르가 처음이었어. 라 쿠르는 1903년 덴마크 풍력발전 회사를 설립해 약 60개의 풍력발전기를 농촌 지역에 보급했대. 하지만 소형 디젤발전기가 등장하자 풍력발전은 설 자리를 잃고 이 회사는 1916년 문을 닫았지.

화석연료의 득세에 의해 주류 에너지의 자리에서 밀려나기는 했지만 덴마크에서 풍력발전은 꾸준히 연구의 맥을 이어왔어. 1917년 현대적인 양력형 날개를 가진 아그리코 풍차가 개발되고, 1950년 베스터 이스보 풍차와 1952년 보에 풍차를 거쳐 1957년에는 겟사 풍차가 200kW의 교류발전기를 돌려서 일반 송전선에 접속한 최초의 풍력발전기가 됐대. 기술적으로 성공한 겟사 풍력발전소는 화력발전의 2배에 달하는 발전단가 때문에 추가로 건설되지는 못했지.

1973년의 1차 석유파동은 덴마크의 풍력발전 개발에 새로운 자극이 됐어. 1975년 리세아는 자신의 뒷마당에 22kW의 풍력발전기를 세워 일반 송전망에 접속함으로써 개인으로서는 최초로 전력망에 접속하는 사례가 됐지.

사회주의 교육 이념을 실천하는 덴마크의 포르케호이스코레(민중의 대학)의 하나인 트빈스쿨에서는 1975년 에너지 자립을 목표로 대형 풍력발전기를 계획했어. 사회운동으로 진행된 이 계획에는 후에 리소 국립연구소 테스트 & 리서치 센터의 초대 소장이 된 헤리에 페더센과 덴마크 공과대학의 울리크 크라베 교수 등 많은 학자

에너지 전환 시대의 논리

트빈스쿨 풍력발전기

와 기술자들이 참여하여 풍력발전 연구 개발의 네트워크를 형성해. 1978년에 완공된 트빈 풍력발전기는 탑의 높이가 53m나 되는 대형으로 450kW는 계통에 접속하고 450kW는 학교 안의 온수 공급에 사용했대.

석유파동 이후 덴마크의 기술과학아카데미도 풍력 에너지의 가능성에 대한 연구를 시작하여 1975년 기초 연구에 연구자금을 투입할 가치가 있다는 보고서를 발표해. 정부는 이에 호응하여 1977년 풍력 프로그램을 확정하고 예산을 배정했지. 이 프로그램으로 겟사 풍차를 재운전하여 자료를 수집한 에너지부와 전력회사는 1977년

2기의 실험용 대형발전기 건설 계획을 세웠어. 이 계획으로 1979년에 완공된 니베의 풍력발전기는 로터 지름이 40m에 630kW 출력을 가진 대형으로 잦은 고장에도 불구하고 소중한 자료를 제공해주었으며, 이를 바탕으로 덴마크를 동서로 양분하고 있는 2개의 송전회사에서 1980년대 후반에 대형 풍력발전기를 설치할 수 있었어.

풍력발전의 산업화는 1970년대 후반에 소형 풍력발전기에서부터 이루어졌어. 1976년 S. J. 윈드파워, 1977년에는 소네베아, 1978년에는 위드마틱과 쿠리앙트 등이 풍력발전기의 제조에 뛰어들어 10~15kW의 소형 발전기를 판매해. 1979년에는 이후 풍력발전산업계의 메이저로 성장한 베스타스와 노탱크(NEG Micon의 전신), 보너스 에나기가 풍력발전기 판매를 시작했지. 이 3개의 회사는 농업용 수송기계나 물탱크, 관개 설비를 제조하던 회사들로 모두 농촌 지역을 대상으로 하고 있었어. 기존 수요자인 농민들과 맺고 있던 네트워크가 풍력발전기의 판매와 기능 개선에 도움이 됐지. 풍력발전이 산업화하면서 풍차 블레이드나 요 등 부품을 생산하는 업체들의 연구 개발도 촉진됐어.

정부는 1978년 리소 국립연구소에 테스트 & 리서치 센터를 설치하여 풍력발전기와 관련 장비의 성능을 검증하는 서비스를 시작해. 1979년에는 풍력발전 소유자에게 건설자금의 30%를 지원하는 제도를 도입하고 말이야. 이 지원율은 차츰 줄어들어 1989년에 폐지됐는데 초기 풍력발전기 보급에 큰 힘이 됐어. 1979년부터 1985년 사이에 약 1300기의 풍력발전기가 이 지원금의 혜택을 받아 건설됐

에너지 전환 시대의 논리

대. 1970년대에는 주로 농민이 자신의 밭에 한두 대의 풍력발전기를 설치하는 경우가 많았지만, 1980년대가 되자 농민들이 협동조합을 설립하여 풍력발전기를 구입하는 사례가 늘었어. 1985년에는 협동조합에 의한 설치가 개인의 설치를 넘어섰지.

연구와 검증 기관을 설립하고 보조금 제도를 도입한 덴마크 정부는 1981년 '에너지정책 81'에서 6만 대의 소규모 풍력발전기를 설치해 2000년에는 총전력의 8.5%를 풍력이 담당하게 한다는 당시로써는 파격적인 계획을 발표해. 1984년에는 공공전력협회와 풍력발전기제조자협회 사이에 '10년 합의'를 체결해 풍력발전기의 일반 송전망 접속 비용의 35%를 전력회사가 부담하고 생산된 잉여 전력은 소비자 전력요금의 85%의 값으로 전력회사가 매입하기로 했어. 1985년에는 에너지부와 전력회사가 1990년까지 매년 20MW씩 총 100MW의 풍력발전기를 설치하기로 합의했지. 1992년에는 풍력발전법을 제정하여 전력회사는 풍력발전으로 생산한 전력을 소매가격의 85%에 구입하도록 법제화해.

이와 같이 민간기업의 창의성과 정부의 지원, 제도적 밑받침이 한데 모여 덴마크의 풍력발전기는 한때 6000여 기에 이르러. 2011년 6월 말 기준으로 덴마크의 풍력발전기는 404기의 해상풍력발전기를 포함하여 모두 4984기이며 총 발전용량은 3802MW에 달해. 이는 원자력발전소 4기에 해당하는 설비용량이야. 설치 대수가 줄어든 반면 발전용량이 늘어난 것은 교체되는 풍력발전기가 성능이 개선되거나 대형화했기 때문이래.

베스타스를 비롯한 덴마크의 풍력발전산업은 세계시장을 선도하며 2012년 기준 약 2만 8500명을 고용하고 연간 811억 크로네(약 14조 원)의 매출을 올리는 기간산업으로 자리를 잡았어. 오늘날 덴마크의 풍력발전산업을 세계 1위로 만든 것은 풍력이 농촌 지역의 대체에너지가 될 수 있다는 가능성에 투자한 민간기업의 노력에 개발과 보급을 위해 지원과 보조를 아끼지 않은 정부의 노력이 더해진 결과야.

미래의 주역, 재생가능에너지

이렇게 재생가능에너지는 우리 곁으로 다가와 어느새 에너지 공급의 한 축으로 자리 잡았어.

재생가능renewable 에너지라는 말은 우리가 사용해도 또 주어지는 에너지란 의미야. 화석연료와 원자력은 쓰면 그만큼 없어지지만, 풍력이나 태양에너지는 일정 시점에서 우리가 그 에너지를 사용해도 계속 사용할 수 있어. 언제까지? 태양이 팽창해서 지구를 삼켜버릴 50억 년 후까지!

재생가능에너지에는 이제 기존의 발전원과 경쟁력을 갖춘 풍력 외에 태양에너지, 지열, 소수력, 해양에너지, 바이오에너지가 있어.

태양에너지는 열에너지를 바로 이용하는 태양열과 태양전지를 통해 전력을 생산하는 태양광발전 분야가 있어.

에너지 전환 시대의 논리

지열은 땅속의 열에너지를 이용해 냉난방에 사용하거나 발전하는 방식이야. 우리나라는 아니지만 화산대나 지진대에 있는 나라들은 뜨거운 온천수로 발전까지 해. 필리핀에도 지열발전소가 많아.

소수력은 10MW 이하의 작은 수력발전소를 말해. 큰 수력발전소는 많은 물을 모을 수 있는 대형 댐을 필요로 하는데, 그만큼 대규모 수몰지구가 발생하고 하류 생태계에도 큰 변화를 가져오기 때문에 청정에너지이기는 하지만 재생가능에너지에는 포함시키지 않아.

해양에너지는 시화호 조력발전소같이 댐을 만들어 조수간만의 차를 이용하는 조력발전, 2014년 극장가를 석권한 영화 〈명량〉의 주요 배경이 되는 울돌목처럼 해류의 흐름을 이용하는 조류발전, 밑으로 내려갈수록 차가워지는 해수온도차를 활용한 발전, 끊임없이 밀려오고 밀려가는 파도의 힘을 이용하는 파력발전 등이 있어. 이 중에 조력발전은 경제성과 환경 피해를 잘 따져봐야 해.

바이오에너지는 식물이 만들어놓은 탄화수소화합물을 이용하는 거야. 사실 얘는 인류와 에너지 역사를 함께해온 녀석인데, 그냥 가져다 때는 재래식 방식보다는 바이오 가스화, 에탄올이나 바이오 디젤같이 석유를 대체할 수 있는 바이오 연료 등이 관심의 대상이야. 그런데 바이오에너지는 식물 생태계가 재생산할 수 있는 범위 안에서 이루어져야 해. 그 이상으로 사용할 경우 식물 생태계는 점점 줄어들게 되니까 말이야. 옛날처럼 민둥산이 되면 안 되잖아.

고갈되지 않는 자립 에너지

———

　재생가능에너지의 특징은 첫째, 고갈되지 않는 에너지라는 점이야. 지열을 제외한 모든 재생가능에너지의 근원은 태양이야. 지열은 대부분 지각과 맨틀에 있는 방사성물질의 방사성붕괴열이래. 풍력은 태양에너지가 대기를 불균등하게 데움으로써 나타나는 대기의 운동에너지이고, 수력은 태양에너지가 물을 증발시켜 비로 내려줌으로써 생긴 위치에너지야. 해양온도차 역시 태양이 바닷물을 데워서 생긴 거고, 이로 인해 해류가 생긴 것이니 조류 역시 태양에너지에서 비롯된 거야.

　아, 조력은 달과 태양의 인력이 작용한 것이니 얘도 예외! 하지만 바이오에너지는 태양에너지를 식물이 화학에너지로 바꾸어놓은 것이니 재생가능에너지 중에서 지열과 조력 외에는 모두 태양에너지가 변환된 형태인 셈이지. 그래서 재생가능에너지는 내일 아침에도 태양이 떠오르는 한 계속 공급받을 수 있는 에너지야.

　둘째, 재생가능에너지의 장점은 연료비가 들지 않는다는 거야. 화석연료와 핵에너지는 매장 자원을 채굴한 뒤 정유하거나 농축해서 쓰니까 원료비가 들어가지만 재생가능에너지는 그냥 주어지는 에너지를 변환해서 쓰는 거야. 그러니까 변환하는 비용만 들어가지. 덴마크에서 풍력에 주목했던 것도 이 대목이야. 지금은 덴마크도 북해의 산유국이지만 1차 석유파동이 왔을 땐 80%를 수입하는 처지였거든. 당연히 자연에서 풍부하게 주어지는 풍력에서 수입대체 에너지원을 발견했던 거지. 이제는 27.8%의 에너지를 재생가능 에너지로 공급하는 덴마크, 96%를 수입하는 우리나라, 과연 고유가 시대에 누가 더 괴로울까?

셋째, 지속가능성이야. 재생가능에너지는 에너지 변환 과정에서 폐기물을 내지 않아. 화석연료든 원자력이든 재생가능에너지든 발전기를 만드는 과정에는 폐기물이 나오지. 여기서 얘기하는 건 발전 과정에서 나오는 폐기물을 말하는 거야. 화석연료는 이산화황이나 산화질소물 등 대기오염물질과 온실가스를 배출하고 원자력은 10만 년이 지나야 원상복귀되는 폐기물을 내놓지만, 풍력이나 태양광발전은 그렇지 않아. 재생가능에너지가 현재 에너지원 중에서는 지속가능성에서 가장 높은 점수를 받는 이유야.

바이오에너지는 연소 시 오염물질과 온실가스를 배출해. 다만 만들어질 때 이산화탄소를 흡수하므로 결과적으로 탄소 중립적이라는 의미에서 재생가능에너지에 끼워주는 거지.

하지만 세상만사 길고 짧은 게 있는 법! 재생가능에너지는 양의 차이는 있지만 모든 지역에 고루 주어지다 보니 소규모라는 점, 분산돼 있다는 점, 또 기상 상태에 따라 에너지 공급이 크게 영향을 받는다는 점이 단점이야.

재생가능에너지 시대가 열리다

06

인류가 재생가능에너지를 사용한 건 아주 오래 전부터야. 불을 사용한 때부터 화석연료가 도입되기 전인 바이오매스(생물유기체) 에너지 시대도 사실 재생가능에너지 시대에 속한다고 할 수 있어. 주변의 산들이 민둥산이 되기 이전까지, 식물 생태계가 재생산할 수 있는 범위에서는 그랬다는 거지. 지금도 바이오에너지는 해마다 생태계가 재생산해내는 범위 안에서 사용할 때만 재생가능에너지야.

태양열도 계속 사용해왔어. 집을 지을 때 남향으로 짓고 햇볕을 최대한 활용할 수 있도록 창을 내는 것은 태양열에너지 때문이었지. 개울가의 물레방아는 물의 위치에너지를 이용했고 돛단배는 풍력으로 움직여. 온천은 지열을 이용하는 대표적인 형태야.

이전의 재생가능에너지가 그 자체 혹은 연소를 통해 열에너지를 이용하거나 운동에너지로 활용하는 거였다면 20세기 말에 다시 조

에너지 전환 시대의 논리

명을 받는 재생가능에너지는 보다 효율적으로 열에너지를 이용하거나 전기를 만든다는 차이가 있어.

전기는 1차 에너지원은 아니지만 사용하기 편리하고 아주 큰 힘도 낼 수 있을 뿐 아니라 사용 과정에서 부산물이 나오지 않아 깔끔한 고급 에너지야. 그래서 세계적으로 최종 에너지 소비의 약 18%를 전기에너지가 차지하게 됐어.

인류는 아주 오래전부터 전기현상을 알고는 있었어. 고대 그리스의 과학자 탈레스는 호박琥珀석을 모피에 문지르면 가벼운 물체를 잡아당기는 것을 보고 최초로 전기현상을 발견했대. 오랜 시간

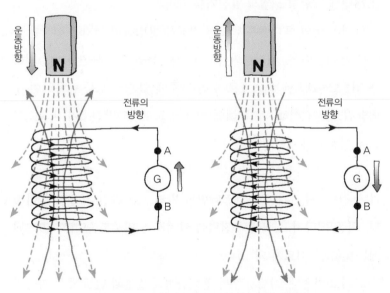

전기의 발생 원리. 자기장의 변화로 코일에 전류가 흐른다.

이 흘러 16세기 말 영국의 윌리엄 길버트는 자석에 대한 연구를 통해 호박이 지니는 인력과 자석의 인력의 차이를 밝혔고, 1752년 미국의 벤저민 프랭클린은 연을 이용하여 번개가 가진 전기적 성질을 증명했어. 이어 프랑스의 토목공학자 쿨롱은 전하를 띤 두 물체 사이에 작용하는 전기력의 크기에 관한 법칙을 발견했지. 1800년 이탈리아의 물리학자 볼타는 두 종류의 금속판 사이에 소금물을 적신 헝겊을 끼운 것을 여러 겹으로 쌓아 최초로 화학전지를 만들었고.

1866년 독일의 지멘스는 전자석을 사용한 대형발전기를 완성하여 전기를 에너지원으로 사용할 수 있는 토대를 마련했어. 이어 벨기에의 그람은 1870년 고리형 코일의 발전기를, 독일의 알테네크는 1873년에 드럼형 코일의 발전기를 발명해.

한편 미국의 에디슨은 탄소선 전구를 발명하여 전기를 실생활 속으로 끌어들였어. 에디슨의 전구가 가스등을 대체하면서 웨스팅하우스는 1892년 세계 최초로 오리건 주에 있는 폭포를 이용하여 수력발전소를 건설해. 같은 해에 일본의 교토시영발전소가 비파호의 물을 이용하여 직류 발전을 시작했어.

점차 전력 사용이 늘어나면서 석탄과 석유를 이용한 화력발전소가 등장해. 증기기관과 가스터빈의 발전으로 발전 효율도 높아졌지. 최종 에너지 소비에서 전력이 차지하는 비중도 높아져 1973년에는 9.4%에 이르게 돼.

그리고 마침내 20세기 후반 전력산업의 발전과 반도체 등 과학기술의 발달은 재생가능에너지의 활용도를 높여주었어. 석유파동 이

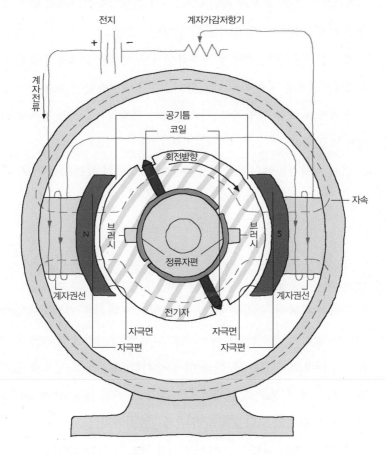

전지　　　　계자가감저항기

계자전류

공기틈
코일
회전방향

자속

N　브러시　　브러시　S

정류자편

계자권선　　　　계자권선

전기자

자극면　　자극면
자극편　　자극편

발전기의 구조. 전자석 안에 코일이 돌아가면 코일에 전기가 흐른다.

후 대체에너지를 찾는 나라들이 태양, 수력, 풍력, 지열 등에 관심을
갖게 됐을 때 과거와 같이 열을 이용하거나 동력을 바로 기계 작동
에 활용하는 수준을 넘어서 전기의 생산에 활용하는 방법이 연구 대

재생가능에너지 시대가 열리다

상이 됐지. 처음 출발할 때만 해도 아직 재생가능에너지의 발전 효율은 화력발전에 비해 많이 뒤떨어졌어.

하지만 본격적인 개발에 착수하면서 재생가능에너지의 발전 효율 또는 열효율은 급격히 개선됐어. 이제 태양광발전 효율은 수년 내에 20%에 이를 전망이야. 풍력발전의 경제성은 화력발전을 따라잡았고 말이야.

현재 재생가능에너지의 활용 수준이 어디까지 왔는지 살펴보자.

풍력발전

수력이나 화력, 원자력으로 전기를 만드는 과정은 기본적으로 발전기를 돌려서 전기를 만드는 거야. 그런데 발전기를 돌리는 힘이 물에서 나오면 수력발전, 불을 때서 증기를 만들어 그 힘으로 돌리면 화력발전, 핵분열로 열에너지를 얻고 그 열로 물을 끓여 증기를 만들고 그 힘으로 터빈을 돌리면 원자력발전이지.

풍력발전기는 풍력으로 이 발전기를 돌리는 거야. 대신 화력발전이나 원전같이 원료값은 안 내도 돼. 발전하면서 폐기물을 내놓지도 않고 말이야.

풍력발전기의 구조를 봐. 바람이 불어와 날개를 돌리면 그 축이 발전기에 연결돼 돌아가면서 발전을 해. 날개를 돌리는 힘은 항력이 아니라 양력이야. 항력은 바람개비마냥 불어온 바람이 밀어서

에너지 전환 시대의 논리

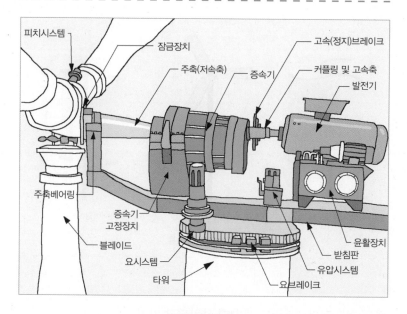

피치시스템

잠금장치

고속(정지)브레이크

주축(저속축) 증속기

커플링 및 고속축

발전기

주축베어링

증속기
고정장치

블레이드

요시스템

타워

요브레이크

윤활장치

받침판

유압시스템

풍력발전기의 구조

돌리는 거고 양력은 날개 양면의 곡면 차이에 의해 비행기가 날아오르듯 힘을 받는 거지. 그래서 날개 면을 조정하면 받는 힘이 달라져서 일정한 출력 조정이 가능해지는데 이게 피치 시스템이야. 요Yaw 시스템은 날개가 바람이 불어오는 방향을 마주보게 돌려주는 거고.

풍력발전기는 돌아가는 축이 바람의 방향과 어떻게 놓이느냐에 따라 수평축과 수직축으로 나뉘어. 수평축은 정서진이나 시화호, 울진 등 해안이나 산악 지방에서 우리가 쉽게 볼 수 있는 거야. 대개 대형 풍력발전기에 사용되는데 요즘은 3MW가 많이 쓰이고 해상풍

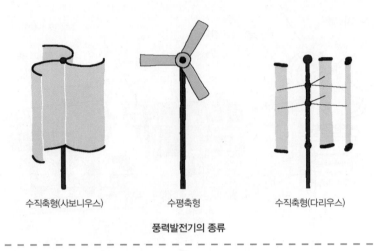

수직축형(사보니우스)　　　수평축형　　　수직축형(다리우스)

풍력발전기의 종류

력용으로 5~7MW급도 개발돼 설치되고 있어.

　물량에선 이제 중국에게 1위 자리를 내준 우리나라의 조선사들도 해상풍력 분야에 투자를 늘리고 있어. 우리나라 조선산업이 LNG선이나 해상 시추시설 등 고부가가치 제품에서 여전히 앞서 있긴 하지만 해상풍력에 관심을 기울이는 건 옳은 선택이라고 봐.

　수직형은 주로 소형발전기야. 우리나라는 100kW 이하를 소형풍력발전기로 분류해. 주거용으로는 1~10kW급이 쓰이며, 10kW 이상은 상업이나 산업용이야. 요즘은 가로등에 태양광발전과 통합용으로 설치한 것이 심심찮게 눈에 띄는데, 아마 전기에 제값을 내는 때가 되면 다들 집에 하나씩 달고 살게 될 거야.

250

현대중공업이 2014년 2월 제주 김녕에 설치한 5.5MW급 해상풍력발전기 시제품

삼성중공업이 2012년 싱가포르 선사에 인도한 해상풍력발전기 설치선

재생가능에너지 시대가 열리다

태양광발전

지구에서 태양광을 에너지로 활용한 존재는 인류가 처음이 아니야. 우리의 선배는 식물이지. 식물은 광합성을 통해 태양에너지를 화학에너지로 바꾸어 탄수화물을 만들었어. 식물이 화학에너지로 변환하는 태양에너지는 받는 것의 약 3~6% 정도래. 그렇게 만들어진 탄수화물로 번창한 식물이 지구를 뒤덮고 땅에 묻혀 고온과 고압에 의해 탄화수소로 압축돼 산업시대의 인류에게 화석연료라는 선물을 준 거였지. 그런데 화석연료의 한계를 알게 된 인간은 이제 태양에너지를 직접 새로운 에너지로 변환하는 두 번째 생명체가 됐어.

1839년 프랑스의 과학자 에드몽 베크렐은 햇빛을 받은 전도 용액에서 하전입자가 방출되는 광전효과를 처음으로 관찰했어. 1873년 영국의 윌러비 스미스는 셀레늄이 광전도성 물질임을 발견했으며, 1880년대 찰스 프리츠는 셀레늄과 철판으로 1~2% 변환 효율을 갖는 태양전지를 최초로 조립했대.

한편 1918년 폴란드의 과학자 초크랄스키는 고순도 단결정실리콘을 제조할 수 있는 방법을 개발하여 태양전지의 실현에 한 발 다가섰어. 1954년 미국의 벨연구소가 효율 4.5~6%의 실리콘 태양전지를 개발했는데, 이 전지는 상용화되어 1958년 호프만 전자에서 생산한 9% 변환 효율의 태양전지가 인공위성 뱅가드 1호에 장착돼.

당초 미 해군에서는 인공위성에 화학전지만 사용하려고 했대. 태

에너지 전환 시대의 논리

양전지의 제조가격이 너무 비쌌기 때문이지. 하지만 한스 지글러 박사는 화학전지가 며칠만에 닳아버려 수백만 달러를 들인 인공위성이 무용지물이 될 것이라며 태양전지만이 수년간 버틸 수 있다고 해군을 설득했어. 결국 뱅가드 1호는 화학전지를 주전원으로 하고 실리콘 태양전지를 보조전원으로 채택했어. 그런데 발사 후 1주일여 만에 화학전지는 떨어지고 그 뒤 태양전지를 이용하여 수년간 지구와 통신할 수 있었대.

이렇게 되자 미국과 소련의 우주개발 분야에서는 태양전지의 효율 향상과 용량 확대를 위한 연구를 촉진하여, 1960년대 말이 되면 태양전지가 인공위성의 주에너지원으로 자리를 잡게 돼.

태양전지 개발은 인공위성의 덕이 컸다. 지구 궤도 돌 때는 태양에너지가 최고!

우주선을 띄우거나 지구로 귀환할 때는 지구의 중력을 벗어나거나 완화하기 위해 큰 힘을 내는 로켓이 필요해. 이 로켓을 추진하기 위해서는 상당한 동력이 있어야 하는데 아직까지는 화석연료에 의존할 수밖에 없어. 현재 추진 로켓에는 등유의 일종이 사용돼. 하지만 크기의 제한을 받는 우주선이 무한정 화석연료를 싣고 다닐 수는 없잖아. 중력권을 벗어나 우주에서 비행하거나 궤도 운행을 할 때는 손쉽게 얻을 수 있는 태양에너지가 제격이지.

소규모 분산형 에너지원으로 자리 잡은 태양광 발전

대체에너지에 대한 관심을 촉발한 1973년의 1차 석유파동은 태양광발전 연구를 우주에서 지구로 끌어내리고 투자를 촉진해. 태양전지의 효율이 높아지고 생산비도 낮아져 전력망에 연결돼 있지 않은 오지의 통신시설이나 등대, 해상의 부표, 철길 건널목 등에 설치되기 시작했지. 1970년대 미국의 해안경비대에서는 등대와 해상 표식물의 전원으로 태양전지를 활용했는데, 전선 설치 등의 비용을 절감함으로써 기존의 전력망에 연결하는 것보다 장기적으로 유리한 전력원임을 입증했어. 조지아 주의 렉스에서 외딴 곳의 철길 신호등에 태양전지를 설치한 것은 1974년의 일이야. 1970년대 말 오스트레일리아의 통신 회사는 오지 주민들의 통신 환경 향상을 위해 태양전지를 이용하는 중계탑을 설치해.

한편 프랑스에서는 태양전지로 물을 퍼올리는 연구가 진행됐어. 마침 말리 정부로부터 큰 가뭄으로 고통받는 사하라사막 인근 주민들을 위해 깊은 우물을 개발하도록 의뢰를 받은 베르스피렌 신부가 코르시카 섬에 설치된 시험 시설을 견학해. 베르스피렌 신부는 전력을 공급받지 못하지만 뙤약볕은 세계 최고라고 할 수 있는 말리 농촌 지역엔 태양전지야말로 적합한 전력원임을 확신하게 됐어. 결국 1970년대 말부터 말리에서 태양광 급수 프로그램을 시작해 10여 곳에 태양전지에 의해 작동되는 펌프를 설치했어. 말리에서 거둔 성공은 다른 개발도상국으로 확대되어 지금은 전 세계에 수만 개의 태양광 펌프가 보급됐지.

이것은 아프리카를 비롯한 개발도상국가의 전기보급 사업에도 획기적인 전환점이 됐어. 중앙집중화된 발전소와 송전망에 의한 서구식 전력화사업은 막대한 비용을 필요로 해. 하지만 멀리 떨어진 지방에 태양광발전 시설을 설치하는 것은 비용을 절감해주지. 1983년에 타히티 제도는 절반 이상의 가구가 태양광발전에 의존하게 됐어. 케냐에서는 국가 전력망보다 태양광발전을 사용하는 지역 주민들이 더 많대. 멕시코와 중앙아메리카, 서인도제도에서도 10만여 가구가 태양광발전으로 조명을 밝히고, 가전제품을 사용하고 있지.

선진국의 전력공급 체계는 중앙집중식 공급망과 대용량 발전소가 특징이야. 석탄화력발전소나 원자력발전소는 설비나 열효율에 있어 규모의 경제가 실현되는 곳이거든. 또한 환경에 대한 영향 때문에 소비지에서 떨어진 곳에 대형 발전소를 세우고 고압송전을 통해 소비지로 연결하지. 따라서 전국토 단위로 발전소와 소비자를 연결하는 중앙공급식 전력망을 근간으로 발전해왔어.

풍력이나 태양광같이 새로운 대체 전력원으로 등장한 재생가능에너지를 대하는 기존 전력업계의 시각은 이 틀을 벗어나지 못했어. 그들은 대규모의 풍력발전단지나 태양열 또는 태양광발전시설을 요구했지. 1980년대 중반 광대한 유휴 토지가 있는 미국 캘리포니아 주는 1MW 용량의 태양광발전단지 건설에 착수해.

그런데 이에 정면으로 맞선 방식이 스위스 취리히에서 시도됐어. 1987년 스위스의 기술자 마르쿠스 릴은 3kW급 태양광 모듈을 333가구의 지붕에 설치하는 계획을 추진했지. 설치 가정에서는 지붕의 태양전지에서 생산한 전기를 조명과 가전제품에 사용하고, 남는 전기는 전력회사에 판매했어. 발전을 하지 못하는 때나 부족한 때는 전력회사로부터 공급되는 전기를 사용하고.

마르쿠스 릴의 지붕형 태양광발전은 전력공급에 대한 인식의 전환을 가져와. 그동안 발전소는 크게 짓는 것이 경제적이고, 따라서 멀리 떨어진 발전소에서 송전할 때 생기는 에너지 손실은 감수해야 한다고 생각해왔지. 그러나 지붕형 태양광발전은 발전소 건설을 위한 토지 비용이 필요 없게 됐으며, 송전 과정에서 발생하는 비용이나 에너지의 손실도 없어졌어. 즉 풍력이나 태양광 같은 재생가능에너지원에 의한 발전은 대규모 중앙집중식보다 발전과 수요가 근접한 소규모 분산형이 적합하다는 사실을 입증한 거야.

이러한 전환을 가장 먼저 받아들인 나라는 독일이야. 독일은 이미 덴마크와 함께 풍력발전으로 재생가능에너지의 새로운 가능성을 경험하고 있었지. 1987년 독일 정부는 '1000호 태양광 지원 프로

에너지 전환 시대의 논리

그램'을 시작해. 설치비의 60~70%를 무이자로 대출해줄 뿐 아니라 생산한 전기를 전력회사가 높은 가격으로 사주도록 했지. 1990년에는 '전력매입법'이 제정돼 기존 전력업체들이 재생가능에너지로 생산한 전기를 계통망에 연결해야만 하고, 생산된 전기를 소비자 판매가격의 90%로 매입하게 했어. 이 법의 혜택으로 풍력발전 보급이 빠르게 확대됐어. 하지만 아직까지 생산단가가 높은 태양광발전 보급을 촉진하기엔 미흡했지.

독일의 태양광발전은 1989년 주정부 차원에서 전기요금 조정이 가능하도록 법 개정이 이뤄진 데서 중요한 전기를 맞이해. 재생가능에너지에 의한 시민발전소를 추진하는 단체들이 주정부를 통

독일 주택의 지붕형 태양광발전. 아헨은 기준가격의무구매제로 태양광발전 보급의 길을 열었다.

해 전력업체들로 하여금 생산비를 보전할 수 있는 가격으로 매입하도록 압력을 넣은 거야. 1995년 아헨 시에서 처음 시작된 이 제도는 재생가능에너지로 생산한 전기를 20년 동안 생산비 보전 가격으로 구입하도록 했어. 전력회사는 이를 소비자가격에 부과할 수 있도록 했으며, 소비자들도 1% 정도의 전깃값을 더 내면서 깨끗한 전기를 쓰는 쪽을 받아들였지.

이러한 아헨 모델은 독일의 다른 도시들로 빠르게 확산돼 태양광 발전 보급에 기여해. 1998년 적록연정(사민당과 녹색당의 연립정부)이 형성된 뒤 연방정부는 '10만 호 태양광 프로그램'을 추진했어. 아울러 아헨에서 시작한 재생가능에너지 육성 제도를 채택하여 2000년에 '재생가능에너지법'을 제정했지.

초기 태양전지의 개발과 보급에 앞장선 나라는 미국과 일본이었어. 미국은 우주개발을 통해 태양전지 기술에서 앞서 있었고, 후발 공업국인 일본은 당시 신산업이었던 전자산업에 국력을 집중해 선진국 대열에 들어선 참이었거든. 미국과 일본은 1970~1980년대 태양전지 개발을 주도하며, 전력망이 미치지 않는 외딴 지역에 태양광 발전의 보급을 이끌었지.

그러나 석유 가격의 상승으로 생겨난 미국의 재생가능에너지 지원 제도는 1980년대 중반 이후 석유 가격이 떨어지자 힘을 잃었어. 이 때문에 미국과 일본의 태양광발전 보급은 답보 상태를 면치 못했지. 반면 에너지 자립과 반핵, 기후변화 대응이라는 차원의 시민운동에 기반을 둔 덴마크와 독일의 재생가능에너지 지원 제도는 '기준가격 의무

에너지 전환 시대의 논리

구매제도FIT: feed-in-tariff'로 정착돼 성공적인 보급 확대를 가져왔지.

태양광발전 누적 설치량에서 1위를 달리던 미국은 1997년 91.3MW를 기록한 전자산업의 강국 일본에게 선두 자리를 넘겨. 하지만 재생가능에너지 지원 제도를 완비한 독일에서 지붕형 태양광발전 설치가 급격히 늘어나면서, 마침내 독일은 2001년 누적 설치용량 186MW로 미국을 앞지르고 2005년엔 1980MW로 일본마저 제치고 선두로 나섰어. 2000년대 중반 독일의 제도를 도입한 스페인은 2008년 누적 설치용량 3463MW로 2위로 올라섰지.

이 과정에서 독일의 태양전지업체인 큐셀이 세계 1위로 올라섰으며, 일본의 샤프와 교세라, 미국의 퍼스트솔라가 뒤로 밀렸어(큐셀은 2012년 한화가 인수해). 한편 중국의 태양광발전업체들의 성장도 눈부셔. 태양광 모듈 생산에서 선텍, 잉리 등 9개의 중국 기업이 세계 15대 기업에 들어 있으며, 이들 9개사의 생산량이 전 세계 생산량의 30%를 차지해. 중국은 국내 보급 확대에도 나서 2014년 누적 설치용량이 독일에 이어 2위로 올라섰어. 풍력에서와 같이 재생가능에너지산업에서 세계 선두에 서겠다는 중국의 강한 의지를 엿볼 수 있는 대목이야.

태양광발전의 원리

태양광발전은 햇빛에서 전기를 유도해. 어떻게 이와 같은 일이 가능할까?

햇빛은 높은 온도의 태양이 열복사로 내보내는 전자기파인데,

이렇게 우주로 복사하는 에너지는 3.90×10^{33}erg(에르그)라는 엄청난 양이야. 복사된 태양에너지는 지구 대기권 밖에 1cm²당 매분 약 1.96cal 정도가 도착한대. 그리고 구름에 의한 반사나 수증기에 의한 흡수, 대기에 의한 산란 등으로 에너지가 손실되고, 지표면에는 1cm²당 매분 약 1cal의 복사에너지를 전달해. 이것을 와트로 환산하면 1m²당 700W에 해당한대.

그런데 어떤 물체는 햇빛을 받았을 때 전자가 분리되는 현상을 보여. 이것이 1839년 에드몽 베크렐이 처음 관찰한 광전현상이야. 특히 어떤 반도체에 빛을 쬐면 그 부분의 전자가 분리돼 빛을 쪼인 부분과 쪼이지 않은 부분 사이에 전위차가 생기는데 이를 광전효과 중에서도 광기전력효과라고 해. 전위차가 있는 곳을 선으로 연결하면 전류가 흐르는데 이렇게 광기전력효과를 이용해 햇빛의 에너지를 전기에너지로 변환하는 것이 바로 태양광발전이야.

태양광발전 시스템의 핵심 부품은 태양전지solar cell야. 태양전지는 햇빛을 받았을 때 전자를 내놓는 p형 반도체와 정공(전자의 빈자리)을 내는 n형 반도체를 붙여서 만들어. 그리고 양쪽에 금속으로 된 전극을 대. 태양전지가 햇빛을 받으면 전자와 정공 쌍이 생성되는데 전자와 정공은 p-n 접합부에 존재하는 전기장의 영향으로 서로 반대 방향으로 흘러가 전극 주위에 모여. 이때 양쪽 전극을 전선으로 연결하면 전기가 흐르는 거야.

약 15cm 정도의 정사각형 모양의 태양전지 하나는 보통 0.5~0.6V의 낮은 전압을 만들어내므로, 수 볼트에서 수십 볼트의 전압을

에너지 전환 시대의 논리

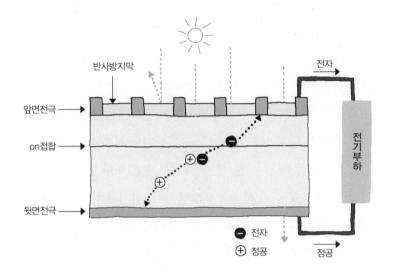

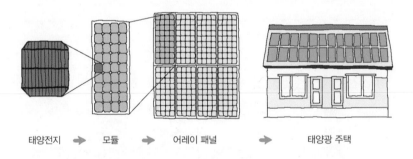

태양전지 ➡ 모듈 ➡ 어레이 패널 ➡ 태양광 주택

햇빛의 에너지가 반도체의 전자를 들뜨게 해서 이동하게 하는 게 태양광발전의 원리다.

넬 수 있도록 여러 장의 태양전지를 직렬로 연결해 패널 형태로 만든 것을 태양광 모듈이라고 해. 지붕형 태양광발전 시스템에서 슬레이트 한 장이 이 모듈이라고 보면 돼. 그리고 이 모듈을 여러 장 직·

병렬로 연결하여 원하는 용량을 낼 수 있도록 만든 것이 어레이야.

태양전지가 만들어내는 전기는 직류야. 직류를 사용하는 기기에는 바로 연결할 수 있지만, 우리가 보통 사용하는 교류로 바꾸기 위해서는 전력변환장치(인버터)를 달아야 해. 이를 통해 직류전기를 상용주파수와 전압을 갖는 교류로 변환하여 전력계통에 연결해.

계통 연계가 되지 않은 경우에는 축전장치도 필요해. 사용하는 양 이상으로 발전할 때 남는 전기를 저축했다가, 밤이나 날씨가 좋지 않아 발전을 하지 못할 때 사용하기 위해서야. 전기자동차가 보편화될 경우에는 가정의 전기자동차를 축전 장비로 활용할 수도 있어.

현재 가장 많이 보급된 태양전지는 결정질 규소(실리콘)로 만든

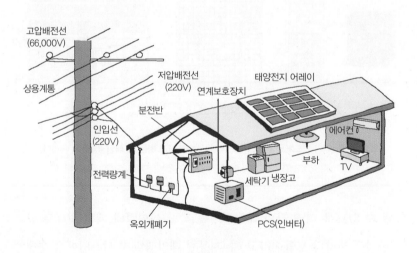

태양광발전 계통도

에너지 전환 시대의 논리

1세대 태양전지야. 규소는 대표적인 반도체로 태양전지는 물론 전자산업의 핵심 기초 소재이지. 분자의 결정 구조에 따라 단결정과 다결정, 비정질 규소로 분류되는데 효율이 높은 단결정 규소가 가장 많이 쓰여. 효율은 떨어지지만 생산비가 낮아 경제성이 있는 다결정 규소 태양전지도 어느 정도 시장을 점유하고 있고, 비정질 규소는 아주 얇은 박막형 태양전지 제조에 사용돼.

태양전지는 실리콘 외에 구리나 인듐, 갈륨, 비소 등의 화합물로 만든 반도체로 제조하기도 해. 화합물 반도체 태양전지는 규소반도체보다 효율을 높일 수 있어 현재는 우주용으로 사용되고 있지만 카드뮴−텔루라이드CdTe 박막처럼 생산비를 낮추어 지상용 시장에 진입한 제품도 있어. 이밖에 반도체가 아닌 염료감응 태양전지나 유기물 분자형 태양전지도 개발되고 있지.

태양전지는 소재에 의해 구분하기도 하지만 광변환 효율 향상을 위한 메커니즘에 따라 세대 구분을 하기도 해. 1세대 태양전지는 단일접합 구조로 되어 있어. 결정질 규소태양전지가 대표적인데, 빛을 이루는 전체 파장 중에서 흡수할 수 있는 대역이 좁아 이론적 변환효율이 32% 미만이야. 2013년 말 기준으로 가장 높은 효율을 보인 태양전지는 호주의 뉴사우스웨일즈 대학 연구소에서 개발한 PERL형으로 24% 이상의 효율을 기록했으며, 상용화된 단결정 규소태양전지 중에는 22%가 최고 효율이야.

2세대 태양전지는 빛 흡수를 극대화하기 위해 적층 구조를 가져. 광 흡수 대역이 서로 다른 단일 접합 태양전지 2~4개를 겹침으로써 광 흡수 대역을 넓히는 거지. 이를 가능하게 한 것은 박막 증착 장비의 발달이야. 비정질 규소나 화합물로 μm(마이크로미터) 수준의 박막 태양전지를 만들 수 있게 되어 2층, 3층으로 박막 태양전지를 쌓아도 빛을 흡수할 수 있게 된 거지. 갈륨, 비소, 인듐 등의 화합물 박막 태양전지는 적층 구조를 통해 연구 과정에서 40% 이상의 효율을 얻은 바 있으며, 이론적으로는 최대 50%의 효율을 낼 수 있을 것으로 예상돼. 현재 적층형 화합물 태양전지는 제조 단가가 매우 높아 인공위성과 같은 특수 용도에 사용되고 있지만 높은 효율로 인해 연구개발이 활발해.

3세대 태양전지가 이전 태양전지와 구별되는 특징은 열로 손실되는 빛 에너지의 활용에 있어. 전자와 정공의 생성을 광자의 수에만 의존하는 것이 아니라 광자가 가진 높은 에너지를 최대한 흡수함으로써 생성되는 전자-정공의 쌍을 늘리는 방법이지. 다중 여기자 생성MEG 태양전지가 대표적인 사례인데, 아직은 이론적 가능성만을 보이고 있는 상태야. 이 밖에 태양전지의 효율을 높이기 위해 렌즈나 반사경 등을 통해 집광하는 방식들도 개발되고 있어. 2~10배의 빛을 모으는 저집광에서부터 100배 이상의 고집광까지 시도되고 있으며, 일사량을 극대화하기 위해 태양 추적 시스템과 같이 설치하기도 해.

에너지 전환 시대의 논리

태양열

햇볕이라는 열복사파를 받은 물체는 원자 내부에 있는 전자의 에너지 준위가 바뀌면서 온도가 올라가. 햇볕을 받은 우리 몸이 따뜻해지는 건 이런 이유 때문이래.

복사파 그 자체로 열에너지를 받을 수 있으므로 햇볕을 직접 받음으로써 태양열을 이용할 수 있어. 창문을 통해 들어온 햇볕은 실내 온도를 높여주는데, 이렇게 창을 통해 햇볕을 직접 실내로 끌어들이는 것을 직접획득 방식이라고 해.

햇볕을 받아 열을 내되 실내로 끌어들이지 않고 햇볕이 비치는 면에 축열벽을 두어 이것이 얻은 열로 실내 난방을 하는 간접획득방식도 있어. 축열벽은 유리창 안에 흙이나 돌, 유리병 등으로 두터운 벽을 만들어 햇볕을 받아 실내로 열을 방출하는 거지. 이 두 방식은 모두 햇볕의 열에너지를 그대로 이용하는 자연형 태양열 시스템이야.

이에 비해 설비형 태양열 시스템은 집열기를 이용하여 태양복사 에너지를 열에너지로 변환해 이것을 직접 이용하거나 별도의 축열 장치에 저장했다가 필요할 때 사용하는 시스템이야. 설비형 태양열 시스템은 일반적으로 태양열을 집열하는 집열기, 집열된 열을 저장하는 축열조, 태양열이 없거나 부족할 경우 열을 공급하는 보조열원 장치(보일러), 이용부와 이를 제어하는 제어장치로 구성돼.

지금은 태양열을 직접 난방에 이용할 뿐 아니라 모은 태양열로 전기를 생산하기도 해. 초기에는 증기터빈을 이용한 태양열발전이

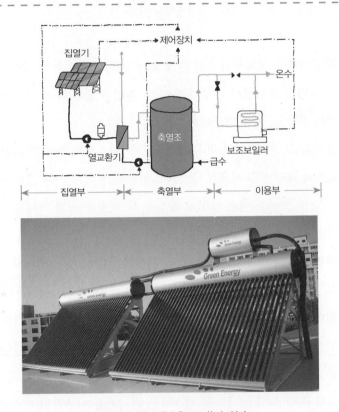

태양열을 난방과 온수용으로 쓸 수 있다.

많았어. 고온의 집열장치에서 증기를 만들어 터빈을 돌리고 복수기를 통해 순환하는 방식이야. 접시형 발전기에는 엔진 내부의 온도차를 이용하는 스털링 엔진이 장착되는데, 증기를 만드는 과정이 생략되므로 에너지 효율이 높아. 탑형 집열기의 경우엔 증기터빈을 사용하기도 하지만, 집열부의 온도차를 이용해 공기의 흐름을 만들

에너지 전환 시대의 논리

고 이를 이용해 터빈을 돌리는 방식도 활용되고 있어. 하지만 태양열발전은 우리나라에서는 좀 무리야.

　태양열은 따뜻하다는 이미지 때문에 냉방에도 사용된다고는 미처 생각하지 못하는 사람이 많아. 하지만 냉방도 에너지를 사용하는 과정이므로 태양열을 이용해서 할 수 있어. 일반 냉방기는 압축기를 이용해서 냉매를 압축했다가 팽창할 때 냉매가 증발하면서 열을 빼앗아가잖아? 태양열은 압축기를 사용하는 대신 거의 진공에 가까운 상태로 유지되는 장치를 이용해. 이 장치에 물이 들어가면 곧바로 팽창해 수증기가 되면서 열을 가져가. 이렇게 생긴 수증기

미국 캘리포니아 주 바스토우에 있는 태양열발전소.
주위의 반사경이 탑 위로 햇볕을 모아 열로 증기를 만들어 터빈을 돌린다.

를 계속 없애주어야 기능이 유지되는데, 브롬화리튬으로 수중기를 흡수하고 이 브롬화리튬용액에서 물을 증발시킬 때 태양열을 이용하는 거야. 증발된 수중기는 응축기를 거쳐 진공상태의 장치로 다시 주입되는 순환이 이루어져. 이와 같은 흡수식 태양열 냉방장치가 독일 의회에 설치돼 있대.

최근에는 실리카겔을 이용해 수중기를 흡수하여 공기를 고온건조하게 한 뒤, 물방울을 분사하여 증발시킴으로써 온도를 내리는 흡착식 냉방장치에 대한 연구도 활발해. 태양열은 실리카겔의 흡착력을 유지하도록 뜨거운 열기를 불어넣는 데 사용하는 거지. 흡착식은 소형에도 적합하며 보다 흡착력이 강한 제올라이트를 사용할 경

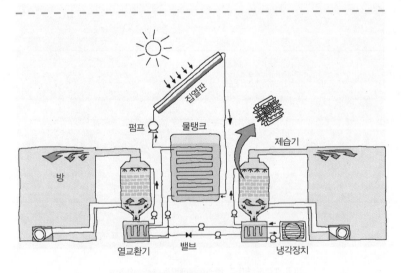

햇볕으로 냉방도 할 수 있다.

에너지 전환 시대의 논리

우 냉장고에도 적용할 수 있대.

지열

———

지열에너지도 태양열에너지만큼이나 오랫동안 인류와 함께했어. 처음 지열을 이용한 사례는 온천에서 나타나. 고대 그리스 로마에서는 귀족들이 온천욕을 즐겼다고 하며, 우리나라도 신라 시대부터 온천에 대한 기록이 등장해. 대부분의 온천은 화산활동과 관련이 있어. 땅속의 마그마가 식으면서 생성된 수증기가 암반층을 뚫고 나오면서 응결해 뜨거운 온천수로 용출돼. 하지만 우리나라의 온천은 화산활동보다는 중생대 화강암층에서 주로 발견된대.

온천이 아니더라도 땅속으로 들어갈수록 점점 온도가 올라가. 현재의 시추 기술로 파내려갈 수 있는 깊이인 10km까지는 1km를 내려갈 때마다 평균 25~30℃가 높아진대. 더 내려가 30km 이하에 있는 맨틀에 이르면 뜨거운 액체 상태인 용암이 되고.

이런 지열은 어디서 온 걸까?

지각과 맨틀을 이루는 물질 중엔 우라늄U238, U236과 토륨Th232, 칼륨K40 등 방사성동위원소들이 있어 이들이 자연 붕괴하면서 열을 내. 지구의 핵에서는 중력에너지에 의해 발생한 열도 방출되고 있지만, 방사성물질의 붕괴열에 비해 아주 적은 양이래. 그러니 사실상 지열의 대부분은 지각과 맨틀에 있는 방사성물질에 의한 거야.

온천은 중세 십자군 전쟁 이후 유럽으로도 퍼졌어. 지금도 온천은 가장 손쉽고 인기 있는 지열 활용 방법의 하나야. 하지만 근대적 의미의 지열에너지 이용은 20세기 초 지열발전에서 찾을 수 있어. 1904년 이탈리아의 라데렐로 지역에서 지열 증기를 이용한 발전이 처음으로 이뤄졌어. 이 지열발전소는 1913년 상업적인 발전을 시작했는데 현재 543MW의 발전용량을 갖추고 있대.

그 후 지열발전소는 1919년 일본의 벳푸, 1958년 미국의 캘리포니아, 1959년엔 멕시코 등지로 퍼져나갔어. 2012년 기준으로 전 세계 24개 국가에서 약 11.2GW의 용량과 연간 70.1TWh의 발전을 하고 있지.

일본의 지열발전소. 화산지대에서는 온천뿐 아니라 발전도 가능하다.

에너지 전환 시대의 논리

지열발전은 다른 재생가능에너지원에 비해 안정적인 운영이 가능해. 필리핀의 경우 전체 전력에서 지열발전 설비량 비율이 12.7%인데 생산량은 19.1%를 차지해. 미국도 설비량은 0.3%인데 비해 생산량은 0.5%로 높은 편이지. 태양에너지나 풍력 등 다른 재생가능에너지가 기후의 영향을 받아 안정적인 발전어 어려운 데 비해 지열발전은 환경 요소의 영향에서 자유롭기 때문이야. 실제 지열발전소의 평균 가동률은 90%를 넘는대.

지열발전이 중·고온의 지열을 이용해 전기를 만들어 사용하는 간접이용 기술이라면, 건물의 난방이나 급탕에 중·저온의 지열을 이용하는 건 직접이용 기술이야. 지열에너지의 직접이용 기술은 그 밖에도 설탕제조 공정 등의 산업, 시설원예 등의 농업, 양식업 등 다양한 분야에서 활용되고 있어.

30~150℃의 중온수는 사용자에게 직접 공급할 수 있으며 열펌프나 냉동기와 같은 에너지 변환기기의 열원으로 활용할 수도 있어. 하지만 지열 열펌프를 제외한 나머지 기술들은 중온수가 풍부한 지역에서 가능하기 때문에 지리적 제약을 받지. 그에 비해 지열 열펌프 시스템은 저온(10~30℃)의 지열에너지를 활용하므로 지리적 제약 없이 적용할 수 있어.

현재 직접이용 기술 중 가장 큰 부분을 차지하는 건 지열 열펌프 시스템이야. 열펌프란 저온의 열원으로부터 열을 흡수해 고온의 열원으로 열을 전달하는 장치로 냉장고나 냉방기가 바로 열펌프야. 열펌프는 반대로 작동할 경우 난방용으로 사용할 수도 있으므로 냉

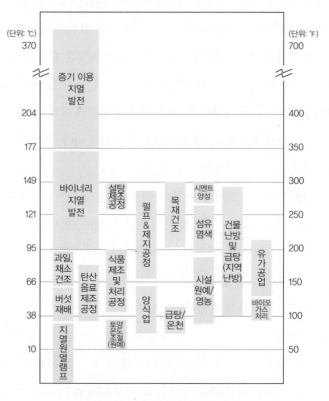

지중 온도에 따른 지열에너지 활용 기술

방에 한정하지 않고 열을 이동시키는 장치의 총칭으로 사용되고 있어. 따라서 지열 열펌프란 지열을 이용하여 냉난방을 하는 시스템이라고 이해하면 돼.

지열 열펌프는 사용하는 열원에 따라 토양열원 열펌프와 지하수열원 열펌프, 지표수열원 열펌프, 하이브리드 지열 열펌프 등이 있

에너지 전환 시대의 논리

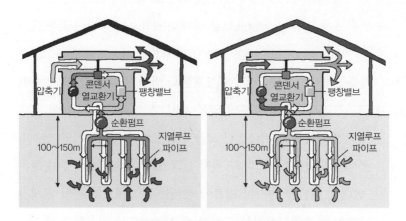

압축기　콘덴서　팽창밸브
　　　　열교환기

순환펌프

지열루프
파이프

100~150m

압축기　콘덴서　팽창밸브
　　　　열교환기

순환펌프

지열루프
파이프

100~150m

지열 열펌프의 흐름을 바꾸면 냉방과 난방을 모두 할 수 있다.

는데, 현재 주로 사용되는 것은 토양열원 열펌프이므로 이를 기준으로 살펴보자.

지열 열펌프는 열펌프 유닛이 지열수 순환 루프로 이루어진 지중열교환기와 접촉하도록 설치하여, 열펌프 유니트의 냉매와 지열수가 서로 열교환을 해. 지중열교환기는 땅속에 묻은 폴리에틸렌 관인데, 여기에 물을 흐르게 하면 지하 토양의 열에너지와 교환이 이루어져서 수온이 땅속 온도와 같아져. 보통 열펌프 유니트와 접촉하는 지중열교환기의 수온은 10~30℃를 유지한대.

지중열교환기와 열펌프 유니트가 접촉하는 곳에서는 지중열교환기의 관 내부를 열펌프 유니트의 냉매관이 지나도록 설치해. 이곳을 지나며 냉매가 저온의 액체일 경우에는 지열을 받아 기화하고, 고온의 기체일 경우에는 지열수에 열을 내주고 액체가 되는 거지. 지열수의 온도가 그리 높지 않으므로 냉매로는 암모니아 같이 끓는점(액체에서 기체로 되는 온도)이 영하 40~0℃ 정도인 물질을 사용하고.

겨울철 난방을 하는 경우에는 저온의 액체 냉매가 지중열교환기와 교차하면서 지열수로부터 열에너지를 받아 기체가 돼. 이 기체는 이어진 압축기를 지나면서 고온고압이 되어 실내공기와 접촉하는 곳에서 열을 내주고 다시 액체 상태가 되어 열교환기로 순회하지. 반대로 여름철 냉방이 필요할 때에는 지상에서 고온의 기체가 된 냉매가 지중열교환기와 교차할 때 상대적으로 저온인 지열수에게 열을 내주고 액체 상태로 돼. 이 액체 상태의 냉매가 실내공기와 접촉하는 곳에서 기화하면서 공기의 열에너지를 흡수하고, 기화된 냉매는 열교환기를 지나면서 다시 액체 상태로 돼. 급탕이 필요한 경우에는 냉난방 시 항상 냉매가 고온고압의 기체 상태인 압축기 다음에 온수기를 설치하여 물을 가열해.

이와 같이 지열 열펌프는 저온 지열수를 사용하므로 지역적 제한을 받지 않고 설치할 수 있어. 지열발전이 미국, 필리핀, 멕시코, 인도네시아 등 화산대나 지진대 부근의 8개 국가에 의해 90%가 이루어지는 데 비해, 지열에너지의 직접 이용은 각국에 고루 퍼져 있지.

미국과 스웨덴, 독일 등 유럽국가, 중국 등이 열펌프 보급 시장을 주도하고 있는데, 설치 용량에서는 미국이 세계 1위이지만 사용량에서는 중국이 1위를 차지하고 있어. 미국은 냉방 수요가 많아 가동률이 떨어지는 데 비해 중국은 지역난방과 온실 농업 등에 활용함으

에너지 전환 시대의 논리

로써 실제 사용량에서 미국을 앞선대.

우리나라는 공공기관 설치의무화제도와 일반보급보조사업에 힘입어 2005년 이후 설치량이 크게 늘었어. 2009년 기준 정부 지원 사업으로 설치된 용량이 총 334MWth(메가와트 서멀 히트)이며 민간시장도 형성되고 있어. 하지만 2012년 기준 우리나라의 지열에너지 생산량은 6만 5277toe(석유환산톤)으로 기술적 잠재량 233.8Mtoe의 0.027%밖에 활용하지 않아.

가정 부문에서 냉난방과 급탕용의 에너지 소비비율은 74.9%, 상업공공 부문에서 60.0%, 대형건물은 55.6%에 이른대(2010년 기준). 제조업의 경우에는 보일러용으로 21.3%의 에너지를 소비하고 말이야. 현재 이 에너지를 공급하는 것은 주로 천연가스와 석유, 전력인데 지열 열펌프를 통해 지열에너지를 공급할 경우 상당한 양의 에너지 수입을 줄일 수 있음은 물로 화석연료 사용으로 인한 이산화탄소의 배출도 감축할 수 있어.

수력과 소수력

우리나라에서 물레방아를 실제로 사용한 건 언제까지일까? 놀라지 마. 1960년대 전기가 들어오지 않는 농촌 지역에선 추수한 벼를 말려 물레방앗간으로 싣고 갔어. 보리며 밀도 마찬가지였지. 개울가에 있는 물레방앗간이 사철 돌아가며 동네의 곡식을 빻았어.

인류가 물의 힘을 동력으로 이용하기 시작한 건 2000년 전의 일이래. 흐르는 물에 뗏목을 띄운 것은 더 오래 전의 일이지만, 물이 떨어질 때의 힘을 이용해 맷돌을 돌려 곡식을 빻는 물레방아가 기록에 나타나는 건 그 무렵의 일이야. 물레방아는 세계적으로 널리 퍼져나가 중세에는 광산의 배수나 권양기의 동력으로 응용됐으며, 대장간에서는 바람을 불어넣는 풀무를 돌리는 데 사용되기도 했지.

증기기관의 발명으로 기계의 동력원 자리를 화석연료 연소 기관이 차지하게 됐지만, 한편에서는 수력을 동력원으로 이용하려는 노력도 계속됐지. 최초의 근대식 수차는 프랜시스 수차야. 미국 매사추세츠 주 로웰의 한 기관차 제작사 기사장이었던 제임스 프랜시스는 1851년 반동수력터빈을 설계해 로웰의 제분소에 설치했어. 이어

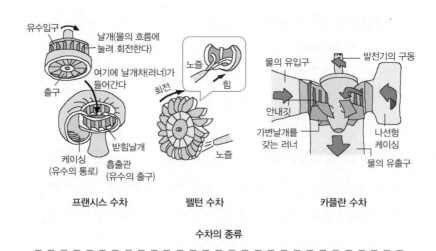

프랜시스 수차　　　펠턴 수차　　　카플란 수차

수차의 종류

　　　　　　　에너지 전환 시대의 논리

1870년 미국의 펠턴은 낙차가 큰 곳에서 유리한 충동식 수차인 펠턴 수차를 개발했지.

19세기 전기의 발명은 수력의 활동 범위를 넓히는 계기가 됐어. 1878년 영국의 윌리엄 조지 암스트롱은 최초의 수력발전기를 설치해 그의 미술관을 밝히는 전등에 전력을 공급했대. 1881년 미국의 나이아가라폭포에는 암스트롱 것보다 규모가 큰 숄코프발전소 1호기가 건설되어 1904년까지 가동됐어. 에디슨의 전구가 가스등을 대체하던 1882년 에디슨전기회사는 세계 최초의 상업용 수력발전소를 위스콘신 주 애플리톤의 폭스 강변에 세웠지. 12.5kW를 출력하는 이 발전소는 인근 공장과 주택의 전등에 불을 밝혔어.

이후 1886년까지 미국과 캐나다에는 모두 45개의 수력발전기가 설치됐고, 1889년에는 미국에만 200개가 넘었어. 1892년에는 일본의 교토시영발전소가 비파호의 물을 이용하여 직류 발전을 시작했대.

전기의 확대와 함께 수력발전도 세계 여러 나라로 확산됐어. 대공황 시기 미국에서는 대규모 수력발전소 건설이 경기회복을 위한 정책으로 채택되기도 했지. 제2차 세계대전 이후 건설이 용이하고 초기 투자비용도 적게 드는 석탄 화력발전소에 밀려 주력 발전소의 자리를 내주기는 했지만, 지리적 조건에 따라서는 수력이 유용한 발전 방식으로 활용돼. 2009년 기준 전체 발전량에서 수력발전이 차지하는 비중이 노르웨이 98.2%, 브라질 85.5%, 베네수엘라 69.2%, 캐나다 61.1%일 정도로 수력이 풍부한 일부 국가들은 수력발전에 크게 의존하고 있지.

로버트 모제스 나이아가라 수력발전소

수력발전은 재생가능한 에너지일 뿐 아니라 지열발전과 같이 시간적 제한을 받지 않고 발전이 가능해. 또한 발전 방식 중에서 전력수요량의 변화에 가장 민첩하게 대응할 수 있는 명실상부한 5분대기조야. 우리나라의 경우 수력발전은 최대전력수요 시간대에 주파수 조절을 담당함으로써 전력계통의 안정에 기여한대.

반면 초기 설비투자비용이 많이 들어가고, 환경을 변화시키는 게 수력발전의 단점이야. 특히 댐 건설로 상류에 광범위한 수몰지구가 발생하고 수생 생태계에 단절과 변화를 초래함으로써 수력발전소

에너지 전환 시대의 논리

건설 시 사회적 합의 과정의 중요성이 강조되고 있지. 이에 따라 큰 댐을 필요로 하는 대수력은 재생가능에너지의 범주에서 제외하고, 10MW 이하의 소수력만을 재생가능에너지로 간주하는 것이 세계적 추세야.

소수력은 단순히 출력만으로 나뉘는 개념은 아니야. 환경에 큰 영향을 미치는 대규모 댐의 건설을 필요로 하지 않는 방식, 즉 하천이나 저수지, 하수처리장 등 일정하게 물이 흐르는 곳에서 고성능의 저낙차 수력발전기를 이용해 발전하는 방식을 의미해. 출력은 결과적으로 나타나는 것이고 환경 영향을 최소화하면서 수력에너지의 최대 이용을 꾀하는 것이 소수력발전의 목표야.

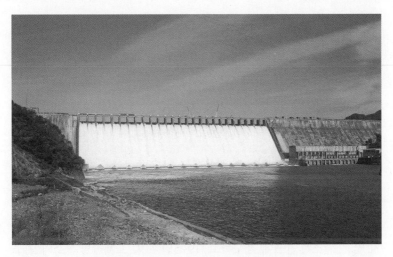

압록강 수풍발전소. 생산한 전기는 북한과 중국이 반씩 나눈다.

재생가능에너지 시대가 열리다

우리나라에 세워진 최초의 수력발전소는 1905년 동양금광회사가 자가용으로 건설한 550kW 용량의 평북 운산수력발전소야. 이어 1912년에 원산수력전기(주)에 의해 86kW 용량의 사업용 수력발전소가 세워졌어. MW급의 대수력발전소는 1929년 함경도 부전강 수력발전소를 시작으로 1943년 압록강의 수풍발전소, 1945년 섬진강의 칠보수력발전소까지 해방 이전에 10기가 건설됐지.

해방 당시 우리나라의 발전용량은 수력 1586MW, 화력 171MW로 북한이 남한의 약 8배의 설비를 보유하고 있었어. 1948년 북한이 남한으로 송전을 중지하고, 전쟁 후 복구 시기를 거치면서 1960년까지 수력발전은 기저부하로 전력 공급의 중심 역할을 차지했지. 1960년대는 늘어난 화력발전이 기저부하를 맡으면서 수력은 중간부하를 담당했어.

산업화가 본궤도에 오르고 도시화가 진전한 1970년대는 기저부하와 중간부하를 모두 화력발전이 담당하고 수력은 기동력의 장점을 살려 첨두부하를 맡게 돼. 1980년대 이후에는 원자력발전이 기저부하 전력 공급을 맡고 수력은 최대전력수요 시간대에 주파수 조절 등 전기품질 향상과 전력계통을 안정화하는 역할을 맡아. 또한 흘러내린 물을 다시 퍼올려 사용하는 양수발전을 통해 소비량 이상으로 발전이 이루어질 때 여유전력을 회수하는 역할도 담당해.

우리나라는 1차 석유파동의 영향으로 1974년에 소수력 개발 입지 및 자원조사연구에 착수하고, 1975년 시범 소계곡발전소의 연구 조사 및 설계를 수행했어. 이를 바탕으로 1978년 강원도 횡성군에

에너지 전환 시대의 논리

안홍소수력발전소가 설비용량 450kW로 건설돼 소수력발전의 문을 열었지.

1982년에는 소수력 개발 활성화 방안을 수립하여 민간자본에 의한 소수력발전을 유도하고, 1984년까지 국내에서 소수력발전이 가능한 유망 후보지의 자원을 실측했어. 이에 힘입어 1986년 한국수력발전(주)이 한탄강에 건설한 1485kW 용량의 포천발전소를 시작으로 1999년 성주발전소까지 15개소에 민간 소수력발전소가 세워져.

하지만 2000년 이후에는 민간자본의 참여가 부진한 가운데 지방자치단체와 정부투자기관 등 공공기관에 의해 소수력발전 개발이 추진돼. 민간자본의 참여가 줄어든 이유는 일반 하천에 소규모 댐이나 보를 건설하는 데 대해 환경 파괴를 우려한 주민들의 반발이 커졌기 때문이야.

대신 농업용 저수지나 다목적용 소규모 댐을 비롯해 정수장이나 하수처리장 등의 용수를 활용하는 소수력발전이 해당 공공기관들에 의해 추진됐어. 아산, 천안, 진해 등지의 하수처리장에 소수력발전설비가 설치되고, 성남, 안동, 장흥 정수장에는 취수장에서 정수장으로 보내는 물의 위치에너지를 이용한 소수력발전소가 세워져. 서귀포의 남제주 화력발전소는 방류수를 이용해 소수력발전소를 운용하고 있어. 2010년 기준으로 총 61개소의 소수력발전소 중 한국농어촌공사가 9개소, 지자체가 6개소를 운영하고 있는 것은 이런 추세가 반영된 결과야.

한편 2008년부터 이명박 정부가 추진한 '4대강 살리기 사업'으로

제주도 구좌읍의 양식장 배출수를 이용한 행원 소수력발전소 조감도

16개소의 소수력발전소가 건설됐어. 당초 계획엔 소수력발전소가 없었는데, 준설과 보의 건설 등이 상당히 진행된 2009년 8월에서야 국토해양부는 16개의 보에 2개씩 소수력발전 시설을 갖추겠다고 발표해. 최종적으로 정부는 4대강 16개 보에 총 41기의 소수력발전기를 설치했어. 보마다 400~2500kW로 전체 용량은 50MW야.

소수력발전이 4대강 살리기 사업에 추가된 것은 환경 파괴에 대한 우려와 사업 효과에 대한 회의가 확산된 데 따른 대응의 일환이었어. 정부는 소수력발전으로 보의 건설 목적을 강화하고, 재생가능에너지원의 사용으로 온실가스 감축에 기여하는 녹색성장이라고 홍보했지. 그러나 청정개발체제CDM로 인증을 받아 탄소배출권을 획득하려던 정부의 노력은 2010년 유엔기후협약에 의해 거부됐어.

에너지 전환 시대의 논리

유엔기후변화협약의 청정개발체제 인정 기준은 환경 훼손을 고려하여 침수되는 공간의 단위면적(1m²)당 4W의 발전을 요구해. 하지만 4대강 16개 보에 의해 침수되는 공간은 6800만m²로 실제 설치용량이 기준 발전량의 4분의 1에 불과했기 때문이야.

4대강 살리기 사업의 소수력발전소 건설은 두 가지 면에서 교훈을 남겼어. 첫째, 소수력발전소를 건설할 때는 주변 환경에 대한 영향을 충분히 평가하고 해당 지역 주민들의 의견을 들어야 한다는 거야. 하지만 당초 계획에도 없던 것을 건설 과정에 포함시키면서 주민들의 의견 청취는 배제되고 환경영향평가 또한 미흡하게 이루어졌어. 그 결과 청정개발체제 인증을 받지 못함으로써 부수적인 경제적 효과도 얻지 못하는 것으로 귀결되고 말았지.

둘째, 촉박한 일정에 맞춰 사업을 진행하느라 국내 산업의 발전 기회를 박탈했다는 거야. 4대강 사업의 소수력발전소에 사용된 수차는 체코의 마벨, 오스트리아의 구글러, 독일의 안드리치 등 모두 외국 업체의 제품이야. 대규모 보 건설로 조성된 '저낙차 대유량' 발전환경에 맞는 기존 제품이 이 회사들 거였거든.

그동안 우리나라는 소수력발전시스템 개발을 위해 많은 노력을 기울여왔어. 1983년 시스템 개발 연구를 시작으로 1988년 횡류형 수차개발, 1989년 저낙차용 수차개발, 1997년 카플란 수차 국산화 개발 연구, 중·저낙차 프랜시스 수차 국산화 개발 등 정부 지원하에 국책연구기관과 민간기업이 참여하는 연구가 진행됐지. 그 결과 2000년 이후에는 카플란 수차와 튜블러 수차, 프랜시스 수차 설계

기술의 많은 부분에서 국산화를 이루었고, 이를 이용한 '저낙차 소유량' 형의 국산 발전설비가 국내 소수력발전소에 채택됐어.

그러니 4대강 보에 소수력발전설비를 갖추는 사업이 장기적으로 추진됐다면, 국내 발전설비업체들과 협력하여 지금까지 축적한 기술을 바탕으로 '저낙차 대유량' 형의 수차를 상당 부분 국산화할 기회를 갖게 됐을 거야. 하지만 계획성 없이 사업을 추진하다 보니 지난 30년간 건설한 소수력설비 용량만큼을 신설하는 기회를 국내 산업 발전과 연결하지 못하는 우를 범하고 말았어.

해양에너지

현재 지구는 표면의 71%가 바다로 이루어져 있어. 그 안에 담긴 바닷물은 13억 6900만km³로 지구상의 물 98% 이상이 바다에 모여 있지. 지표면이 평평하다고 가정하면 지구를 덮은 바닷물의 깊이는 2440m가 될 거래.

이렇게 많은 물은 그저 고여 있는 것이 아니라 끊임없이 움직여. 바닷물을 움직이게 하는 힘에는 달과 태양의 인력, 그리고 지구의 자전으로 생기는 원심력이 있어. 또한 태양열도 한몫을 하는데, 위도에 따라 태양열을 받는 정도가 달라 수온의 차이가 발생하여 차가운 물을 아래로 따뜻한 물을 위로 대류하게 해. 이렇게 해서 바다는 해류 및 조류에너지, 조력에너지, 파력에너지, 해수온도차에너지,

에너지 전환 시대의 논리

해수의 대순환. 짙은 화살표는 심층수의 흐름, 옅은 화살표는 표층수의 흐름을 나타낸다.

염도차에너지 등 다양한 형태의 에너지를 우리에게 보여주게 돼.

해양에너지는 풍력이나 태양광에너지에 비해 예측이 용이하며, 안정적인 발전이 가능하다는 장점을 지니고 있어. 하지만 해양에너지를 전기에너지로 바꾸는 일은 그리 간단치 않아. 발전 시설을 바다에 설치해야 하므로 시공은 물론 관리와 보수가 육상보다 어렵거든. 또한 시설물의 전체 또는 일부가 수중에 잠기므로 내식성이 강해야 하고 방수 처리를 철저히 해야 하는 부분도 있어.

여러 가지 해양에너지 중에서 우리나라에서 이용하고 있거나 활용 가능한 에너지인 조력과 조류, 파력, 해수온도차에너지를 중심으로 살펴보자.

조력발전

2011년 9월 시화호조력발전소가 가동에 들어감으로써 우리나라에서도 해양에너지의 상업적 이용 시대가 문을 열었어. 시화호조력발전소는 세계 최대인 254MW의 시설 용량으로 연간 최대 553GWh를 생산할 수 있대.

조력발전은 바다를 댐으로 막아 밀물과 썰물(조석)에 의해 나타나는 해수면과 저수지면의 위치에너지 차이를 활용하는 발전 방식이야. 강의 수력발전이 상류에서 흘러내리는 물을 막아 위치에너지를 만든다면, 조력발전은 밀물과 썰물이 댐 안팎의 위치에너지 차이를 만들어 주는 거지.

밀물과 썰물은 하루에 두 차례씩 번갈아 나타나는데, 달과 태양의 인력, 그리고 자전하는 지구의 원심력이 합쳐져 발생해. 태양은

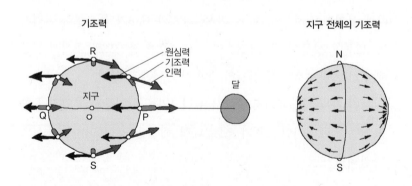

밀물과 썰물은 달과 태양의 인력, 지구의 원심력에 의해 발생한다.

에너지 전환 시대의 논리

달에 비해 훨씬 크지만 거리가 워낙 멀어 실제로 바닷물에 작용하는 힘은 달의 인력이 태양보다 두 배 정도 크대. 단순하게 말하면 달이 있는 쪽으로 바닷물이 몰리고 반대쪽으로는 원심력이 작용해 밀물이 되는 반면, 달과 직각 방향은 썰물이 돼.

여기에 태양의 위치와 해안선의 모양, 해저의 지형, 수심 등의 영향을 받아 조석의 시간과 정도가 달라져. 우리나라 동해안의 경우 최대 조차가 30cm가 채 안되지만 서해안은 평균 조차가 8.5m에 이를 정도로 커. 조석간만의 차이가 클수록 조력발전에 유리한데, 세계적으로 조차가 큰 지역은 우리나라 서해안을 비롯해 프랑스 서해안, 영국과 네덜란드 북해안, 캐나다 동부해안 등이래.

19세기말 수력발전이 시작된 이후 유사한 원리를 가진 조력발전에 대한 구상이 일찍부터 시도됐어. 우리나라에서는 1920년대부터 이에 대한 의견이 제시되어, 1930년 조선총독부 체신국에서 '인천만 조력발전 방안에 대한 조사'를 시행한 뒤 여러 차례에 걸쳐 조사사업이 이루어졌어. 러시아는 1935~1940년 사이에 시행한 전국토 전력화 사업의 일환으로 1938년 바렌츠 해 연안인 키스라야구바 지방에 조력발전소 건설 계획을 검토하기 시작했고, 중국도 1958년 후보지 500개소에 대한 조사를 마치고 이론상 110GW의 설치가 가능하다고 보고한 바 있어.

하지만 실제 조력발전소가 건설된 것은 1960년대 말에 이르러서야. 조력발전은 만의 입구를 막는 댐을 건설해야 하므로 초기 시설비용이 막대하고 주변 환경에 끼치는 영향이 크기 때문이었지.

1967년 프랑스 랑스 발전소를 시작으로 1968년 러시아 키스라야 구바 발전소, 1980년 중국 지앙시아 발전소, 1984년 캐나다의 아나폴리스 발전소가 문을 열었어.

이들은 모두 시험발전소로 지어졌는데 키스라야 구바는 400kW, 지앙시아는 3.2MW, 아나폴리스는 20MW 용량의 소규모 발전소였어. 시화호와 비슷한 규모인 프랑스의 랑스 발전소도 대규모 쇼제 조력발전 계획에 앞서 시험발전용으로 건설됐대.

하지만 세 나라 모두 본격적인 조력발전 건설에는 착수하지 못했어. 프랑스의 쇼제는 생말로 북쪽 해안에 조차가 12m이며, 수심 20m 이내인 호조건을 가진 곳으로, 최대 100GW의 시설용량도 가능하

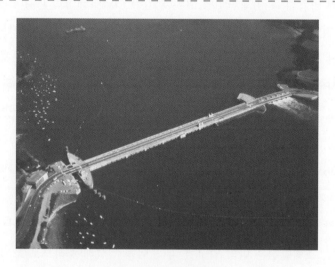

프랑스 랑스 조력발전소

에너지 전환 시대의 논리

다고 예상했어. 시험발전소 격인 랑스 발전소도 높은 가동율을 보였지만, 환경 영향 등 복합적인 원인으로 더 이상의 건설이 중단됐지.

러시아는 수차발전기 성능 개선과 극한지 발전소 건설 등을 검토한 뒤 대규모 건설은 포기했어. 캐나다는 스트라플로 터빈의 대형화 등 기술 축적을 바탕으로 본격적인 적용이 기대됐으나 조력발전의 경제성과 환경적인 문제로 대규모 조력발전 개발은 아직 시행되지 않고 있어. 그 밖에 영국이나 미국, 인도, 아르헨티나 등에서 타당성조사나 기본설계를 마치기도 했으나 건설에는 착수하지 못했지.

그나마 적극적인 곳은 중국이었어. 중국은 지앙시아 발전소를 비롯해 9개의 소규모 조력발전소를 건설했는데, 처음부터 조력발전소를 목적으로 건설한 것은 아니고 간척사업용 제방을 만들면서 조력발전소 계획을 추가한 거야. 그러다 보니 지에쿠오와 빙순 등 5개 조력발전소는 부적합한 입지 선정으로 매몰 등이 심해 폐쇄됐고, 타이구 조력발전소는 설계상 오류로 문을 닫았으며, 현재 지앙시아 조력발전소만이 가동되고 있대.

우리나라에서 조력발전에 대한 논의가 본격화한 것은 1970년대 초 1차 석유파동이 불어닥친 뒤였어. 1974년 해양연구소와 한국전력공사에서 타당성조사사업을 시작하고, 1978년에는 '서해안 조력 부존자원 조사'를 통하여 중부 서해안 일대 10개소의 부존자원량을 확인했어. 1980년대에는 가로림만을 중심으로 서해안의 조력발전에 대한 개략적인 타당성조사가 수행됐지.

가장 먼저 검토 대상이 된 것은 가로림만 조력발전이었어. 1993년 가로림만 조력발전 타당성조사 결과, 발전 단일 목적으로 개발할 때에는 비용 대비 편익 비율B/C이 0.84로 경제성이 부족한 것으로 평가되어 개발이 보류됐어. 그 후 기후변화협약 가입과 이산화탄소 배출 감축 요구가 높아짐에 따라 2005년 가로림만 조력발전 정밀타당성 조사 연구 사업이 다시 착수되어, 2007년 10월 520MW 시설용량을 갖는 조력발전소 계획이 발표됐지. 서부발전(주)을 주축으로 포스코건설, 대우건설, 롯데건설이 컨소시엄을 구성하고 1조 22억 원을 투자해 2012년 완공을 목표로 하는 가로림만 조력발전 회사가 설립됐어.

하지만 가로림만을 방조제로 막을 경우 연안습지가 파괴되면서 어업 피해가 막대해질 것이라는 어민들의 반발과 환경파괴를 우려하는 환경단체들의 반대에 부닥쳐 아직까지 개발 허가를 받지 못했어. 2012년 4월 환경부는 물범 피해에 대한 저감 대책이 없고 환경조사도 제대로 이뤄지지 않았다는 점을 들어 환경영향평가서를 반려했고, 재차 신청한 환경영향평가에 대해서도 2014년 10월 6일 반려했거든.

인근 주민들을 분열시키며 장시간 갈등을 겪어온 가로림만 조력발전소는 2014년 말로 공유수면 매립 기본계획 시한이 만료돼 종결되는 듯했어. 그런데 그 직전인 12월 8일 산자부 전기위원회가 가로림만 조력발전 사업자에게 2014년 말까지로 돼 있던 사업 준비 기간을 2020년 2월까지 연장해준 사실이 뒤늦게 알려지면서 갈등의 불씨가 사그라지지 않은 상태야.

에너지 전환 시대의 논리

가로림만 조력발전소 조감도

　　인천만과 강화만 조력발전 계획도 난항을 겪고 있어. 영종도와 장봉도, 강화도를 연결하는 방조제를 건설하려는 인천만 조력발전 계획은 2006년 해양특성조사와 개념설계를 시행하고, 개별지형변화 및 환경영향평가를 수행했어. 한국수력원자력(주)과 GS건설은 3조 9000억 원을 들여 1320MW 규모의 조력발전소를 건립할 계획이었지. 그러나 2011년 6월 중앙연안관리심의회는 서류 미비 등을 이유로 안건으로 상정하지 않았어.

　　강화도 본섬과 교동도, 서검도, 석모도를 연결하는 방조제를 건설하려는 강화만 조력발전은 2007년 안상수 시장이 이끄는 인천시와 한국중부발전(주), 대우건설이 양해각서를 체결했어. 2조 1000억 원을 들여 812.8MW의 조력발전소를 짓겠다는 계획이었지. 발표 당시 인천시는 조력발전소 건설로 지역 건설경기의 활성화와 고용창출, 조력발전 테마파크 건설을 통한 관광산업 활성화 등의 효과를 기대한다고 홍보했어. 하지만 뒤를 이은 송영길 시장은 전력생산 등 실익에 비해 갯벌 손실, 수질 오염, 홍수 통제기능 상실 등으로 손실이 더 크다며 반대 입장을 보였지.

새로운 방조제 건설에 대한 반발로 신규 조력발전 계획이 지지부진한 가운데 이미 방조제가 건설된 시화호에서 2011년 첫 조력발전소를 가동했어. 하지만 1987년 시화호 방조제 사업이 시작될 때도 그리고 1994년 총 12.7km의 방조제를 완성했을 때에도 조력발전소는 사업에 들어 있지 않았어. 원래 시화호는 수도권 공업용지와 농업용지의 확보, 수도권과 농어촌의 휴식공간 조성을 목적으로 하여 담수호로 계획됐거든.

그러나 방조제 물막이 공사가 끝나자마자 시화호의 수질은 급격이 악화됐어. 악취가 진동하고 물고기 폐사가 끊이질 않았지. 농업용수로 사용하기는커녕 점점 오염돼가는 수질에 전전긍긍하던 당국은 결국 2년을 넘기지 못하고 1996년 시커먼 호수의 물을 바다로 방류하기로 결정해. 이후 한국수자원공사가 다각도로 수질 개선 대책을 모색했으나 방법을 찾지 못하자, 2001년 마침내 담수호를 포기하고 해수호로 전환하기로 했어. 시화호조력발전소는 시화호가 해수호로 재탄생하면서 가능해진 거야.

에너지 전환 시대의 논리

1996년 시화호 방류 이후 한국수자원공사는 시화호를 상류·중류·하류로 나누어 하류를 해수호로 만들어 조력발전을 하는 방안을 검토했으나 1997년 비용 대비 편익 비율이 0.86으로 경제성이 충분치 못하다는 결론을 내렸어. 그러나 2001년 전체 시화호를 해수호로 하는 결정이 내려지면서 조력발전 계획은 다시 탄력을 받았지. 한국수자원공사는 2002년 타당성조사 후 기본계획을 수립하고 2003년 공사를 발주했어.

시화호조력발전소는 시설용량 254MW로 단류식 벌브형 터빈 10기를 설치했는데, 밀물이 들어올 때 발전을 하는 만조식(창조식) 설비야. 연간 최대 발전량은 553GWh로 총공사비 3916억 원이 투입됐어.

시화호에 이어 두 번째로 예상되는 조력발전소는 새만금이야. 2006년 4월 최종 물막이 공사를 완료한 새만금은 2020년까지 수질

수차부   수문부

출처: 시화호조력발전소

시화호 조력발전소는 밀물 때 발전을 한다.

을 3등급으로 개선해 담수화를 추진한다는 것이 새만금개발청의 계획이거든. 시화호의 데자뷔로 보이지 않아?

한국수자원공사는 2009년에 새만금도 해수호로 전환해 조력발전소를 건설하는 계획을 추진했어. 총사업비 3551억 원을 들여 시화호급의 조력발전소를 건설하기 위해 국토해양부, 농어촌공사 등과 협의에 들어갔지. 하지만 당초 농업용지로 개발하려던 것을 다기능 융복합 기지를 건설한다며 농업용지와 비농업용지의 비율을 3:7로 역전했음에도 불구하고 호수는 그냥 담수호로 추진하겠대.

문제는 막대한 예산을 투입하고 있지만 수질이 개선되지 않고 있다는 점이야. 물막이 공사 이전에 2급수이던 새만금 내측의 수질이 3~4급수로 떨어지고 여름이면 적조가 발생해 물이 커피색으로 변한대. 드러난 갯벌의 생태계가 파괴되어 오가며 들르던 도요새는 70% 이상 감소했고 새만금 외측도 환경 피해가 발생해 어획량도 줄었대. 결국 새만금에 조력발전소가 들어설 것인가는 현재 계획대로 수질을 개선해 담수화에 성공하는가 아니면 수질이 악화돼 시화호의 전철을 밟는가에 달려 있어.

이렇듯 조력발전소는 발전 과정에서는 재생가능한 에너지임에도 건설 과정에서 주변 환경에 큰 변화를 가져와 논란의 대상이 됐어. 게다가 근본적으로 오직 발전만을 목적으로 거액의 공사비를 들여 방조제를 건설하는 것은 해안습지 생태계의 파괴와 어업 피해 등의 손실을 감안할 때 경제성이 떨어진다는 게 지금까지 타당성조사의 결과야. 이런 상황에서 조력발전을 위해 방조제를 건설하는

에너지 전환 시대의 논리

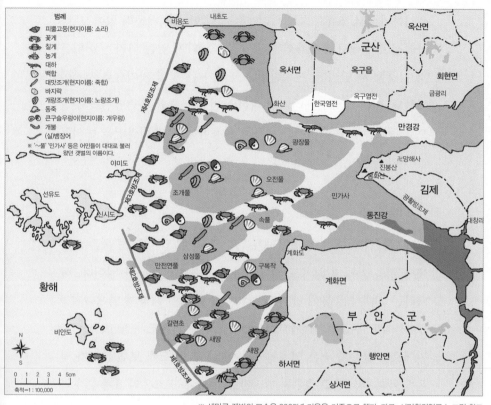

범례

- 피뿔고둥(현지이름: 소라)
- 꽃게
- 칠게
- 농게
- 대하
- 백합
- 대맛조개(현지이름: 죽합)
- 바지락
- 개량조개(현지이름: 노랑조개)
- 동죽
- 큰구슬우렁이(현지이름: 개우렁)
- 개불
- (실)뱀장어

※ '~꼴' '민가사' 등은 어민들이 대대로 불러 왔던 갯벌의 이름이다.

내초도
비응도
옥산면
군산
옥서면
옥구읍
회현면
옥구염전
금광리
화산
한국염전
만경강
권망해사
진봉산
김제
봉화산
야미도
광장꼴
광활방조제
선유도
오전꼴
민가사
동진강
신시도
조개꼴
대창리
속꼴
삼성꼴
계화도
황해
만전연꼴
구복작
계화면
갈련초
부 안 군
비안도
새땅
행안면
하서면
새땅
상서면

N
S

0 1 2 3 4 5cm
축척=1 : 100,000

※ 새만금 갯벌의 모습은 2005년 겨울을 기준으로 했다. 자료: 시민환경연구소 그림 참고

어민들이 만든 새만금 갯벌 생태지도

건 에너지 생산보다는 토목공사가 목적이라고 봐야 해.

에너지 생산 측면에서는 조력발전보다 환경에 대한 영향이 적은 조류발전과 파력발전에 투자 우선순위를 두어야 해. 한국에너지기 술연구원에 따르면 현재의 기술로 활용할 수 있는 연안 해역의 자

재생가능에너지 시대가 열리다

원 부존량이 조류는 1000MW, 파력은 6500MW에 이른대. 하지만 우리나라에서 조류와 파력에너지는 시험 단계에 머물러 있어. 또한 산업적 측면에서도 조류와 파력발전은 바다가 있는 나라는 어디든지 진출할 수 있지만, 조력발전은 조차가 큰 몇몇 지역으로 시장이 제한돼. 따라서 해양에너지에 대한 투자는 조류와 파력발전을 우선으로 하고, 이 두 에너지를 충분히 활용한 뒤에 조력발전을 논의하는 것이 순서야.

조류발전

바닷물의 일정한 흐름을 해류라고 해. 통에 담겨 있는 물은 외부에서 힘을 가하지 않아도 열에너지를 흡수하면 대류가 일어나. 바다라는 거대한 물통에 담겨 있는 바닷물도 매일 태양의 열에너지를 받아. 적도 부근의 해수는 더 많은 열을 받아 온도가 높고, 고위도 지역으로 갈수록 적은 열을 받아 수온이 낮지. 크게 보면 온도가 낮은 남극과 북극의 표층수는 가라앉고 적도 부근 고온의 표층수가 극지방으로 흘러가는 흐름이 생겨.

그런데 표층수의 흐름에는 바람도 한몫을 해. 적도 부근의 무역풍, 중위도의 편서풍과 같이 지속적으로 부는 바람이 표층수의 흐름에 영향을 미쳐. 또한 지구 자전에 의해 생기는 코리올리효과에 의해 유체의 흐름이 휘게 되는데, 북반구에서는 오른쪽으로 남반구에서는 왼쪽으로 휜대. 이렇게 해서 북태평양의 해류는 적도를 따라 서쪽으로 흘러 동아시아 대륙과 일본열도를 따라 북동쪽으로 이

에너지 전환 시대의 논리

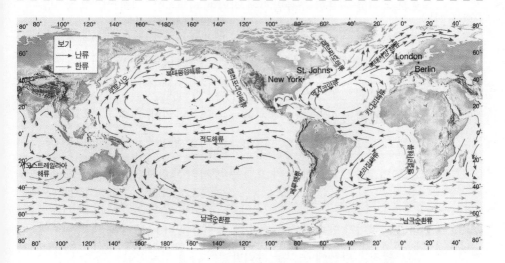

해류는 태양에너지와 바람, 지구 자전의 합작품이다.

동하고 북아메리카 서안을 따라 적도 쪽으로 내려오는 환류를 형성해. 남태평양은 시계 반대 방향으로 도는 환류가 나타나고.

한편 달과 태양의 인력에 의해 일어나는 조석도 해수의 흐름에 영향을 끼쳐. 하루에 두 차례씩 밀물과 썰물에 의해 바닷물의 흐름이 바뀌어 나타나는 현상을 조류라고 해. 연안의 바닷물은 지형의 특성과 함께 해류와 조류의 혼합에 의해 주기성을 갖는 일정한 흐름을 형성하게 돼.

조류발전은 이런 해수의 흐름을 로터나 터빈을 이용해 회전력으로 바꾸어 전력을 생산하는 거야. 현재는 조류속이 초속 2m 이상이면 경제성이 있는 것으로 판단해. 우리나라의 서해안은 조류속이 높으므로 이를 이용한 조류발전에 적합한 지역이야. 지형적인 특징으로 해류속이 높은 남해안의 경우는 해류발전이라고 부르는 게 맞겠지만, 연안의 경우 조류와 복합적으로 발생하는데다 발전원리가 같고 설비가 유사하므로 통상 조류발전이라고 해.

조류발전은 물의 흐름을 이용하므로 수력발전의 경험과 기술도 반영되지만, 유체의 흐름을 이용하므로 설비에서는 풍력발전과 유사한 면이 많아. 그런데 물의 흐름은 공기의 흐름보다 에너지밀도가 훨씬 높아서 로터의 날개가 작아도 돼. 즉 조류발전 설비는 작은 풍력발전 설비가 유속이 빠른 물속에 들어가 있다고 보면 돼.

조류발전과 다음에 논의할 파력발전에 가장 적극적인 나라는 사방이 바다인 섬나라 영국이야. 1990년대 초부터 조류발전 연구를 활발히 해온 영국은 2000년대 들어 본격적으로 시험발전소를 설치하는 단계에 들어섰어. 이 분야 선두업체인 MCTMarine Current Turbines는 2003년 영국 남서부의 린마우스 지역 포랜드 포인트 해양에 300kW급 시험발전 시스템을 설치하는 시플로우 계획과 2008년 북아일랜드의 스트랭포드 해협에 600kW 로터 2개를 설치하는 시젠 계획을 성공적으로 완수했어. MCT의 조류발전기는 두 개의 날개를 갖는 수평축 형식으로 고정식 모노파일에 의해 로터를 수면 위로 이동시킬 수 있어. MCT는 이를 바탕으로 영국 내 확대 설치는 물론 알제리 웰시 섬과 캐나다 동부의 노바스코티아 지역에 조류발전 단지를 건설하는 사업을 진행하고 있어.

영국의 EB는 2002년 가오리 터빈 형태의 조류발전 실험에 성공

에너지 전환 시대의 논리

영국 MCT의 조류발전기. 윗부분이 발전기이며 로터를 아래위로 움직일 수 있다.

했어. 마치 가오리가 지느러미를 상하로 움직여 추진력을 얻는 것과 같이 페달의 상하운동을 이용하는 방식이야. SMD하이드로비전은 부유식 조류발전을 시도했는데, 계류체인으로 고정한 부유식 로터는 조류의 입사 방향 변화에 자체적으로 대응하여 발전 효율을 높일 수 있어. 또한 루나에너지는 에너지 효율을 높이는 덕트형 조류발전장치를 개발해 2007년 현장 실험을 마쳤는데, 2008년에는 1MW급 발전기를 전남 완도 지역에 설치하기 위해 한국중부발전

(주) 및 전라남도와 양해각서를 체결했어.

캐나다의 블루에너지캐나다는 수직축 형태의 데이비스 터빈을 자체 개발해 필리핀과 멕시코 등지에 시험발전설비를 수출했어. 미국도 1995년 수직축 형태인 헬리컬 터빈을 개발했고, 일본 역시 수직축 형태인 다리우스 터빈을 도입해 기술을 축적하고 있지.

우리나라는 2000년부터 2010년까지 한국해양연구원 주도로 '해양에너지 실용화 기술 개발' 사업을 수행해 기초조사를 마쳤어. 한국해양연구원은 2003년 미국 골로브로부터 수직축 터빈인 헬리컬 수차 기술을 제공받아 100kW급 시험설비를 전남 진도의 울돌목에 설치했어. 이를 통해 헬리컬 수차의 국산화에 성공한 해양연구원은 2005년부터 울돌목에 1MW 시험발전소를 건설해 2009년 완공했지. 에너지관리공단은 인하대 및 오션스페이스와 산학공동 연구를 통해

이순신 장군의 명량대첩 현장에 세워진 울돌목 조류발전소 시험설비

에너지 전환 시대의 논리

부유식 조류발전 시스템을 개발하고, 25kW의 시제품을 2008년 삼천포화력발전소와 하동발전소 방수로에 설치해 실험을 완료했어.

연구개발사업이 성과를 내면서 인천시는 2009년 4월 (주)포스코건설, 인하대, 한국남동발전(주)과 조류발전단지 건립을 위한 공동개발사업 양해각서를 체결해. 이 사업은 조류가 강한 덕적도 인근에 총사업비 8000억 원을 들여 조류발전기 200기를 설치해 총발전용량 200MW의 조류발전단지를 건설하는 게 목표야. 전라남도는 2008년 한국중부발전(주)과 완도 횡간수도 인근에 1MW급 조류발전기 300대를 설치하려는 계획을 위한 양해각서를 체결했어. 한편 (주)레네테크는 독일 포이트하이드로와 기술 협력으로 진도 장죽수도에 2011년 5월 110kW 조류발전기를 설치해 가동에 들어갔는데, 2012년 9월 전남도, 한국전력 등과 이곳에 200MW급 조류발전단지 건설을 위한 양해각서를 체결했어.

그러나 의욕을 가지고 추진했던 조류발전 개발 계획은 난관에 봉착해. 2011년 동서발전(주)은 울돌목 조류발전소가 경제성이 없다는 이유로 시설 인수를 거부해. 재생가능에너지에 의한 발전 지원 정책인 현재의 의무할당제RPS에서 조류발전에 대한 가중치가 주어지지 않아 손실을 보전할 방법이 없다는 거야. 조류발전소 건설 당시 일대에 청정에너지 테마공원을 건설하려던 진도군청은 조류발전소가 인근 경관을 해친다는 이유를 들어 철거를 요구하기도 했어. 세계적으로 앞선 기술임에도 불구하고 현재의 경제성을 이유로 기술이 사장될 위기에 처한 거지. 운영비가 없어 설비를 철거하려던 해양연구원은 실험 자료 수집을 위해 일단은 조류발전설비를 유지하기로 했대.

경상남도와 한국남동발전(주), 오션스페이스 등이 2006년부터 추진한 대방수도 조류발전소 건립계획은 주민들의 반발로 무산됐어. 부유식 조류발전 설비를 개발해 삼천포화력발전소 방수로에서 시험을 마친 이들은 대방수도에 100kW급 실해역 시험을 거쳐 500kW급 본격 조류발전소를 건립할 계획이었어. 그러나 2008년 말부터 세 차례의 주민공청회를 개최해 사업 설명을 하고 어민들의 의견을 청취한 결과 어장 피해에 대한 우려와 설치 지역이 주요 항로라는 인근 조선소의 반발에 부닥쳐 2009년 말에 계획을 취소하게 돼. 오션스페이스와 한국남동발전(주)은 추후 여수 등 다른 설치 장소를 물색했으나 아직까지 건설계획이 표류하고 있지.

조류발전의 실해역 설치 운영에 성공한 나라는 영국과 우리나라 뿐이야. 1980년대 초반 덴마크의 베스타스가 제작한 풍력발전은 화석연료에 의한 발전에 비해 발전 비용이 높았어. 당시 덴마크 정부의 풍력발전 계통연계와 지원 정책이 없었다면 오늘날 세계시장을 지배하는 베스타스는 존재하지 않았을 거야. 우리나라의 조류발전 기술이 덴마크의 풍력발전처럼 세계를 이끌지, 훗날 영국의 기술과 장비를 들여오는 신세가 될지는 우리의 손에 달려 있어.

파력발전
바닷가에 가면 하얀 물거품을 일으키며 끊임없이 밀려왔다 밀려

에너지 전환 시대의 논리

가는 파도를 볼 수 있어. 바람에 의해 발생하는 파도는 먼 바다로 갈수록 더 커지지. 태풍과 같이 심한 바람이 불 때는 10m가 넘는 파도가 치기도 해. 조력발전이나 조류발전이 바닷물의 일정한 흐름을 이용하는 기술이라면, 파력발전은 이러한 파도의 운동 및 위치에너지를 이용하여 터빈을 돌리거나 기계장치의 운동으로 변환하여 전기를 생산하는 기술이야.

파력에너지는 외해로 나갈수록 커지며 적도 부근보다는 고위도 지역이 더 커. 우리나라는 대양의 주변에 노출되지 않고 일본열도에 둘러싸인 형태이기 때문에 파력에너지가 그리 풍부한 편은 아니야. 평균적으로 15kW/m 이상인 곳에서는 파력에너지가 경제성을 갖는다고 하는데 우리나라의 연평균 파력에너지 밀도는 2~12kW/m이지. 우리나라에서 파고가 가장 높은 지역은 제주도 남서쪽과 울릉도 동쪽으로 파력발전이 가능한 것으로 알려졌어.

파도의 힘을 전기로 만들기 위해서는 우선 파도의 움직임을 일정한 기계적 운동으로 바꾸어야 해. 그리고 이 기계적 운동을 공기의 흐름으로 바꾸거나, 유압피스톤과 유압모터의 조합을 통해 회전운동으로 바꾸어 발전기를 돌려.

앞의 1차 변환 방법에 따라 파력발전기를 나눌 수 있는데, 첫 번째는 바닷가에 밀려오는 파도의 힘을 이용하는 진동수주형이 있어. 바닷가의 바위는 주기적으로 밀려오는 파도의 힘을 받아. 바위는 자기 몸을 부스러뜨리며 자리를 지키지만 만약 파도에 부딪혀 밀리는 구조라면 어떨까? 파도의 진퇴에 따라 계속해서 왕복운동을 하게 돼. 마치 내연기관의 피스톤처럼.

진동수주형은 이렇게 얻어진 기계적 에너지를 공기의 흐름으로 바꾸어 공기터빈을 돌려 발전해. 실해역 경험이 가장 오래된 진동수주형은 영국의 림펫, 포르투갈의 피코 플랜트, 호주의 에너제텍 플랜트 등이 있으며, 우리나라는 해양시스템안전연구소에서 개발한 500kW급 실증발전소가 2011년 제주 해역에 설치됐어.

두 번째는 파도가 치면서 넘치는 물을 모아 물의 흐름을 만드는 월류형이야. 파도의 진행 방향에 사면을 두어 수면보다 높은 곳에 물을 모은 뒤, 저수지의 하부에 설치한 수차터빈을 돌려 발전하는 방식이지. 월류형의 에너지 변환효율은 진동수주형만 못하지만 물의 위치에너지로 변환하여 활용하므로 발전은 간편한 편이야. 덴마크의 웨이브드래곤은 실증이 진행 중인 부유식 플랜트로 상용 모델의 단위 발전용량이 최대 4MW에 달해.

에너지 변환효율이 높고 최근 가장 활발하게 연구되고 있는 것은 가동물체형이야. 수면의 움직임에 따라 민감하게 반응하도록 고안된 여러 형태의 기구를 사용하여 파도에 의한 물체의 움직임을 전기에너지로 변환하는 방식이지.

부유식 항로표지등의 하부는 아래쪽이 열린 통과 같아. 이 통 안의 수면은 외부의 수면과 같고 파도의 움직임에 따라 상하로 움직여. 그리고 수면의 움직임에 따라 통 안의 공간 크기가 변하고 공기의 흐름이 발생하는데, 이 공기의 흐름이 터빈을 돌려 전기를 생산하고 축전기에 저장된 전기는 야간에 항로표지등을 밝혀.

에너지 전환 시대의 논리

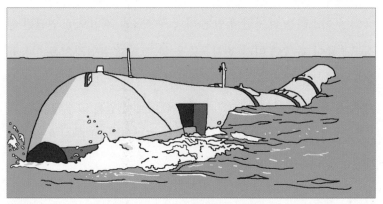

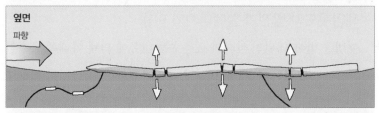

옆면
파향

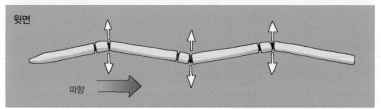

윗면
파향

가동물체형 파력발전은 부유식 항로표지등에 활용된다.

    이 밖에도 가동물체형은 계류장치에 연결된 부체의 회전운동 또는 캠형 부체의 연성운동, 여러 개가 연결된 부체의 상대운동에서 에너지를 획득하는 등 다양한 형태가 연구되고 있어. 영국의 펠라미스는 부유식으로 파도를 따라 움직이는 실린더형 구조물의 관절

부에 있는 유압장치를 이용해 파력에너지를 흡수하지. 착저식인 영
국의 오이스터는 해저면에 있는 바닥 구조물과 경첩으로 연결된 연
직구조물이 파도에 따라 진자운동을 하고 이때 유압장치를 이용해
운동에너지를 기계에너지로 변환하여 발전하는 방식이야. 고정식
과 부유식의 혼합형인 아르키메데스 웨이브 스윙은 고정돼 있는 내
부 실린더와 파도의 상하운동에너지를 흡수하는 외부 실린더의 상
대운동을 이용하여 발전해.

해양온도차 발전과 열에너지의 이용

햇볕을 받아 데워진 바다의 표층수는 대류에 의해 아래쪽으로 열
에너지를 전달하는데 100m 이하로 내려가면 온도가 급격히 저하돼
1000m 이하에서는 4~6℃ 정도로 일정해. 태평양과 인도양의 적도
부근 표층수와 수심 1000m의 연평균 온도차는 약 20℃이야.

해양온도차 발전은 표층수와 심층수의 온도차를 이용해. 온도차
가 15℃ 이상 되는 기간이 일정 기간 지속되는 곳에서는 해양온도
차 발전을 할 수 있는데, 그 방식은 지열에너지를 이용하는 방식과
유사해. 끓는점이 약 20℃인 용매를 이용해 표층수를 지날 때는 기
화돼 터빈을 돌리고, 심층수를 지나며 열을 내주고 액화되는 순환
과정을 거쳐.

해양온도차 발전의 개념이 고안된 것은 1881년 프랑스에서였지
만, 본격적인 개발이 이루어진 것은 1973년 1차 석유파동 이후 미
국과 일본에서야. 미국은 1979년 하와이 천연에너지연구소에서

에너지 전환 시대의 논리

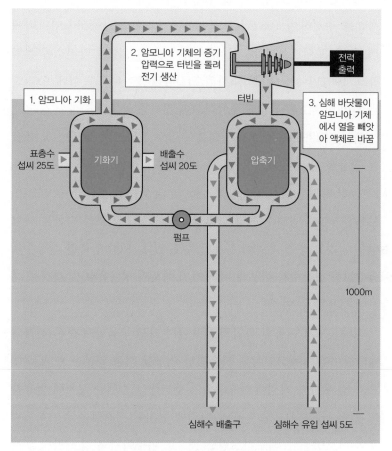

표층수와 심층수의 온도차가 큰 곳에서는 발전도 할 수 있다.

50kW의 해수온도차 발전 시험에 착수해. 1984년에는 해수를 직접 활용하는 개방형 발전 시스템을 개발하고, 1993년 하와이 키홀포인트에 210kW의 개방형 해양온도차발전 시설을 설치해.

일본은 1974년 시작된 선샤인 계획의 일부로 해양온도차 기술 개발을 추진하여 1982년 도쿠시마에 50kW급, 1985년 이마리에 75kW급, 토야마에 3.5kW급 육상형 폐순환식 실증 발전소를 설치하고, 1981년에는 국제협력사업으로 남태평양 나우루 섬에 100kW급 시범 발전소를 건립해 초등학교에 전기를 공급했어.

해양온도차발전은 발전과 더불어 담수 취득 또는 냉난방 등 복합적 활용을 통해 경제성을 높여. 개방형이나 혼합형을 사용할 경우 2MW의 발전 시설에서 하루에 4300m³의 담수를 생산할 수 있으며, 사용한 5℃의 냉해수는 양식에 활용되어 열대 지역의 수산물 다양성을 늘리고 품질 개량에 응용할 수도 있대. 또한 농축한 심층수나 담수화한 심층수를 이용해 여러 가지 식품과 청량음료 및 화장품 제조에 사용할 수 있지.

해양온도차 이용의 복합적 활용에서 가장 주목할 부분은 건물의 냉난방이야. 1995년 이후 지속적인 연구를 해온 일본은 현재 후쿠오카 및 오사카 지역에 해수온도차 냉난방 시스템을 설치해 활용하고 있어. 규슈의 모모치 해안 지역에 설치된 시스템은 공기히트펌프와 터보냉동기, 해수히트펌프 등으로 이루어져 지역 냉난방을 책임진대.

우리나라의 해양온도차발전에 대한 연구는 미미한 편이야. 2000년 인하대학교와 제주대학교, 한국해양연구원이 공동으로 20kW급 시험 발전기로 실증 연구를 시행한 것이 유일해. 해수온도차를 이용한 냉난방 기술에 관한 연구는 2008년 강원도 삼척에 실증 설비를

에너지 전환 시대의 논리

일본 후쿠오카는 해수온도차 냉난방 시스템을 활용하고 있다.

설치한 것을 시작으로, 2009년에는 한국해양대학교 내에 본격적인 해수온도차 냉난방 시스템을 설치해 운영하고 있어. 한편 2012년에는 표층수 대신 원자력발전소의 온배수를 이용할 경우 해양온도차 발전의 효율이 높아져 최고 181MW의 용량 확대가 가능하다는 연구 결과가 발표되기도 했지.

염도차발전

그 밖에 해양에너지로는 염도차발전이 있어. 강 하구에서 바닷물과 민물의 염도차를 이용해 발전하는 방식인데, 압력지연삼투발전과 역전기투석발전 두 가지가 개발 중이야.

바닷물과 강물 사이에 물만 통과하는 얇은 막을 설치하면 강물에서 바닷물 쪽으로 물이 흘러 양쪽의 농도가 같아지려는 삼투압 현상이 나타나. 이때 바닷물과 강물 사이에 생기는 압력차는 약 240미터 높이의 수력발전소 댐에서 떨어지는 낙차의 힘과 같데. 이걸 이용해 터빈을 돌리는 방식이 압력지연삼투발전이야. 역전기투석발전은 소금(염화나트륨)의 이온을 분리하면서 전기를 생산하는 방식이래.

염도차발전이 최근에 관심을 끌게 된 것은 사해처럼 농도가 높은 바닷물은 보통 바닷물보다 6배의 전력을 생산할 수 있다는 점이야. 심야에 남는 전력을 이용하여 해수담수화 시스템으로 고농도의 바닷물을 확보하고 피크 시간대인 낮에 발전을 하면 또 하나의 양수발전소가 되는 셈이지.

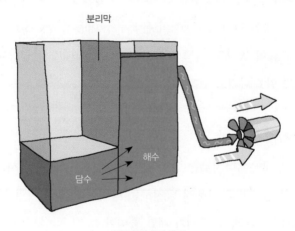

염도차발전의 원리

 에너지 전환 시대의 논리

바이오에너지

———

바이오에너지는 우리에게 가장 오래되고 친근한 에너지원이야. 먼 옛날 구석기 시대 동굴과 움막에서 피우던 마른 나뭇가지는 물론, 조선 시대 호롱불을 밝히던 콩기름과 아주까리기름, 그리고 어린 시절 가마솥 걸린 아궁이에 때던 장작과 볏짚도 바이오에너지야.

바이오매스란 말은 본래 자연에 존재하는 생물체의 질량을 나타내는 말로 쓰였는데, 1970년대 이후 대체에너지에 대한 관심이 높아지면서 에너지원으로 이용할 수 있는 식물자원이라는 뜻으로 사용되고 있어. 나무와 풀은 물론 수생식물과 해조류도 바이오매스가 되며, 왕겨 같은 농산폐기물이나 톱밥 같은 임산폐기물도 바이오매스이고, 이런 바이오매스로부터 얻는 에너지를 바이오에너지라고 해.

식물은 태양에너지를 받아 스스로 영양분을 만들어 성장하므로 바이오매스로부터 얻는 에너지는 해마다 보충되는 재생가능한 에너지야. 또한 바이오에너지는 탄소 중립적인 에너지야. 성장 과정에서 이산화탄소를 흡수하므로 에너지로 사용할 때 이산화탄소가 발생해도 전체적으로는 이산화탄소의 균형이 파괴되지 않거든. 게다가 유채식물이나 전분질계 식물에서 얻어지는 액체연료는 수송용 연료로 사용할 수 있어서 다른 재생가능에너지와 차별되는 이점이 있어.

하지만 그 자체로는 에너지밀도가 낮고, 계절에 따라 공급이 결정되며, 식량과 경합해야 하고, 삼림생태계를 파괴할 우려가 있다는 게 단점이야.

인류가 바이오매스로부터 에너지를 얻는 전통적인 방식은 태워서 열을 얻는 거야. 에너지 효율을 높이기 위해 말리거나 숯을 만들어 사용하기도 하지만 석탄이나 석유 같은 화석연료에 비하면 에너지밀도가 매우 낮았어. 산업사회가 되면서 바이오매스는 화석연료에게 주에너지원의 자리를 내주고, 후진국 저소득층의 에너지로 밀려나는 신세가 됐지. 현재 전 세계 바이오에너지의 사용 비율은 1차 에너지 소비의 약 10%를 차지하는데, 이와 같이 비율이 높은 이유는 개발도상국가의 농촌 지역에서 취사와 난방용으로 바이오매스를 사용하기 때문이야. 현대적인 방법으로 바이오에너지를 사용하는 선진국의 경우는 5.2% 정도지.

그런데 개발도상국에서 취사용이나 난방용으로 사용하는 화로의 열효율은 5~8%에 불과해. 따라서 취사용이나 난방용으로 바이오매스를 직접 사용하는 것은 삼림자원을 황폐화시키는 지름길이야. 1960년대까지만 해도 우리나라 농촌 지역의 야산은 벌거숭이 민둥산이었어. 야산의 나무들이 모두 인근 주민들의 아궁이 속으로 들어갔거든. 요즘 북한 지역에서 보이는 산림파괴 역시 에너지 부족에 따른 거래.

바이오에너지가 재생가능한 에너지가 되기 위해서는 자연에 존재하는 바이오매스 자원이 감소되지 않는 범위에서 이루어져야 해. 그런데 실제 생물계에서는 해마다 많은 양의 바이오매스 폐기물이 발생해. 간벌로 발생하는 임산폐기물을 비롯해 농업 부산물과 축산

에너지 전환 시대의 논리

분뇨, 음식물 쓰레기 및 기타 유기성 폐수와 슬러지 등 바이오매스 폐기물의 총에너지량은 세계적으로 연간 22억toe에 이른대. 이를 효과적으로 변환할 경우 전 세계 연간 에너지 소비의 약 30% 가량을 충당할 수 있어.

바이오매스는 최종적으로 열과 전기 또는 수송용 연료로 변환돼 에너지를 내. 현재 바이오매스를 에너지화하는 방법에는 직접 연소 외에 열화학적 혹은 생화학적 변환을 통해 가스 또는 액체연료로 만들어 활용하는 방법이 있어.

우선 바이오매스로 열 또는 전기를 생산하는 방법에 대해 알아보자.

바이오매스로 열이나 전기를 생산하기 위해서는 연소 과정이 필

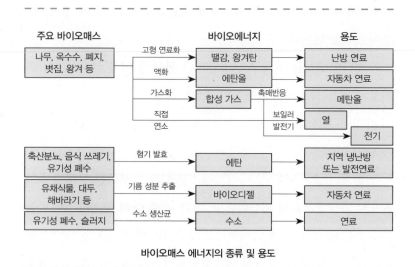

바이오매스 에너지의 종류 및 용도

요해. 고형 연료를 직접 연소하거나 열분해를 통해 합성가스 또는 액체연료를 만들기도 하고, 메탄가스를 생산해 연료로 사용하기도 해.

장작이나 왕겨 등의 형태로 우리와 친숙한 고형 바이오 연료는 칩(장작)이나 펠릿 또는 성형탄 형태로 가공해 보일러 연료로 활용하는 방향으로 기술 개발이 이루어지고 있어. 하지만 아무리 건조한 바이오매스라 하더라도 그 자체로는 에너지밀도가 낮기 때문에 발전용으로 쓸 때는 석탄화력발전소에서 목재 펠릿을 석탄과 혼소하는 방식을 적용하기도 해.

핀란드나 스웨덴같이 임산자원이 풍부한 국가에서는 계획적인 조림에 의해 연료용 목재를 생산하는데 고형 바이오 연료로 지역 단위의 열병합발전소를 운영하는 사례가 널리 보급돼 있어. 에너지 효율을 높이기 위해 열과 전기를 동시에 생산하는 거야. 핀란드의 경우 1차에너지 소비량 중 목질계 바이오매스에너지가 차지하는 비중이 20%를 넘는대.

우리나라에서는 서대구 산업단지와 동두천 염색공단에 고형 바이오 연료를 사용하는 열병합발전소가 가동되고 있으며, 농촌 지역의 가정이나 화훼 농가 등을 중심으로 보일러 연료로 활용하는 사례가 늘고 있어.

열분해 기술은 나무 등 바이오매스를 산소가 부족한 상태에서 고온으로 가열함으로써 일산화탄소, 메탄, 수소 등의 합성가스로 만들거나, 이 가스를 응축해 액체연료로 사용하는 방법이야. 현재 열분해로 생산한 가스를 이용하여 열병합발전에 사용하는 기술이 상용화

에너지 전환 시대의 논리

아산 환경사업소의 통합형 바이오가스 플랜트

됐으며, 액체연료로 활용하는 기술은 실용화 초기 단계에 와 있어.

한편 축산분뇨나 음식물 쓰레기와 같은 유기성 폐기물로는 혐기성 발효를 통해 메탄을 생산할 수 있어. 유기성 폐기물을 우선 저분자 지방산으로 발효시킨 뒤 메탄발효균에 의해 2차 발효가 이루어지는데, 최근에는 효율을 높이기 위해 두 발효 과정을 동시에 진행하는 기술을 개발하고 있지. 또한 축산분뇨와 음식물 또는 하수 슬러지를 혼합해서 발효하는 경우 더 많은 바이오가스를 만들어낼 수 있대.

축산분뇨의 경우 독일에서는 개별 농가에서 혐기소화해서 생산한 메탄가스로 발전기를 돌려 전력을 판매하고, 처리가 끝난 축산

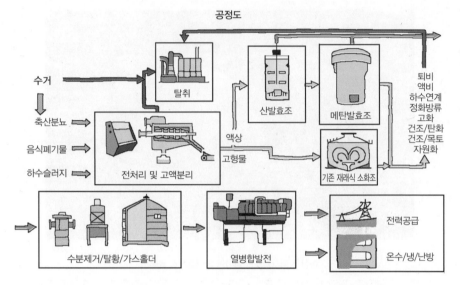

공정도

수거

축산분뇨

음식폐기물

하수슬러지

탈취

전처리 및 고액분리

액상

고형물

산발효조

메탄발효조

기존 재래식 소화조

퇴비
액비
하수연계
정화방류
고화
건조/탄화
건조/목토
자원화

수분제거/탈황/가스홀더

열병합발전

전력공급

온수/냉/난방

하수슬러지, 음식물 쓰레기, 축산분뇨를 처리해 바이오가스를 만들어 발전한다.

폐기물은 전량 액비로 사용하는 개별농가형 시설이 주로 보급됐어. 덴마크는 축산폐기물과 음식물 쓰레기를 같이 처리하는 공동처리형이 주를 이루는데, 지역별로 분뇨를 수거해서 발전소에서 일괄 처리해. 2개 이상의 혐기소화조에서 메탄가스를 만든 뒤 유출수를 고체와 액체로 분리하여 고형물은 퇴비로, 최종 유출수는 액비로 사용한대.

수송용 액체연료로 주목

바이오에너지가 다른 재생가능에너지에 비해 관심을 받는 부분

에너지 전환 시대의 논리

은 수송용을 대체할 액체연료를 생산할 수 있다는 점이야. 사실 콩이나 고래의 기름은 예로부터 등불을 밝히는 연료로 사용됐지. 그러나 산업혁명 이후 석탄가스와 석유, 전기가 차례도 도입되면서 식물성기름은 조명용에서 물러나 주로 식용으로만 사용됐던 거고.

한편 19세기에 발명된 내연기관은 석유를 수송용 연료의 제왕으로 자리잡게 해주었지. 에너지밀도가 높고 보관과 운반이 용이한 석유는 자동차와 함께 20세기 교통혁명을 이끌었어. 식물성기름이 현대 바이오 연료로 대접받기 위해서는 내연기관에 사용할 수 있는

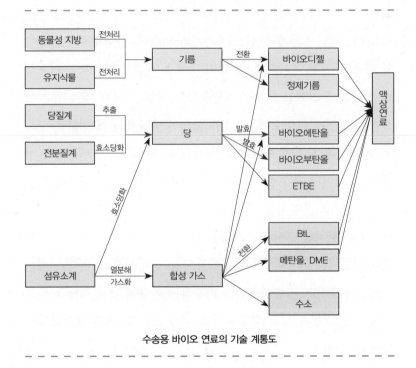

수송용 바이오 연료의 기술 계통도

형태가 돼야 하는데, 여기에 맞게 개발된 것이 바이오디젤과 바이오에탄올이야.

바이오디젤은 유채나 대두와 같은 유지 작물로 기름을 짜서, 알칼리 등의 촉매를 넣고 메탄올과 반응시켜 지방산 메틸에스테르와 글리세린을 얻은 뒤, 이 글리세린을 원심분리해 고순도의 지방산 메틸에스테르를 얻는 방법을 사용해. 바이오디젤은 그 자체로 자동차 연료가 될 수 있으며, 석유에서 정제한 경유와 섞어서 쓸 수도 있는데 유럽에서 주로 써. 독일의 경우 공공버스에는 100% 바이오디젤인 BD100을, 일반차에는 바이오디젤을 5% 혼합한 BD5를 공급하고 있어.

바이오에탄올은 술을 만드는 과정과 비슷해. 사탕수수나 사탕무와 같은 당질계 바이오매스로부터 당액을 추출하고 효모를 이용하여 에탄올로 전환한 뒤 무수에탄올로 농축하는 거지. 옥수수나 쌀 등의 전분질계 바이오매스는 1차 삶음과 당화를 통해 전분을 당으로 변환한 후 당질계 원료와 같은 과정을 거쳐 연료용 에탄올을 생산해. 볏짚이나 옥수수대와 같은 목질계에서 바이오에탄올을 얻고자 할 때는 목질계 원료 중 당으로 전환 가능한 부분을 선택적으로 분리하는 전처리 과정이 추가돼.

바이오에탄올은 휘발유에 첨가물처럼 섞어 사용해. 미국은 바이오에탄올이 10% 혼합된 E10을 이용하는 차량에 감세 혜택을 주고 있으며, 브라질은 모든 휘발유에 20~25%의 에탄올을 포함하도록 법으로 정했어.

에너지 전환 시대의 논리

그런데 왜 인류는 역사의 뒤안길로 밀려난 바이오 연료에 다시 주목하게 된 걸까?

우선 바이오 연료를 생산하는 원료 식물을 재배하는 과정에서 이산화탄소를 흡수하므로 탄소 배출을 감축할 수 있다는 것이 첫 번째 장점이야. 또한 연소 과정에서 화석연료보다 유해한 배기가스를 덜 배출해. 자국에서 재배하는 바이오매스로부터 추출하는 경우에는 화석연료 수입량을 줄여 에너지 안보에 기여할 뿐 아니라 농촌 경제의 활성화와 관련 산업의 고용을 창출하는 효과도 있어.

유럽에서 바이오디젤이 처음 도입된 것은 유해 배기가스를 줄이기 위한 환경보호 차원이었어. 그 후 교토의정서에 의해 온실가스 배출 감축이 의무화되면서 바이오디젤이 갖는 이산화탄소 감축 효과가 보급을 촉진하는 계기가 됐지. 유럽에서는 주로 휴경지에 유채를 심어 바이오디젤을 생산해.

브라질이 바이오에탄올의 선구자가 될 수 있었던 것은 자국에서 생산되는 사탕수수와 사탕무를 통해 에너지 자립을 추구했기 때문이야. 미국 역시 석유에 대한 의존도를 줄이기 위해 자국 내에서 풍부하게 생산되는 옥수수를 이용하여 바이오에탄올을 생산했지. 하지만 전분질계 에탄올은 식량과 경합하여 곡물 가격을 상승시키는 요인이 되기도 해. 그래서 미국은 옥수수대나 폐기물에서 에탄올을 생산하는 쪽에 더 지원을 해.

이와 같이 바이오에너지의 활용은 국가의 자연환경에 따라 차이가 커. 핀란드와 스웨덴같이 목질계 자원이 풍부한 나라, 브라질이

브라질은 풍부한 사탕수수와 사탕무로 바이오에탄올을 생산해 휘발유차에 혼합 사용한다.

나 미국같이 바이오 연료용 식물을 많이 재배하는 나라가 있는가 하면 우리나라와 같이 목재는 물론 식용작물까지 수입해야 하는 나라도 많잖아?

하지만 우리나라에도 활용할 수 있는 바이오에너지 원료가 존재해. 별도로 연료용 목재가 생산되지는 않지만, 해마다 간벌로 상당량의 임산 폐기물이 발생하며, 축산분뇨와 음식물 쓰레기 처리에 막대한 비용을 쓰고 있는 상황이야. 게다가 2012년부터는 해양투기가 금지돼 처리비용이 더욱 커졌지. 그 바람에 음식물 쓰레기 봉투도 사야 되는 거고 말이야.

2006년 산업자원부에서 추산한 바에 따르면 실제 생산되는 가용 자원으로서 임산 폐기물은 연간 200만t으로 석유로 환산하면 85만 toe에 해당해. 농업부산물은 연간 105만toe, 음식물 쓰레기는

에너지 전환 시대의 논리

5000toe, 축산분뇨가 3만toe, 하수슬러지가 1만 5000toe가량 된대. 한국에너지기술연구원은 2010년 기준으로 바이오매스에너지의 부존량을 1억 4185만toe, 가용잠재량 1165만toe, 기술적 잠재량을 617만toe로 추산했어.

이에 비해 2012년 기준 우리나라에서 생산한 바이오에너지의 총량은 133만 4724toe, 이 중에 발전량은 1027GWh야. 그러나 여기에는 매립지 가스 11만 6073toe와 바이오디젤 35만 9916toe가 포함돼 있어. 배출량을 줄여나가야 할 쓰레기 처리 과정에서 생산되는 매립지 가스를 재생가능에너지에 포함시키는 데는 이견이 있으며, 바이오디젤은 현재 수입한 원료작물로 생산한 제품이야. 따라서 우리나라에서 현재 기술 수준으로 활용할 수 있는 바이오에너지 중에 실제 활용한 것은 14%밖에 되지 않아.

간벌재는 지역 단위로 수집과 운반 체계를 갖추면 소규모 열병합 발전을 위한 훌륭한 에너지원이 될 수 있으며, 펠릿화 시설을 갖추면 개별 농가에서 보일러용으로 공급할 수도 있어. 민간기업에서야 수지를 맞출 수 없겠지만 공공근로를 활용하면 밑지는 장사는 아냐.

축산분뇨와 음식물 쓰레기 등 유기성 폐기물은 혐기성 소화에 의한 가스화 시설로 전기와 열을 생산하고, 남은 잔류물은 퇴비로 활용하거나 매립, 소각 처리하면 돼. 음식물 쓰레기의 경우 그동안 환경부의 노력에 의해 98% 이상이 분리수거되는데, 분리수거한 음식물 쓰레기는 사료 또는 퇴비화하거나 1차 처리 후 하수처리장으로 넘겨. 현재의 처리 시설에 에너지 회수 시설을 추가하는 것은 그리

영주시에서는 간벌재로 톱밥, 펠릿 등을 만들어 공급한다.

어려운 일이 아니야.

　한편 수송용 연료에 바이오 연료를 도입하는 방안은 우선 정책 목적을 분명히 할 필요가 있어. 바이오 연료가 환경보호와 탄소중립이라는 장점을 가지고 있지만 가장 중요한 것은 우리나라에서 재생가능한 에너지여야 한다는 점이야. 바이오 연료를 만들기 위한 원료작물을 해외에서 수입해야 한다면 이는 진정한 의미의 '재생가능'에너지라고 할 수 없어. 따라서 간척지와 휴경지 등 국내에서 생산 가능한 수량을 예측하고, 국내 농업 소득의 향상과 연계해 재생 가능한 범위에서 보급을 추진해야 해.

에너지 전환 시대의 논리

07

재생가능에너지의
경제성과 자원 잠재량

재생가능에너지에 관해 이야기하면 가장 많이 듣게 되는 말이 바로
이거야.

"좋긴 한데 비싸고 경제성이 없지 않아요?"

밑도 끝도 없이 그냥 비싸고 경제성이 없대. 무엇보다 비싼지 왜
경제성이 없는지는 중요치 않아. 그냥 우리한테는 어울리지 않는
에너지라는 속내를 내비쳐.

그리드 패리티에 도달한 재생가능에너지

미국의 투자 자문 및 자산 관리 회사 중에 라자드Lazard라고 있어.
프랑스계 미국인 라자드 형제가 1848년에 설립해서 지금은 26개국

41개 도시에 사무실을 두고 있는데, 2014년 운용자산이 1970억 달러에 이르고 당기순익을 4억 2800만 달러나 올린 회사야. 그러니까 돈 냄새는 기가 막히게 맡는 기업이라 이거지.

이 회사가 2015년 11월에 〈균등화 발전 비용 분석Lazard's Levelized Cost of Energy Analysis-Version 9.0〉이라는 보고서의 아홉 번째 판을 내놨어. 화석연료와 원자력이라는 기존 발전원과 대체에너지 발전원의 전력 생산 비용을 비교 분석한 글이야. 에너지 분야에서는 화석연료산업 다음으로 규모가 큰 곳이 전력산업이거든. 그래서 투자자들에게 보여주려고 만든 거지.

일단 표를 한번 보자.

이 표는 미국의 에너지원별 발전 비용을 보조금 빼고 계산한 거야. 재생가능에너지와 원자력은 물론 화석연료까지 이런저런 명분으로 정부의 보조금을 받는데, 이걸 빼고 한 거지.

놀라지 마시라! 가장 싼 건 풍력발전이야. MWh(메가와트시)당 32~77달러. 그다음은 대규모 태양광발전으로 50~70달러! 세 번째가 가스복합화력발전으로 52~78달러고, 석탄화력발전(65~150달러)은 일반화력발전(68~101달러)과 비슷한 수준이야. 미국은 셰일가스 개발로 천연가스 값이 싸져서 가스발전이 빠르게 석탄화력발전을 대체하고 있어. 원자력발전은 97~136달러로 지열발전이나 태양열발전 등과 함께 그 뒤를 이어. 일반 주택의 지붕형 태양광발전은 184~300달러로 아직 높은 수준이지만 디젤발전(212~281달러)은 따라잡았어.

에너지 전환 시대의 논리

에너지원별 전력 생산 비용

구분	에너지원	값
대체 에너지	지붕형 태양광발전(주택)	184달러 ~ 300달러
	지붕형 태양광발전(산업·상업시설)	109달러 ~ 193달러
	지역 단위 태양광	78달러 ~ 136달러
	대규모 태양광발전(실리콘)	46달러 ◆ 58달러 ~ 70달러
	대규모 태양광발전(박막)	43달러 ◆ 50달러 ~ 60달러
	태양열	119달러 ~ 181달러
	연료전지	106달러 ~ 167달러
	마이크로 터빈	79달러 ~ 89달러
	지열	82달러 ~ 117달러
	바이오매스	82달러 ~ 110달러
	풍력	32달러 ~ 77달러 152달러 ◆
	에너지효율화	50달러
기존 에너지	디젤	212달러 ~ 281달러
	일반 가스 발전	68달러 ~ 101달러
	가스 피킹 발전	165달러 ~ 218달러
	석탄가스화복합발전	96달러 ~ 183달러
	원자력	97달러 124달러 ◆ 136달러
	석탄	65달러 ~ 150달러
	가스복합발전	52달러 ~ 78달러

Levelized Cost($/MWh)

자료: Lazard's Levelized Cost of Energy Analysis vr.9.0

재생가능에너지의 경제성과 자원 잠재량

어때? 생각했던 것과 다르지? 이게 믿을 만한 자료냐고? 그럼, 독일 프라운호퍼 연구소의 2013년 11월 자료를 보기로 할까?

독일은 자국에서 생산하는 갈탄화력발전이 제일 싸. 그다음이 무연탄화력, 가스복합화력 순인데, 육상풍력은 석탄화력발전과 경쟁력을 갖췄어. 이곳에서도 대규모 태양광발전의 하한선은 가스복합화력 수준으로 내려왔어. 규모가 작은 지붕형 태양광발전은 아직 기존 발전원들보다 비싸지만, 일사량이 많은 남부지방의 경우 가스복합화력의 상한선에 근접했대.

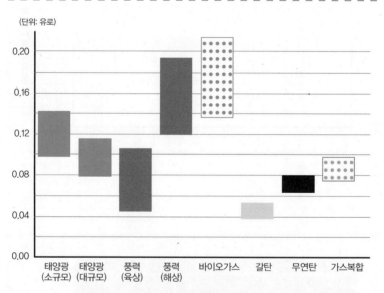

자료: Fraunhofer ISE, Levelized Cost of Electricity Renewable Energy Technologies, 2013. 11.

독일의 에너지원별 전력 가격

에너지 전환 시대의 논리

이게 현재 재생가능에너지의 경제성을 보여주는 지표들이야. 세계가 대체에너지 개발에 본격적으로 나서기 시작한 게 1970년대 중반, 현대적 풍력발전이 처음 상용 배치된 게 1970년대 후반이니까 그로부터 약 40년이 흘렀어. 그러니까 위 표에서 본 현실은 지난 40년의 성과인 거야.

실리콘 태양전지가 처음 실용화된 1954년의 생산가격은 와트당 286달러였어. 우주개발에 힘입어 꾸준히 기술을 향상한 태양전지의 생산가격은 1970년대 초 100달러로 낮아졌고, 석유파동 이후 대체에너지에 대한 관심이 높아져 실생활 영역으로 보급이 확대되면서 1970년대 말 20달러, 1985년에는 7달러까지 내려갔지. 그리고 풍력에 이어 재생가능에너지의 차세대 주자로 입지를 굳힌 2008년 결정질 실리콘 태양전지 가격이 3.37달러, 2009년에는 1.46달러까지 떨어지고 경쟁이 최고조에 달한 2012년에는 0.343달러로 바닥을 쳤어.

라자드의 표를 하나 더 소개할게. 2009년부터 2015년까지 풍력과 태양광발전 비용 추이야.

6년 사이에 풍력발전 비용은 61%, 태양광발전 비용은 82%가 낮아졌어. 이렇게 재생가능에너지원의 발전 비용이 낮아지는 데에는 두 가지 측면이 있어. 학습효과와 규모의 경제.

학습효과란 신기술 발전 과정에서 초기에는 기술 개발이 더디지만 정보가 축적되면서 개발이 촉진되는 걸 말해. 요즘 선진국은 물론 신흥 개도국까지 가세해 재생가능에너지 분야의 특허 출원이 봇

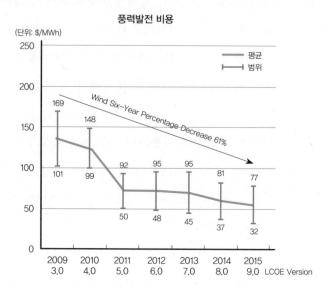

풍력발전 비용

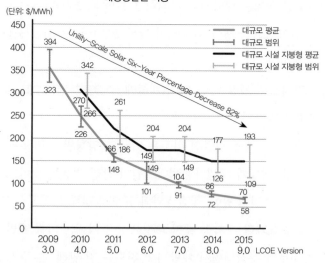

태양광발전 비용

2009~2015년 풍력과 태양광발전 비용 추이

에너지 전환 시대의 논리

물을 이루고 있어. 20세기에는 선진 산업국의 독무대였지만 21세기로 들어서면서 신흥 개도국도 참여하고, 2010년에는 중국이 미국을 넘어 이 분야 투자 1위국으로 올라섰어. 이렇게 경쟁이 붙으면서 기술 발전 속도는 더욱 가속화했지.

한편 보급이 확대되면서 생산이 늘어나는 것은 규모의 경제를 불러와 가격을 낮추게 돼. 대량생산과 공정 개선 등 생산량이 많아지면서 나타나는 가격 하락 효과지. 다음에 소개하는 표들은 최근 10여 년간 풍력발전과 태양광발전 누적 설치 용량의 변화야.

풍력발전 누적설치용량은 11년간 약 8배, 태양광발전 누적 설치 용량은 약 48배로 늘었어. 2014년 말 기준으로 재생가능에너지가 전 세계 전력생산 중에서 차지하는 비중은 22.8%를 차지해. 여전히 수력(16.6%) 비중이 높지만 풍력(3.1%)과 태양광(0.9%)의 비중이 빠르게 증가하는 추세야. 이런 보급 확대가 생산 비용의 하락을 촉진하고 있어.

한편 재생가능에너지에 의한 전력을 기존 전력망에 편입하는 데 따른 가격 효과를 연구해보니 구매 순위 효과merit order effect가 있는 것으로 나타났어. 보조금을 받는 재생가능에너지에 의한 전기가 전력요금 가격 인하 효과도 있다는 거야.

구매 순위merit order란 한계비용에 따라 전력거래 시장에서 사들이는 전기의 순서를 말해. 실제 전력 시장에서 구매가 이루어지는 건 한계비용뿐 아니라 전력량, 기동 시간 등을 고려해 결정되는데, 말하자면 하루 전에 전력거래 시장에 입찰하는 전기 중에서 싼 것부터

풍력발전

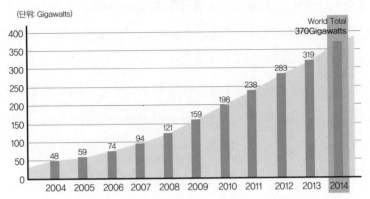

(단위: Gigawatts)

World Total
370Gigawatts

2004	2005	2006	2007	2008	2009	2010	2011	2012	2013	2014
48	59	74	94	121	159	198	238	283	319	370

태양광발전

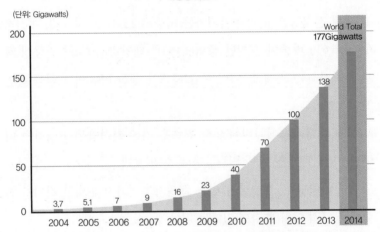

(단위: Gigawatts)

World Total
177Gigawatts

2004	2005	2006	2007	2008	2009	2010	2011	2012	2013	2014
3.7	5.1	7	9	16	23	40	70	100	138	177

자료: Renewable Energy Policy Network for the 21st Century, Renewables 2015 — Global Status Report

최근 10여 년간 풍력발전과 태양광발전 누적 설치 용량 변화

330

에너지 전환 시대의 논리

사들인다고 생각하면 돼. 우리나라의 경우 원자력으로 기저부하를 채우고, 석탄화력과 중유로 중간부하를, 가스발전이 첨두부하를 담당하는 순으로 구매가 이루어져. 뒤로 갈수록 전깃값은 비싸지지.

기준가격의무구매제FIT를 시행하는 유럽의 나라들은 원자력(있는 경우)과 재생가능에너지를 가장 우선적으로 구매하고, 이어서 열병합발전, 석탄복합화력, 가스화력 순으로 구매를 해. 여기도 가스화력발전의 비용이 제일 비싸. 그렇게 해서 전력요금이 결정되는 게 아래 그래프야.

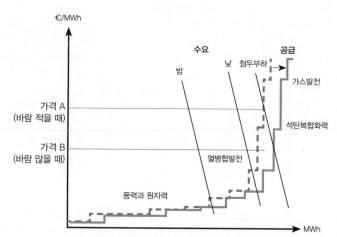

자료: Wind Energy and Electricity Prices — Exploring the 'merit order effect'
재생가능에너지의 발전량이 많을수록 전력 구매 비용이 낮아진다.

수요곡선이 입찰 들어온 공급곡선과 만나는 점에서 그날의 주간, 야간, 첨두시간대의 전력요금이 결정되는 거지. 그런데 공급곡선

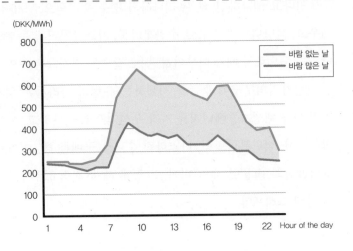

[12월 전력 가격]

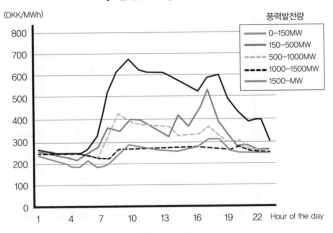

자료: Riso DTU

전력시장 현물 가격이 그날의 바람량에 따라 다르다.

에너지 전환 시대의 논리

중 점선은 풍력발전량이 적을 때이고, 바람 불어 좋은 날은 시장에 들어오는 풍력발전량이 많아지니까 공급곡선이 실선으로 밀려나는 거야. 피크 시간의 가격 A와 B를 비교해보면 바람 불어 좋은 날 전력 가격이 더 싸다는 걸 알 수 있어.

이렇게 해서 실제 거래가 이루어진 2005년 12월 덴마크 전력시장의 가격을 보면 좌측 표와 같아.

위쪽 선은 바람이 없거나 아주 적은 날(0~150MW)의 전력 가격 곡선이고 제일 아래 선은 시간당 1500MW 이상 풍력발전이 돌아간 날의 전력 가격이야. 이걸 구매 순위 효과라고 하는데, 이 효과가 전력 가격 하락에 끼친 영향은 연구에 따라 3~23유로/MWh가 된대.

구매 순위 효과는 재생가능에너지에 보조하는 지원금이 전력 가격에 전가돼도 전체적으로는 경제성이 있으며, 화석연료 발전소에

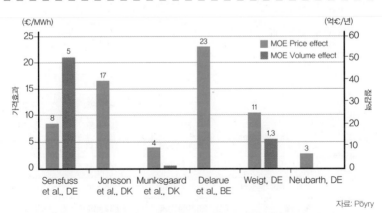

여러 연구에서 구매 순위 효과에 따른 경제적 이익을 확인할 수 있다.

부과되는 탄소배출금, 연료비용의 증가를 고려하면 경제성은 더 높아진다는 걸 보여주는 사례야.

재생가능에너지,
지금 기술 수준으로도 소비량의 5배!

또 하나 자주 듣는 얘기는 '우리나라는 재생가능에너지가 충분치 않다'는 건데, 이건 정말 어떻게 나온 이야긴지 모르겠어. 우리나라

신·재생에너지 전체 잠재량

(단위: 10³toe/년)

구분		이론적 잠재량	지리적 잠재량	기술적 잠재량
태양		11,370,987	3,767,130	1,161,080
풍력	육상	76,562	24,186	7,713
	해상	95,628	47,750	16,711
바이오		367,094	16,590	11,481
폐기물		14,091	13,386	10,360
지열		5,253,414	2,115,869	12,528
수력		43,427	22,698	7,250
해양에너지	조류	591,873	196,999	31,344
	조력	7,878	3,033	1,893
	파력	17,597,206	3,519,441	106,468
	해수 온도차	6,006	5,410	4,847
총 계		35,424,166	9,732,492	1,371,675

자료: 《2014년 신·재생에너지 백서》

에너지 전환 시대의 논리

에 없는 건 화석연료지 재생가능에너지가 아니야. 그리고 그 양도 현재의 기술 수준으로 활용할 수 있는 것만 해도 우리가 지금 쓰는 에너지의 몇 배에 달하거든.

한국에너지기술연구원의 자료에 의하면 우리나라 재생가능에너지의 이론적 잠재량은 354억 4241만toe로 산지와 도로, 철도 등을 제외하고 입지 조건을 고려한 지리적 잠재량은 97억 3249만toe, 이 중에 현재의 기술 수준으로 활용할 수 있는 자원의 기술적 잠재량은 13억 7167만toe래. 2013년에 우리나라가 소비한 1차 에너지원은 모두 2억 8029만toe이므로 기술적 잠재량만 해도 현재 우리나라 총 에너지 소비량의 약 5배야.

2014년 6월 9일 독일에서는 역사적인 사건이 있었어. 이날 한때 태양광발전으로 생산한 전력이 23.1GW에 이르렀는데, 그 시점의 독일 전체 전력 수요의 50.6%에 해당하는 양이었던 거야. 한때이기는 하지만 전력 수요의 절반을 태양광발전으로 공급하는 기록을 세운 나라 독일은 우리나라보다 북쪽에 있는 나라야. 우리나라는 북위 33~43도에 걸쳐 있고 독일은 41도에서 50도를 넘는 나라야. 태양열 관련 국제 데이터베이스인 솔라기스SolarGIS 자료에 의하면 독일의 수평면 직달 일사량은 연평균 900~1200kWh/m²인 데 비해 한국은 1400~1600kWh/m²래.

그러니까 "우리나라는 재생가능에너지 조건이 다른 나라보다 나쁘지 않아요?"라고 에둘러 말하지 말고 그냥 솔직하게 "난 값이 올라도 그냥 화석연료 사다 쓸래요." 아니면 "난 핵에너지가 좋아요.

발전소는 우리 집 앞에 지으세요." 하고 말하는 편이 낫지 않겠어?

화석연료와 원자력, 그리고 재생가능에너지 중 어느 에너지를 쓰느냐 하는 건 경제성과 자원량의 문제가 아니라 우리가 앞으로 안정적으로, 지속가능하게 에너지를 쓰기 위해서 어떻게 해야 할까의 문제야. 선택은 각자의 몫이지. 우리나라의 정책이 어떻게 되느냐는 우리 모두의 몫이고.

에너지 전환 시대의 논리

08

재생가능에너지산업—
확장하는 시장, 축소하는 시장

현재 에너지 체제는 화석연료가 주를 이루는 가운데 재생가능에너지와 원자력이 보완하는 구조로 이루어졌어. 2012년 세계 최종 에너지 소비의 78.4%를 화석연료가 담당하는 가운데 재생가능에너지가 19%, 원자력이 2.6%를 차지해. 재생가능에너지 19% 중에서 약 9%는 주로 개도국의 농촌 지역이나 오지에서 취사와 난방에 사용하는 전통적 바이오매스에너지인데 얘는 줄어드는 추세고, 약 10%인 현대적 재생가능에너지는 그 비중이 점점 커지고 있는 추세야.

따라서 석탄과 석유, 천연가스를 개발하고 유통하는 화석연료 산업이 가장 커. 아래 표는 2014년 매출액으로 본 기업 순위표 중에서 상위 20위 안에 들어 있는 석유회사들이야.

1위를 한 미국의 월마트를 제외하고 2위부터 6위까지, 그리고 11, 12위 모두 7곳이 석유회사야. 2위를 한 시노펙 그룹은 한 해에 약

순위	기 업	매출액(억 달러)
2	Sinopec Group	4468.11
3	Royal Dutch Shell	4313.44
4	China National Petroleum	4286.20
5	Exxon Mobil	3825.97
6	BP	3586.78
10	Glencore	2210.73
11	Total	2120.18
12	Chevron	2037.84

출처: fortune.com/global500

4468억 달러, 우리 돈으로 500조 원이 넘는 석유와 가스를 팔았어.

2010년 멕시코만 유전 원유 유출 사고를 일으킨 브리티시 페트롤리엄BP은 기름 치우느라고 140억 달러, 형사 벌금 45억 달러, 형사 배상금 78억 달러에 아직 재판이 다 끝나지 않은 민사 보상으로 또 수십억 달러를 써야 해. 지금까지 쓴 것만 30조 원이 넘어. 태안 기름 유출 사고 때 달랑 56억 원만 배상하고 끝낼 수 있었던 삼성의 경우와 차이가 크지? 아무튼 '이래서야 BP 망하는 거 아냐?' 했어. 그런데 웬걸, BP는 한 해 매출액이 400조 원을 넘고 현금 자산만 30조 원이나 되는 회사더라고. BP는 그냥 제대로 액땜했다 치고 넘어가는 거였어.

뭐, 우리나라도 스마트 학생복 만들던 선경이 1980년 대한석유공사를 인수한 뒤 노태우 정부 때 대통령과 사돈 맺고 일취월장하여 굴지의 재벌 SK로 성장한 사례가 있지. 그런데 그 토대가 바로 석유

에너지 전환 시대의 논리

산업이야. 이처럼 아직도 돈이 가장 많이 몰리는 에너지산업은 화석연료 부문이지. 더구나 화석연료는 에너지의 역할을 끝낸 이후에도 화학공업의 원료로 사용할 테니 장수 산업으로 살아남을 거야.

원자력산업의 미래는 '원전 마피아의 대부들'에서 살펴본 대로야. 축소하는 시장이지.

2014년에 국제적으로 신규 계약이 이루어진 원전을 보면 웨스팅하우스가 불가리아에서 1기, 러시아의 로사톰이 남아공에서 8기를 발주한 것까지 두 건이야. 이 밖에 2007년에 4기의 웨스팅하우스 AP1000 원자로를 발주하면서 국내 기술 사용권을 확보한 중국이 자체 기술로 개발한 CPA1400을 산동성 스다오완에 착공한 것과 아르헨티나가 자체 기술로 25MW급 소형 원전 건설을 시작한 게 2014년 신규 원전의 전부였지.

베트남은 로사톰이 2013년 말에 시작하기로 했던 첫 원전의 착공을 자금과 원전 정책의 재검토 등을 이유로 뒤로 미뤘어. 올킬루오토 3호기의 공기 지연과 소송에 시달리는 핀란드도 4호기의 발주를 최장 5년까지 늦췄고 말이야. 체코전력공사는 테멜린 원전 3, 4호기의 입찰을 폐기했는데 이유는 낮은 전력판매단가와 정부의 전기요금 보증 거부 때문이래.

가장 큰 원전 건설 시장인 중국의 변화는 주목할 필요가 있어. 웨스팅하우스가 첫 발주를 했을 때 두산중공업이 원자로 제작업체로 참여해 서방파 중간 간부 역할을 기대했잖아? 그런데 중국 자체 기술 가압경수로인 CPA1400의 착공은 중국이 기술 획득을 마무리했음을 보여주는 거야. 우리도 처음 몇 기만 수주국 원자로업체와 건설업체를 참여시켰을 뿐 기술을 습득한 뒤에는 국내 원자로업체와 건설업체에 원전 건설을 맡긴 것과 같아.

더구나 중국의 CPA1400은 해외 수출권을 가지고 있어. 이제 국제 원전 시장은 서방파 3개 연합에 힘을 되찾은 러시아, 새로 날개를 단 중국까지 더해져 5강의 각축장이 됐어. 서방파 넘버 4가 낄 자리는 거의 없다고 봐야 해.

이런 현실은 2015년에 적나라하게 드러났어. 서방파 3개 연합이 지지부진한 가운데 원기를 찾은 러시아가 헝가리와 이집트, 인도, 방글라데시로 날아다녔어. 이집트 엘 다바에 건설하는 원전은 비용의 85%인 250억 달러의 차관을 지원하는 조건이야. 핵무기 개발로 오랫동안 서방파의 견제를 받았던 인도는 중국도 견제할 겸 러시아로부터 12기의 원전 도입을 추진하기로 했지.

중국의 국제 원전 건설 시장 등장은 더욱 극적이었어. 2015년 9월 영국을 방문한 시진핑 국가 주석에게 영국은 3기의 원전 건설 참여를 부탁했거든. 처음 두 기는 아레바 주도의 컨소시엄에 참여하지만 세 번째는 중국형 원자로를 가지고 아레바를 2대 주주로 참여시키는 중국 주도 컨소시엄이야. 원전 시장이라는 게 국제관계의 산물임을 여실히 보여주는 사례지.

진심으로 원전산업계에 충고하는데 이제 건설보다는 안전과 폐로, 폐기물 처리에 집중해야 해. 이쪽이 우리나라 원전산업계가 살 길이야.

에너지 전환 시대의 논리

재생가능에너지산업 규모

　재생가능에너지산업의 규모는 얼마나 될까? 아래는 클린에지가 태양광발전과 풍력발전, 바이오 연료 시장 규모를 집계한 자료야.

　2000년에 100억 달러 이하였던 시장이 2013년 2476억 달러 시장으로 약 25배나 커졌어. 태양광과 풍력발전 시장만 해도 2013년에 1498억 달러 시장이 됐어. 같은 해 반도체 시장의 규모가 3809억 달러인데, 태양열과 지열, 바이오에너지 등 위의 집계에서 빠진 부분

재생가능에너지 세계시장 규모

(단위: 10억 달러)

연도	태양광발전	풍력발전	바이오 연료
2000	2.5	4.0	N/A
2001	3.0	4.6	N/A
2002	3.0	5.5	N/A
2003	4.7	7.5	N/A
2004	7.2	8.0	N/A
2005	11.2	11.8	15.7
2006	15.6	17.9	20.5
2007	20.3	30.1	25.4
2008	29.6	51.4	34.8
2009	36.1	63.5	44.9
2010	71.2	60.5	56.4
2011	91.6	71.5	83.0
2012	79.7	73.8	95.2
2013	91.3	58.5	97.8

자료: Clean Edge, Inc. 2014

을 감안하면 재생가능에너지산업 규모가 반도체산업과 비슷한 수준이 된 거야.

재생가능에너지산업에 대한 각국 정부와 기업의 관심은 신규 투자에서 여실히 드러나. 아래는 블룸버그가 2015년 7월에 내놓은 자료야.

2004년에 600억 달러였던 신규 투자액은 2011년 5배가 늘어난 3180억 달러까지 늘어났다가 유럽 경제의 침체로 다소 떨어졌어. 2008년 세계 금융 위기로 세계경제가 뒷걸음질 칠 때도 재생가능에너지 분야 투자는 줄지 않았는데, 이는 각국 정부와 기업이 신성장 동력산업으로 재생가능에너지를 판단하고 있기 때문이야. 그리고

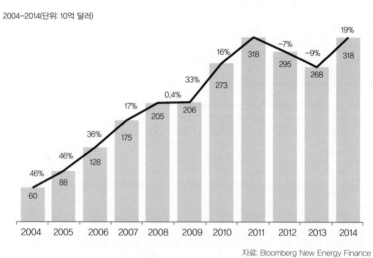

2004–2014(단위: 10억 달러)

자료: Bloomberg New Energy Finance

전 세계 재생가능에너지 신규 투자 추이

에너지 전환 시대의 논리

2014년에 다시 늘어나 최고 기록을 회복했어.

그동안 재생가능에너지산업을 견인해온 곳은 유럽이었는데, 경기 침체에도 불구하고 신규 투자가 늘어날 수 있었던 건 신흥 개도국의 투자가 가세했기 때문이야. 특히 중국의 성장을 주목할 필요가 있어.

2004년에 불과 23억 달러에 불과했던 중국의 재생가능에너지 신규 투자액은 2010년 391억 달러로 미국을 제치고 세계 1위 투자국이 됐어. 2014년 835억 달러로 선두를 유지했고 이런 추세는 2015년에도 이어졌지.

중국에는 VTR이 없어. 중국 사람들이 비디오를 볼 무렵엔 이미 CD가 대중화되고 있어서 우리가 VTR+CDP 콤보를 사고 있을 때

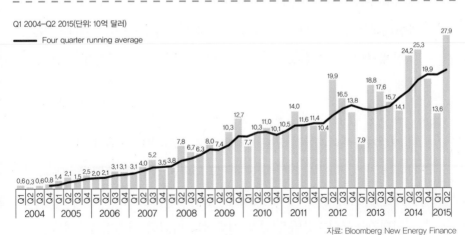

Q1 2004–Q2 2015(단위: 10억 달러)
— Four quarter running average

자료: Bloomberg New Energy Finance

중국 재생가능에너지 신규 투자 추이

이들은 그냥 CD 플레이어만 사면 됐던 거야. 중국은 이런 건너뛰기를 산업에서도 시도하고 있어.

우리도 그랬잖아. 소니며 도시바며 일본 가전 뒤따라가느라 땀을 흘리다가 반도체와 무선통신 분야에 선도적인 투자를 해서 일본을 앞지르게 됐지. 중국이 선도 투자를 할 수 있는 건 뭐가 남아 있을까? 그래, 중국은 그게 재생가능에너지라고 생각하고 있어. 이제 막 개화를 시작한 시장이니까.

중국은 2010년에 미국을 넘어서 세계 제일의 에너지 소비국이 됐고 그전에 이미 세계 최대의 이산화탄소 배출국이라는 불명예를 안게 됐어. 그동안은 우선 선진국이 책임을 져야 한다며 피해왔지만, 2030년이 온실가스 배출의 정점이 되도록 하겠다고 국제사회에 약속했어. 중국으로서는 에너지 공급 안정과 탄소 배출 저감을 동시에 추구해야 하는 과제를 안게 된 거지. 이게 중국이 에너지 정책 차원에서 재생가능에너지에 투자를 확대하는 이유야.

현재 중국은 7대 신성장산업에 신에너지산업과 에너지절약·환경보호산업, 신에너지 자동차산업 등 재생가능에너지 관련 산업을 3개나 집어넣을 정도로 의욕을 보이고 있어. 그리고 주목할 대목이 중국의 재생가능에너지산업 진흥 정책은 국내 보급 확대와 함께 이루어진다는 거야. 즉 내수 시장이 받쳐주고 있다는 말이지. 현재 중국은 풍력발전 설비 세계 1위, 태양광발전 설비 세계 2위(1위는 독일)야.

재생가능에너지산업은 신흥 개도국뿐 아니라 저개발국가에도 유용한 기술이야. 저개발국가일수록 고급 에너지인 전력 사용이 적

에너지 전환 시대의 논리

고 인프라 구축이 미흡해. 아직도 전기의 혜택을 받지 못하는 세계 인구가 13억 명 정도 되는데 이들 나라에 발전소가 지어지고 송전선이 깔려 전기가 들어오려면 수십 년은 지나야 할 거야. 하지만 이런 오지일수록 분산형 에너지로서 재생가능에너지가 빛을 발해. 태양광발전이나 풍력발전은 송전선 같은 별도의 인프라 투자를 절약하게 해주거든.

이미 선진국들은 온실가스 감축을 위한 저개발국 지원을 자국의 재생가능에너지산업의 진출 기회로 활용하고들 있어. 꿩 먹고 알도 먹는 거지.

전 세계 재생에너지원별 고용창출 현황 추정

(단위: 1000개의 일자리)

| | 전 세계 | 중국 | 브라질 | 미국 | 인도 | 방글라데시 | EU | | |
							독일	스페인	나머지 유럽
바이오매스	782	240		152	58		52	44	210
바이오 연료	1,453	24	820	236	35		26	3	82
바이오가스	264	90			85	9.2	49	0.5	19
지열	184			35			17	1.4	82
소수력	156		12	8	12	4.7	13	1.5	18
태양광	2,273	1,580			112	100	56	11	153
태양열	43			143			1	28	0
태양열냉난방	503	350	30		41		11	1	31
풍력	834	356	32	51	48	0.1	138	24	166
합계	6,492	2,640	894	625	391	114	371	114	760

자료: Renewables 2014 Global Status Report

재생가능에너지산업—확장하는 시장, 축소하는 시장

재생가능에너지산업이 가지고 있는 장점 중에 하나는 고용 증대야. 화석연료나 원자력이 수입 에너지인데 비해 재생가능에너지는 그 지역에 주어지는 에너지를 활용해. 따라서 에너지의 생산과 공급, 수요가 지역적으로 이루어지기 때문에 지역 고용 창출 효과가 기존 에너지원보다 더 크게 나타난대.

현재 전 세계적으로 재생가능에너지 분야에서 고용하고 있는 일자리는 약 650만 명이야. 뿌린 만큼 거둔다고 중국이 제일 많고, 그동안 앞장서 왔던 유럽이 국내 비율로는 높은 편이지. 브라질은 사

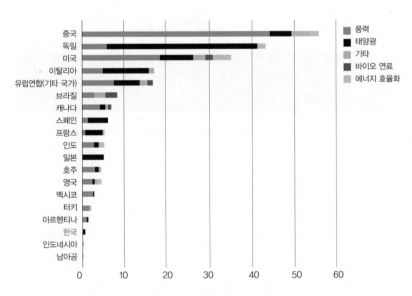

자료: 기후변화행동연구소

2010년 G20 재생가능에너지 투자 순위

에너지 전환 시대의 논리

탕수수로 에탄올을 만들어 자동차 연료로 쓰는데, 이 분야의 고용이 많아.

자, 이제 어디가 확장하는 시장이고 어디가 축소하는 시장인지 알겠지? 개인이 어디에 투자할지는 각자의 몫이지만, 나라가 어디에 투자 중점을 둘지는 우리 모두의 몫이야. 좌측 표는 2010년 G20의 재생가능에너지 투자 순위야. 지금도 순위는 비슷해.

09

에너지 전환과
에너지 자립 시대를 향하여

처음 시작할 때 얘기했듯이 에너지 전환은 특정 개인이 추진하는 게 아니야. 세계적으로 이루어지고 있는 현재 진행 상황이지. 인류는 오랜 바이오매스 연료 시대를 지나 13세기 석탄, 19세기 석유, 20세기 천연가스 사용으로 화석연료 시대를 연 다음 20세기 중후반 원자력발전을 거쳐 20세기 후반부터 재생가능에너지를 활용하기 시작했어. 21세기의 에너지 체제는 재생가능에너지 중심 체제로 넘어가는 중이야.

에너지 전환과 산업혁명

앞서가는 나라가 있고 처진 나라가 있는 건 여기서도 마찬가지

에너지 전환 시대의 논리

순위	국 가	재생가능에너지 비중(%)
1	아이슬란드	89.6
2	뉴질랜드	38.8
3	노르웨이	38.5
4	스웨덴	34.7
5	오스트리아	30.1
8	덴마크	25.1
16	독일	10.5
27	미국	6.4
34	대한민국	1.0

자료: 《2014년 신·재생에너지 보급통계》

야. 위 표는 2013년 OECD 34개국의 1차 에너지 소비량에서 재생가능에너지가 차지하는 비중이야.

OECD 국가 중에서 꼴찌 하는 게 하나둘이 아니다 보니 새삼스럽지는 않지만 이것도 우리가 꼴찌야.

아이슬란드는 화산대에 있어 지열발전이 많은 나라야. 석유 수입을 제외하고는 지열발전과 수력발전으로 거의 에너지 자립을 하는 셈이지. 30%를 넘는 7개국은 대부분 수력과 삼림이 풍부한 나라야. 이 나라들의 전체 에너지 소비량은 그리 많지 않아. 그래서 양으로 보면 세계적으로 재생가능에너지의 절반 가까이를 미국(21.0%)과 중국(15.4%), 독일(10.6%)에서 생산하고 소비해.

특히 주목할 나라는 덴마크와 독일이야. 덴마크는 북해의 산유국임에도 불구하고 풍력을 바탕으로 재생가능에너지 비중을 높여온 나라고, 독일은 우리와 비슷하게 산업 부문의 에너지 소비가 많은 에너지 소비 대국이지만 재생가능에너지 비중을 10% 이상으로 끌어올린 나라거든. 따라서 우리가 에너지 정책의 올바른 방향을 찾아나가고자 할 때 많은 도움을 받을 수 있어. 세계는 이렇게 앞서거니 하며 뒤서거니 재생가능에너지 중심으로 에너지 체제를 전환해가고 있는 중이야.

그럼, 재생가능에너지가 중심이 되는 에너지 체제는 어떤 모습일까? 우선 화석연료 체제가 가져온 사회의 변화부터 되짚어보자.

13세기부터 사용된 석탄은 증기기관을 동력으로 삼아 면직물공업과 제철공업, 철도를 핵심으로 한 제1차 산업혁명을 불러왔고, 19세기 후반 석유는 화학공업과 전기공업을 중심으로 한 제2차 산업혁명과 자동차혁명, 통신혁명을 일으켰어. 20세기에는 천연가스까지 에너지원으로 도입됨으로써 석탄, 석유와 더불어 화석연료 3형제가 현재의 산업 문명을 떠받치는 에너지 체제를 구축했지.

그런데 이들 화석연료는 특정한 장소에만 매장돼 있는 이른바 '엘리트 에너지'야. 미국이 아프가니스탄과 이라크를 침공한 데서도 드러나듯이 석유와 천연가스 자원을 안정적으로 확보하기 위해서는 상당한 군사비 지출과 지정학적 관리가 필요해. 또한 특정한 지역에 땅속 깊이 묻혀 있는 화석연료를 채굴하고 전 세계의 최종 소비자에게 전달하기 위해서는 중앙집중형 하향식 관리통제 체제와 대량의 자본이 축적돼야 해.

자동차 휘발유가 내 차에 들어오기까지 그 과정을 살펴보자. 우

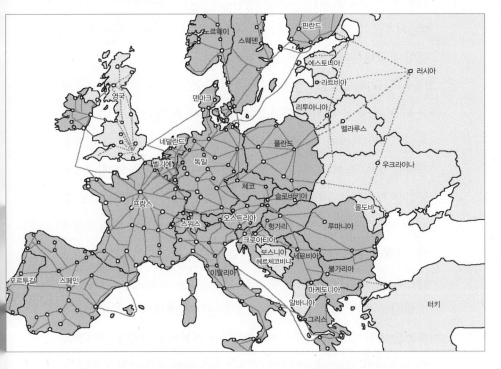

유럽의 주요 철도 노선도. 철도는 대규모 중앙집중형 관리 체계를 형성한 최초의 산업이다.

선 석유가 묻혀 있는 곳을 찾아야 해. 우리는 파보기 전에는 한 뼘 땅속에 든 것도 알 수가 없어. 석유광상을 탐사하는 사람들에게도 땅속 사정을 알아보는 게 어렵기는 마찬가지야. 이들은 중력과 지진파, 전자기파, 방사능은 물론 화학적 탐사를 통해 지질구조를 파악해 유전이나 가스전이 있을 만한 곳을 예상한 뒤 시추를 통해 실제 석유가 매장돼 있는지, 그 양은 얼마나 되는지 파악하지. 탐사 작업을 통해 경제성 있는 유전을 찾아내는 일은 갈수록 어려워지고 있어. 이제는 수 km 해저에서 다시 수 km를 파고들어 가거나 빙하로 덮인 북극해까지 찾아나서는 상황이 됐어.

우리나라는 2011년 한 해 동안만 약 10조 원, 이명박 정권 5년 동안 약 30조 원을 해외 석유가스 개발사업에 투자했어. 하지만 해외 에너지자원 개발에 착수한 지 십수 년이 지났음에도 아직까지 자주 개발을 통해 들여온 석유는 미미하기 짝이 없어. 이명박 정권 5년 동안은 확정된 손실액만 10%인 3조 원에 달한대. 5년 동안 30조 원을 투입했으면 석유 탐사 개발 및 운영 기술이 상당히 축적됐어야해. 그런데 주먹구구로 밀어붙이다 보니 안타깝게도 바가지만 쓰고 남은 게 별로 없다는 거야.

탐사를 통해 경제성 있는 유전이 확인되면 개발에 나서게 돼. 플랫폼과 파이프라인, 육상 처리 시설 등을 건설하고 생산정을 시추하면 본격적인 채굴 단계에 들어서지. 생산 단계에서는 저류층의 지속적인 관리를 통해 생산을 최적화하고, 물이나 화학물질을 주입하여 회수율을 높이는 작업을 병행해.

생산된 원유와 천연가스는 파이프라인이나 선박을 통해 소비 국가로 수송돼. 현재 전 세계에는 100만km가 넘는 송유관과 가스관이 설치돼 있으며, 5억 4000만t 이상을 실을 수 있는 8000여 대의 대형 유조선과 LNG선이 바다를 누비고 있어. 수송된 원유는 대규모 설비산업인 정유공장에서 휘발유, 등유, 경유 등 용도별로 정제되지. 정제된 석유는 송유관과 유조차를 통해 개별 주유소로 공급

에너지 전환 시대의 논리

삼성중공업이 세계 최초로 건조한 쇄빙유조선이 북극해에서 얼음을 뚫고 항해하는 모습

되고 마침내 주유소를 찾은 자동차의 연료통으로 들어오게 돼.

한정된 지역의 유전에 고여 있는 석유가 우리 자동차를 움직이기까지는 막대한 자본이 투입된 탐광과 채굴, 장거리 수송, 정제, 급유 과정을 거쳐야만 해. 연간 매출액 기준으로 세계 20대 기업 중에서 석유회사가 8개를 차지하고 화석연료산업의 연간 매출이 세계 전체 GDP의 3분의 1을 넘는 것도 이런 자본 집중의 결과야.

현재의 산업문명은 중앙집중형 에너지 체제 위에서 대량생산과 유통을 통해 굴러가. 과거에는 지역에서 생산하던 먹거리조차 대량 생산과 유통의 경제적 효율성이라는 현대 산업사회의 작동 논리에 따라야 시장에서 생존할 수 있어. 우리는 미국에서 생산한 밀가루와 호주에서 기른 쇠고기가 배를 타고 태평양을 건너 대형 유통매장을 통해 우리의 식탁에 올라오는 세상에 살고 있어. 20세기 초에 시작된 자동차 혁명은 지구촌의 거리를 좁히고 세계화를 촉진했지만, 이 역시 에너지를 먹는 하마야. 오늘날 교통 수송 부문은 전체 에너지 소비의 약 4분의 1일을 차지해.

산업사회는 또한 도시화를 동반했어. 기업들이 대형화와 집중으로 이익을 보았을 뿐 아니라 근거리에서 부르면 달려올 풍부한 노동력을 필요로 했기 때문이지. 이촌향도로 커진 도시는 물산과 정보, 문화가 몰리면서 더욱 커졌어. 대도시에 솟아오르는 수십 층의 고

중국 상하이의 모습. 고층건물이 즐비한 대도시는 에너지를 먹는 하마다.

에너지 전환 시대의 논리

층건물은 성장과 현대화의 상징이 되어 도시의 스카이라인을 바꾸어나갔지. 이런 고층건물 역시 에너지를 먹는 하마들이야. 게다가 대도시의 혼잡은 더욱 많은 에너지의 소비와 낭비를 초래하지.

이렇듯 화석연료는 인류에게 1·2차 산업혁명을 통해 산업화와 도시화를 선사했어. 산업화와 도시화는 농업사회의 인류로서는 상상도 할 수 없는 물질적 풍요와 부를 선사했지만, 이 부와 안락함은 다량의 에너지를 소비하면서 얻은 거야. 그 근간은 바로 수억 년간 지구가 축적해온 '엘리트 에너지'인 화석연료이고. 인류가 소비하는 에너지는 1900년에서 2000년까지 100년 동안 약 10배가 늘었어. 처음 두 배가 느는 데는 50년이 걸렸지만 그다음 두 배가 느는 데는 십수 년밖에 걸리지 않았어. 국제에너지기구는 2013년 현재 1만 3541Mtoe인 세계 1차 에너지 소비량이 2035년까지 지금보다 절반가량 더 늘어날 것으로 예측해. 이 중 60%는 중국과 인도, 남아공 등 신흥 공업국에서 필요한 에너지래.

하지만 이제 파티는 끝나가고 있어. 화석연료는 바닥이 드러나고 있으며, 화석연료의 과소비로 기후변화라는 지구의 자정작용 프로그램이 작동함으로써 인류는 생존의 시험대에 올랐지.

재생가능에너지, 분산형 에너지 시대를 열다

재생가능에너지의 최대 장점은 역시 지역에 따라 정도의 차이는 있지만, 세계 모든 나라에 고루 존재하는 에너지원이라는 거야. 태양은 위도에 따라 일사량이 다르지만, 어느 곳이든 아침이면 떠올라 한나절 동안 고루 비춰줘. 공기의 흐름인 바람에서 벗어날 수 있는 곳은 지구상엔 없어. 지진대와 가까워 위험한 화산 지역은 지열이 풍부해 지열발전도 가능해. 하지만 다른 지역도 발전까지는 아니더라도 난방이나 온수에 지열을 활용할 수는 있어. 이렇듯 어느 곳에서든지 접근할 수 있는 에너지원이므로 화석연료의 매장량이 부족한 국가엔 에너지 안보를 위해 더할 나위 없는 에너지원이야.

재생가능에너지가 화석연료 시대를 이을 차세대 에너지원으로 등극한 또 하나의 이유는 설비 제작 과정 외에 에너지 변환 과정에서 오염물질을 발생시키지 않는 청정에너지라는 점이야. 화석연료는 온실가스를 배출하여 기후변화를 가속화했고 국제사회는 기후변화를 완화하기 위해 이산화탄소 배출을 의무적으로 감축하는 데 뜻을 함께하고 있어. 경제성장을 유지하면서 탄소 배출을 줄이기 위해서는 에너지 구성에서 화석연료의 비중을 줄이고 재생가능에너지를 늘리는 방법이 최선이야. 교토의정서상의 감축 의무를 달성한 나라는 대부분 일찍부터 재생가능에너지 보급에 힘쓴 곳이란 사실을 눈여겨봐야 해.

하지만 재생가능에너지는 공급의 안정성에서 약점을 가지고 있어. 태양에너지는 낮 동안만 그것도 구름에 가리지 않았을 때에만 안정적으로 공급돼. 바람은 강약이 일정하지 않으며, 어떤 때는 다른 에너지로 변환할 수 없을 정도로 약하게 불어. 파력 역시 바람의

에너지 전환 시대의 논리

영향을 받아. 비교적 안정적으로 공급이 가능한 것은 지열과 수력이며, 바이오매스에너지는 예측이 가능하다는 정도이지 매년 사용할 수 있는 양은 한정돼 있어.

또한 재생가능에너지는 한 곳에서 대량의 에너지를 생산하기가 어려워. 한 평의 땅에 주어지는 일사량은 한정돼 있으며, 강력한 바람을 일정한 장소에 계속 불게 할 수는 없잖아. 그래서 원전이나 화전처럼 비교적 작은 면적에서 대량의 에너지를 생산하는 것은 불가능해. 사실 이런 단점 때문에 화석연료가 등장했을 때 자연에너지는 뒷전으로 밀려날 수밖에 없었지.

그러나 21세기의 재생가능에너지는 정보통신산업과 함께하면서 이러한 단점을 보완하게 됐어. 전기통신이 철도의 확장과 함께 석탄과 석유의 시대에 중앙집권화한 관리통제 체제를 이어주었듯이, 컴퓨터의 발달로 쌍방향 대량 정보 소통의 길을 연 21세기의 정보통신산업은 분산된 소량 에너지의 생산과 소비를 이어주는 역할을 할 수 있게 됐거든. 재생가능에너지와 정보통신산업의 결합, 이것이야말로 화석에너지 시대를 대신할 새로운 에너지 체제의 기둥이야.

단속적으로 공급되는 에너지, 그리고 소량으로 공급되는 에너지가 중심이 된 에너지 체제는 어떤 모습일까?

광주시 신효천 마을 주택의 계량기는 화창한 낮 시간이면 거꾸로 돌아가. 시공비의 절반 정도를 국가와 지방자치단체의 지원을 받아 지붕에 설치한 태양광발전기가 전기를 생산하기 때문이야. 태양광발전기로 생산한 전기는 집에서 사용하고 남는 전기는 계통망을 통

옥상과 지붕에 태양광발전기를 설치한 모습. 이제 사람 사는 곳이 발전소가 된다.

해 한전으로 송전되는데 이때 계량기가 거꾸로 돌아가는 거지. 이 집에서 2012년 12월에 낸 전기료는 1만 5000원, 그해 5월과 10월에는 아예 전기요금을 내지 않았어. 이 소식이 알려지면서 인근 10개 마을 250가구가 태양광발전 설비를 설치했대.

첫째, 이와 같이 미래에는 주택이나 상업용 건물은 물론, 제조업 공장과 농축산업 현장 등 에너지를 사용하는 모든 곳이 에너지를 생산하는 곳이 될 거야. 중앙집중형 에너지 체제에서는 주민이 적은 시골이나 바닷가에 있는 대규모의 화력발전소와 원자력발전소에서 생산한 전기를 고압송전선으로 소비처인 도시와 공단으로 끌어와.

에너지 전환 시대의 논리

발전시설이 대형화하는 이유는 연료의 열효율을 높이기 위해 증기 발생기와 터빈의 규모가 커지기 때문이고, 발전시설이 외진 곳으로 밀려나는 이유는 발전 과정에서 발생하는 오염물질 때문에 주민들로부터 배척을 받기 때문이지. 2012년 10월 경남 남해군민들은 주민투표를 통해 석탄화력발전소 유치안을 부결시켰어. 같은 달 강원도 고성군정조정위원회는 대림산업과 포스코건설에서 추진하던 화력발전소 건설 추진에 반대한다는 입장을 결정했고. 동해안 최북단 해수욕장으로 고즈넉한 분위기를 자아내던 명파 해수욕장 일대를 한때 주민들이 삐뚤빼뚤 붉은색으로 쓴 반대 현수막으로 살풍경하게 했던 소동은 이렇게 마무리됐지.

하지만 재생가능에너지는 산업시설에 공급하기 위한 대규모 단지 외에는 굳이 특정한 장소에 모을 이유가 없어. 태양광발전기는 개별 주택 또는 아파트의 지붕이나 외벽, 창문 등에 설치할 수 있어. 공공건물이나 상업용 빌딩, 공장 등도 마찬가지야. 공간이 허용된다면 대규모로 설치할 수도 있지만 작다고 해서 문제될 건 없어. 그렇게 생산된 전기는 해당 건물이나 공장에서 사용하고 남는 것은 계통망을 통해 배전업체(한국전력)에 판매해.

풍력발전기는 규모에 따라 마을 단위로 건설될 수 있어. 해당 마을의 연간 풍속을 고려해 적절한 규모를 선택하면 돼. 가로등이나 주택에 소형 풍력발전기를 설치할 수도 있고. 요즘은 수직형 풍차에 의한 소형발전기가 많이 개발돼 우리 주변에서도 심심찮게 볼 수 있어. 중대형 풍력발전기의 경우 개인이 설치할 수도 있지만 주민들이 협동조합 방식으로 소유할 수도 있지.

재생가능에너지의 열을 이용하는 경우도 마찬가지야. 주택이나 공장의 지붕에 태양열 집열판을 설치하면 온수나 난방의 상당 부분을 충당할 수 있어. 지열 난방은 주택이나 건물은 물론 농업용으로도 적절한 열공급 방식이야. 화석연료를 수입해 전기를 만들고 그 전기로 비닐하우스의 난방을 하는 엄청난 비효율은 우리나라 전기요금 체계가 빚은 세계 초유의 희극이지.

둘째, 재생가능에너지는 쌍방향 소통 체계를 갖춘 정보통신산업과 결합하여 생산과 소비가 관리될 거야. 소규모로 분산돼 존재하며 현장에서 소비하고 남는 전기를 판매하는 전력 체계가 가능하기 위해서는 생산과 소비가 지역 단위 또는 전국 단위로 실시간 종합되고 전력업체에서는 부족한 부분을 화석연료 발전시설 등에서 공급

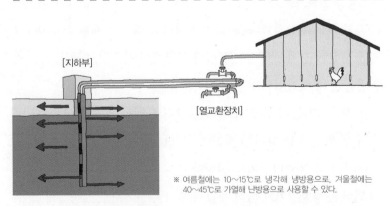

[지하부]

[열교환장치]

※ 여름철에는 10~15℃로 냉각해 냉방용으로, 겨울철에는 40~45℃로 가열해 난방용으로 사용할 수 있다.

지열 난방을 하는 계사의 개념도. 전기로 농축산용 난방을 하는 난센스는 인제 그만!

에너지 전환 시대의 논리

하도록 조치할 수 있어야 해.

　현재 개발 중이거나 도시 단위로 시험 운영에 들어간 스마트 그리드는 각 수용가와 배전업체의 쌍방향 정보통신 시스템이 수용가의 소비량과 역판매량을 실시간으로 수집하고 집계할 수 있어. 배전업체에서는 이러한 집계를 바탕으로 수용가로부터 구매한 전기를 수요가 많은 지역으로 전달할 수 있으며, 부족한 양은 화석연료 발전소나 대규모 재생가능에너지 발전단지로부터 조달하는 거지.

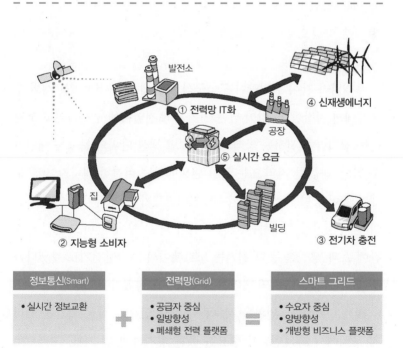

재생가능에너지 시대를 밑받침하는 정보통신산업

셋째, 재생가능에너지에 의한 발전은 생산과 소비 사이에 시간적 불일치가 존재해. 태양광발전이나 태양열 집열은 낮 동안만 가능한데, 주택의 전기와 난방 수요는 밤에 더 많아. 이를 보완하기 위해서는 에너지 저장 시스템 개발이 필수적이야. 다량의 전기를 효율적으로 충·방전할 수 있는 2차 전지는 개별 수용가의 필수품이 될 거야.

한편에서는 전기자동차가 재생가능에너지로 생산한 전기를 저장하는 역할을 분담할 수 있어. 개별 수용가가 소유한 전기자동차의 축전지에 남는 전기를 충전했다가 필요할 때 빼서 쓰든지 첨두부하 시간에 전력업체에 판매할 수 있지. 미래의 전기자동차는 이렇게 수송 수단으로서뿐 아니라 전기에너지를 저장하고 판매하는 역할도 하게 될 거야.

우리나라 같이 전력망이 구석구석 보급돼 있는 경우에는 개별 수용가에서 저장할 것 없이 남는 전기는 배전업체에서 사들이고 모자라는 전기만 배전하는 방식으로도 개별 생산 단위의 문제는 해결할 수 있어. 하지만 지역 또는 국가 단위에서는 여전히 에너지 저장 문제가 풀어야 할 숙제인데, 양수발전이라든가 지역 국가 사이에 공동의 전력 시장을 형성하는 것이 해법이 될 수 있어. 덴마크의 경우 야간에 초과 생산한 풍력 전기는 노르웨이의 양수발전기로 보냈다가 주간에 돌려받아. 지역 에너지 공동체가 형성됐기에 가능한 일이지.

넷째, 지금부터 전환을 서두른다 해도 앞으로 상당 기간은 에너지 구성에서 화석연료가 중요한 몫을 차지하게 될 거야. 그러므로 전기 또는 열만을 단독으로 생산하는 방식에서 전기와 열을 함께 생

에너지 전환 시대의 논리

산하는 열병합 방식이 늘어나야 해. 석탄이나 천연가스로 전기를 생산하면 해당 연료가 본래 가지고 있던 에너지의 30~35% 정도만 전기로 변환되고 나머지는 폐열로 버려져. 하지만 열병합발전을 하면 전기와 열을 모두 사용하므로 총 효율이 70~80%까지 올라가지. 덴마크나 독일 등이 경제성장에도 불구하고 에너지 소비를 줄일 수 있었던 데는 지역난방과 열병합발전의 확대가 큰 역할을 했어.

지금과 같은 중앙집중형 에너지 체제에서는 외진 곳에 떨어져 있는 대형 발전소의 폐열을 활용하기가 어려워. 하지만 분산형 에너지 체제에서는 지역 곳곳에 집단 난방 시설이 들어서고 열병합발전으로 전기와 열을 동시에 생산하며, 인근 공장들 사이에는 폐열을 회수해 사용하는 예가 늘어날 거야. 산재한 지역난방 시설들은 현재 버려지는 간벌 목재와 같은 바이오매스 폐기물을 유용하게 처리해줄 거고.

에너지의 공급 및 소비가 이와 같이 분산형 체제를 갖추게 되면 다른 산업들도 영향을 받게 돼. 우선 에너지를 생산하는 과정과 관련한 지역 내의 중소기업과 고용이 늘어날 거야. 농업과 제조업에서도 집중 효과만큼이나 분산 효과가 높아지면서 대도시 중심의 현재 구조가 권역별 균형발전 체제로 향하게 되겠지.

또한 재생가능에너지의 불안정성을 보완하기 위한 지역 국가 사이의 에너지 협력이 더욱 중요해져. 이미 우리나라와 일본 사이에는 해저 전력선 구축을 통한 전력 시장 협력 방안이 논의되고 있어. 현재 한일 간에는 1980년에 통신용 해저동축케이블을, 2002년에는 해저초고속통신망을 설치한 경험이 있어 그리 어려운 일이 아니야.

동아시아 에너지 협력체에는 북한과 중국, 러시아도 참여시켜야 해. 그렇게 되면 전력 협력은 물론 시베리아 천연가스를 수송관을 통해 도입함으로써 천연가스의 도입 가격 하락과 안정적인 공급에 큰 역할을 하게 될 거야.

3차 산업혁명

화석연료와 핵에너지에 기반을 둔 중앙집중형 에너지 체제가 분산형 재생가능에너지 체제로 넘어가면서 나타날 산업사회의 변화를 제러미 리프킨은 '3차 산업혁명'이라고 이름 지었어. 제러미 리프킨은 전작 《엔트로피》와 《생명권 정치학》 등을 통해 에너지 과소비 사회의 한계를 지적하며 화석연료와 핵에너지에서 재생가능에너지로 전환할 것을 역설해온 미래학자야.

21세기 인류가 그 출발점에 서 있는 3차 산업혁명 시대에는 수억 명의 사람이 자신의 가정, 직장, 공장에서 직접 녹색 에너지를 생산해 지능적인 분산형 전력 네트워크, 즉 스마트 그리드로 서로 공유할 거야.

분산형 에너지 생산 및 분배 체제는 정치·경제·사회 권력의 분배에도 영향을 미쳐. 리프킨은 3차 산업혁명이 가져올 이러한 변화를 '분산 자본주의distributed capitalism'와 '협업경제collaborative economy'로

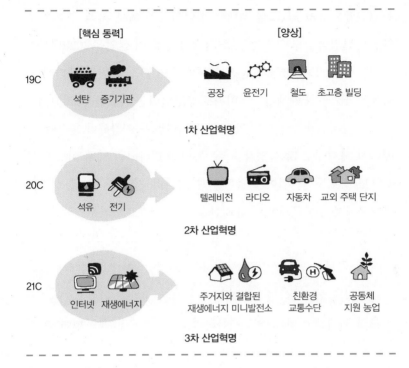

[핵심 동력]		[양상]			
19C	석탄 증기기관	공장	윤전기	철도	초고층 빌딩
	1차 산업혁명				
20C	석유 전기	텔레비전	라디오	자동차	교외 주택 단지
	2차 산업혁명				
21C	인터넷 재생에너지	주거지와 결합된 재생에너지 미니발전소	친환경 교통수단	공동체 지원 농업	
	3차 산업혁명				

표현해. 중앙집중화한 에너지 공급 체제는 여타의 제조업과 유통에서도 규모의 경제를 구가하며 부를 집중시켜왔지만, 분산형 에너지 공급 체제에서는 산업 전반에 걸쳐 분산화가 이루어지고 부의 분배도 촉진할 것으로 기대해. 또한 분산적 에너지가 수백만 곳의 현장에서 수집되고 지능형 전력 네트워크로 취합 및 공유되는 수평적 에너지 체제는 공급자와 사용자 사이에 대립보다는 협업 관계를 중시하는 새로운 형태의 기업이 성장하는 토양이 될 거야.

리프킨이 제시한 3차 산업혁명은 유럽연합에서 적극 수용했어.

유럽연합은 2007년 12월 채택한 에너지 선언에서 '녹색 수소 경제와 3차 산업혁명을 수행할 것'을 천명했는데, 이 선언은 2020년까지 에너지 효율 20% 향상과 발전 부문에서는 33%, 전반적 에너지 소비에서는 25%를 재생가능에너지로 충당한다는 목표를 담고 있어.

리프킨의 3차 산업혁명 개념은 우리나라가 지향해야 할 새로운 에너지 체제에도 많은 영감을 줘. 특히 우리나라는 세계 어느 나라보다도 정보통신산업이 발달했을 뿐 아니라 전력 및 정보통신망이 구석구석까지 보급돼 있어 유리한 조건을 갖추고 있거든.

"쇠락하는 2차 산업혁명의 에너지, 기술, 인프라 체계에 갇히길 원하는가? 아니면 떠오르는 3차 산업혁명의 에너지, 기술, 인프라 체계로 이행 중이길 원하는가?"
—제러미 리프킨

에너지 전환 시대의 논리

3차 산업혁명과 4차 산업혁명

이번 19대 대선에서 미래 먹거리 산업의 대표 선수로 차출된 것은 '4차 산업혁명'이다. 중앙선거관리위원회에 제출한 후보들의 10대 공약에서도 모든 후보가 4차 산업혁명을 비중 있는 항목으로 다루 었다. 그런데 도대체 '4차 산업혁명'이란 뭘까?

"4차 산업혁명의 '실체'는 없다. AI(인공지능), 드론, 빅데이터라는 키워드만 있을 뿐." 2017년 4월 20일 원광연 카이스트 명예교수는 한 포럼에서 이렇게 일갈하며, 나름대로 '하이브리드hybrid'라고 정의 를 내렸다고 한다. 아날로그와 디지털, 하드웨어와 소프트웨어, 알 고리즘과 데이터, 피지컬과 사이버가 결합되는 '하이브리드 현상'이 4차 산업혁명 시대에 일어나고 있다는 설명이다.

우리는 농업과 수공업 위주의 경제에서 공업과 기계를 사용하는 제조업 위주의 경제로 변화하는 과정을 산업화라 하고, 이런 산업화가 급격하게 일어나 사회적인 변화를 가져온 시기를 산업혁명이라고 칭한다. 영국의 경제사학자 아놀드 토인비가 1760~1840년의 영국 경제발전을 설명하는 과정에서 일반화했다. 일찍이 산업혁명에 성공한 서구 국가들이 오늘날까지 국제사회를 주도하면서 사람들은 산업혁명의 과정에 앞장서든지 최소한 뒤쳐져서는 안 된다는 정서를 갖게 되었다.

18세기 영국에서는 수공업에서 기계공업으로의 전환, 석탄과 제철업의 발달, 증기기관과 공장제 시스템의 확산이 사회를 변화시켰다. 방적공업으로 대표되는 이 시기의 산업혁명을 1차 산업혁명이라고 한다. 철도의 건설은 노동력과 재화의 이동을 손쉽게 했으며, 인쇄술의 발달은 노동력의 질을 높여주었다.

산업화가 본궤도에 오른 나라들은 19세기 후반부터 20세기 초반에 또 한 번 질적인 도약을 한다. 화석연료의 총아인 석유가 개발되고 내연기관을 장착한 자동차가 도로를 점령해나갔다. 석탄에서 탄화수소화합물을 추출해 유용한 재료와 물건을 만드는 화학산업도 석유의 합류로 탄력을 받았다. 전기의 이용은 공장의 동력을 강화하고 통신의 발달을 이끌어 지구촌은 더욱 가까워졌다. 대량생산과 대량소비, 중앙집중형 관리 체제가 선진 산업국가의 표상이 된 이 시기를 2차 산업혁명이라 부른다.

20세기는 1·2차 산업혁명을 거친 서양 선진국들에 의해 산업화가 세계적으로 확산한 시기다. 두 차례의 세계대전을 거치면서 주도권은 유럽에서 북미로 넘어갔지만 모든 나라가 세계 시장경제 체제에 편입되며 후발 산업국 또는 신흥공업국 대열에 뛰어들었다. 산업화는 보다 나은 삶을 위해 완수해야 과정이 되었고 중앙집중형 규모의 경제가 전반적인 사회 체제를 규정했다.

하지만 대량생산 대량소비를 지향하는 산업사회는 20세기 말 기후변화라는 치명적 복병을 맞이했다. 19세기 중반 개발을 시작한 석유는 불과 150년 사이에 경제성 있는 자원의 절반을 퍼올렸다. 이제 증가하는 석유 소비를 감당하는 건 점점 깊어지는 심해석유와 셰일오일과 같은 비전통 석유다. 게다가 화석연료의 연소 과정에서 발생하는 온실가스는 지구온난화를 초래하여 지구촌이 이 위기에 대처하기 위해 매년 머리를 맞대고 있다.

화석연료의 고비용화와 기후변화에 대응하는 지구촌의 해법은 에너지 체제를 풍력과 태양에너지 등 재생가능에너지 중심 체제로 전환하는 것이다. 1992년 유엔기후변화협약이 체결된 이후 온실가스 감축 목표를 이행해온 나라들은 모두 재생가능에너지의 보급에 앞장섰다. 1차 에너지 공급에서 재생가능에너지가 차지하는 비중을 보면 덴마크는 30%, 에너지 소비가 많은 독일도 12%를 넘어섰다.

그런데 재생가능에너지는 세계 모든 나라에 고르게 주어지는 대신 소규모로 주어지고 따라서 생산이 분산적으로 불규칙하게 이루어진다는 단점을 가지고 있다. 그런데도 재생가능에너지가 새로운 에너지 체제의 중심에 설 수 있는 건 정보통신산업의 눈부신 발전이 있었기 때문이다. 대부분의 건물과 개인이 정보통신망으로 연결된 현대사회는 이런 소규모 분산적 에너지 생산이 소비에 대응할 수 있는 체제를 가능하게 해주었다. 모든 건물이 에너지 소비자에서 재생가능에너지 미니 발전소로 전환하고, 스마트그리드와 건물 에너지관리 시스템을 통해 에너지 공급과 소비를 관리할 수 있게 된 것이다.

이런 재생가능에너지와 정보통신산업의 결합으로 나타나는 산업과 사회의 변화를 제러미 리프킨은 3차 산업혁명이라고 명명했다. 화석연료와 핵에너지 중심에서 재생가능에너지 중심으로 에너지 생산이 변화하는 것은 1·2차 산업혁명 이후 사회를 주도해온 중앙집중형 관리와 규모의 경제에서 분권과 협업이 중시되는 다원화된 사회 체제로 이끈다는 것이 리프킨의 예측이다.

4차 산업혁명은 2016년 1월 스위스 다보스에서 열린 세계경제포럼이 주요 의제로 선정하면서 산업혁명의 차수에 이름을 올렸다. 세계경제포럼의 창립자인 클라우스 슈밥은 3차 산업혁명을 반도체와 컴퓨터, 인터넷의 발달을 통한 정보 기술 시대로 규정하고, 4차 산업혁명은 정보 기술 시대가 '초연결성' '초지능화'의 특성을 가지고 사물인터넷IoT, Internet of Things, 클라우드Cloud 등을 통해 인간과 인간, 사물과 사물이 상호 연결되고 빅데이터와 인공지능 등으로 지능화된 사회로 변화하는 것으로 설명했다. 따라서 아직 '실체는 없고 키워드만 있다'는 원광연 교수의 지적은 경청할 만하다.

4차 산업혁명이 국제 무대에 등장한 뒤 불과 1년 만에 치러진 우리나라 대선에서 경제 분야 핵심 용어로 등장한 까닭은 그동안 우리

사물인터넷은 스마트폰, PC, 자동차, 냉장고 등 각종 사물에 센서와 통신 기능을 내장하여 인터넷에 연결하는 기술을 의미한다. 연결된 사물들은 데이터를 주고받으며 분석하고 학습한 정보를 사용자에게 제공하거나 사용자가 이를 원격 조정할 수 있게 된다.

산업이 반도체 등 전자산업과 정보통신산업에서 두각을 나타낸 것과 무관하지 않다. 이를 바탕으로 미래 먹거리 산업으로 떠오른 4차 산업혁명에서도 뒤처지지 말자는 산업계와 일반 국민의 기대와 바람을 대선 후보들이 놓치지 않았기 때문이다.

문재인 후보는 '혁신적 4차 산업 경제 생태계 구축으로 좋은 일자리 창출', 안철수 후보는 '학제개편으로 4차 산업혁명 대비 창의인재 양성', 홍준표 후보는 '정보과학기술부 신설, 4차 산업혁명 관련 창업 활성화', 심상성 후보는 'AI·4차 산업혁명 대응 대통령 직속 위원회 신설, 전문인력 양성' 등을 공약으로 내세울 만큼, 대선 과정에서 4차 산업혁명은 중요한 경제적 화두가 됐다.

문재인 후보의 경우 '전기차, 자율주행차, 신재생에너지, 인공지능, 3D프린팅, 빅데이터, 산업로봇 등 핵심 기술 분야 적극 지원'을 약속했는데, 이 중 전기차와 신재생에너지, 3D프린팅 등은 3차 산업혁명에서도 중요하게 다뤄지는 분야다. 본래 3차 산업혁명이 재생가능에너지와 정보통신산업의 결합으로 이루어지는 것이므로, 현재 정보통신산업 분야의 키워드 중에는 3차, 4차 산업혁명 양쪽에 모두 이름을 올리는 경우가 다수 있다. 이 때문에 대부분의 대선 후보가 4차 산업혁명을 언급하면서도 미완의 3차 산업 키워드들이 혼재하는 상황이 벌어진 것이다.

3차 산업혁명이든 4차 산업혁명이든 아직 진행 중인 미래 신성장 동력 산업을 적극적으로 지원하고 육성하겠다는 건 바람직한 일이다. 하지만 3차 산업혁명의 핵심인 재생가능에너지에 대한 정책만큼은 되짚어볼 필요가 있다. 1차 에너지원의 96% 이상을 수입하는 에너지 소비대국 대한민국에서 어느 분야 못지않게 시급히 대책을 세우고 시행해야 할 분야이기 때문이다.

재생가능에너지가 우리에게 주는 효과는 삼중이다. 첫째, 에너지 수입을 대체하는 효과다. 1차 에너지원에서 재생가능에너지의 비중을 덴마크만큼(30%)만 높여도 에너지 수입액 중 연간 50조 원을 국내에서 돌릴 수 있다. 둘째, 온실가스 감축 목표를 가능하게 해준다. 현재 정부는 2030년 BAU 대비 37%를 감축하겠다는 목표 중 11.3%는

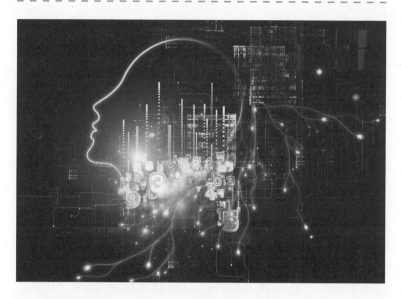

바둑 대결에서 이세돌 9단을 꺾은 알파고의 등장으로 '인공지능'이 우리의 일상으로 가까이 다가왔다. 인간의 인식, 판단, 추론 등을 이해하는 것을 연구 대상으로 하는 인공지능 분야가 산업과 연계되면서 차세대 지식정보사회를 이끌어갈 동력으로 인식되고 있다.

해외에서 배출권을 구입한다는 계획이다. 이 생돈을 지켜줄 수 있는 것도 재생가능에너지다. 셋째, 재생가능에너지는 국내에서 완결되는 에너지 생산의 생태계를 만든다. 에너지 생산에 따른 수익은 소비자와 지역 공동체에 귀속되며 지역 고용을 늘려준다.

19대 대선 결과 더불어민주당의 문재인 후보가 대통령으로 당선됐다. 세계적인 유행을 좇기보다는 우리 경제의 기초 체력을 튼튼히 하는 데 관심을 가져주기를 기대한다. 그래야 4차 산업혁명이 사상누각이 되지 않을 것이다.

에너지 효율화로 수요를 줄이자

국내총생산GDP은 세계 13위(IMF 2014년)이면서 총에너지 소비량은 세계 8위인 나라(IEA 2012년), 1인당 국민소득은 세계 31위이지만 1인당 에너지 소비는 세계 17위인 나라. 경제 규모나 국민생활 수준에 비해 에너지를 많이 소비하고 있는 우리나라는 산유국이 아니야. 1차 에너지원의 96%를 외국에서 수입해서 쓰고 있는 것이 대한민국의 에너지 소비 현황이야.

국가 안보의 3대 요소는 국방, 식량, 에너지야. 국방이 약하면 다른 나라의 지배를 받거나 분쟁에 휘말려 총 맞아 죽고, 식량이 부족하면 굶어 죽고, 에너지 공급이 달리면 사람들은 얼어 죽기 십상이야.

현재 우리나라의 국방력은 세계 10위권이야. 열강의 각축장에서 힘자랑할 수준은 아니지만 옛날처럼 맞기만 하지는 않게 됐어.

에너지 전환 시대의 논리

우리를 침략하려면 상대방도 최소한 중상을 각오해야 할 거야. 식량 자급률은 47.2%(2013년, 곡물 자급률은 23.1%)이지만 주식인 쌀은 90%를 자급하니까 여차하면 그냥 주먹밥 먹으면서 버텨볼 수도 있어. 하지만 96%를 수입하는 에너지는 어쩐다? 그나마 조금 나오던 무연탄도 이제는 보조금 받으며 명맥만 유지해. 사정이 이러한데도 '어떻게든 되겠지' 하는 우리 대한 사람의 '대책 없는 낙관주의'는 그저 짜릿할 따름이지.

사정이 이러하니 우리나라 에너지 정책의 가장 중요한 과제는 에너지 안보 강화야. 어떻게 안정적으로 에너지를 공급할 것인가? 방향은 나와 있어. '우리'라기보다는 '우리 정부'가 가지 않을 뿐이지.

첫째, 지나치게 많은 에너지 수요를 감축하고

둘째, 해외 의존적인 에너지(화석연료, 우라늄) 공급 구성에서 자립 에너지(재생가능에너지)의 비중을 높이고

셋째, 러시아와 중국, 북한, 일본이 참여하는 동아시아 에너지 협력체를 구축해야 해.

우선 에너지 수요 감축과 에너지 효율화에 대해 생각 좀 해보자.

주요 국가의 에너지 순수입량

(단위: Mtoe, 2014년)

순위	1	2	3	4	5	6	7	8	9	10
국가	중국	일본	미국	인도	한국	독일	프랑스	이탈리아	대만	영국
순 수입량	503.90	437.00	308.31	254.70	234.11	207.31	124.00	123.20	97.82	94.53

자료: IEA, Key World Energy Statistics 2015

'아니, 뭣도 없는 나라에서 먹고살려면 일해야 하는데 에너지 안 쓰고 일이 되나?' 이렇게 생각하는 사람이 한둘이 아니야.

맞아. 현대 산업사회에서 에너지 없이 무슨 돈벌이를 할 수 있겠어? 문제는 우리가 버는 것에 비해 에너지를 너무 많이 쓴다는 거야.

우리나라의 부문별 에너지 소비 현황을 보면 산업 부문에서 62.3%를 쓰고 가정·상업 부문에서 17.8%, 수송 부문에서 17.7%, 공공 부문에서 2.2%를 사용해(《에너지통계연보 2014》). 산업 부문의 소비량이 월등히 많지. 같은 수출형 공업국인 일본, 독일보다도 산업 부문의 소비 비중이 1.5배 이상 높은 수준이야.

반면 개인이 집에서 사용하는 에너지 소비량은 아주 적은 편이야. 가정 부문의 1인당 소비를 보면 우리나라와 일본은 북미나 유럽 사람들의 절반 이하 수준이야. OECD 평균보다도 적은 양을 소비해.

그런데 같은 부가가치를 생산하면서 사용하는 에너지 양(에너지 원단위)을 따져보면 문제가 심각해. 우리나라는 2013년에 1000달러의 부가가치를 생산하기 위해 0.22toe의 에너지를 썼어. 하지만 아일랜드와 스위스는 같은 부가가치를 생산하면서 우리나라의 약 4분

가정 부문 1인당 에너지 소비

(단위: toe, 2008년)

국가	한국	일본	독일	프랑스	덴마크
에너지 소비	0.386	0.371	0.855	0.664	0.805
캐나다	호주	이탈리아	영국	미국	OECD 평균
0.979	0.457	0.456	0.692	0.879	0.592

자료: IEA, Energy Balances of OECD Countries 2011

에너지 전환 시대의 논리

의 1인 0.06toe를 썼지. 독일과 일본은 0.10toe에 불과해!

그러니까 우리 경쟁 제품을 일본이나 독일이 생산한다고 할 때 이들은 같은 제품을 만들면서 우리보다 절반도 안되는 에너지를 쓰는 거야. 이래선 경쟁이 안 되잖아? 같은 제품을 만들면서 일본보다 1.2배의 에너지 비용을 써야 하니 제대로 붙으면 가격경쟁력이 없지. 그래서 기업의 경쟁력을 높여주기 위해 어떻게 했을까?

그래~ 에너지 가격을 낮춰준 거야. 얼마나?

표를 봐. 산업용 전기요금을 보면 우리보다 독일은 1.76배, 일본은 2.08배 비싸. 에너지 다소비가 초래한 산업의 경쟁력 약화를 싼 전깃값으로 뒷받침해주고 있는 상황을 민낯으로 드러낸 거야.

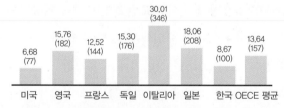

이탈리아(346) > 일본 > 영국 > 독일(176) > 프랑스 > 한국(100) > 미국(77)

(단위: USℓ/kWh)

구분	미국	영국	프랑스	독일	이탈리아	일본	한국
자국 요금	USℓ6.68	pence9.75	€ℓ9.47	€ℓ11.57	€ℓ22.70	¥15.50	₩92.83
달러 환산 (한국=100)	6.68 (77)	15.76 (182)	12.52 (144)	15.30 (176)	30.01 (346)	18.06 (208)	8.67 (100)

자료: 한전 경제경영연구원, 2013. 7. 17

산업용 전기요금 비교

주택용 전기요금도 원가에 못 미치기는 마찬가지야. 이렇게 되면 어떻게 될까?

그래 한전은 적자를 보고 빚이 늘어나지. 자회사를 포함한 한전의 2013년 말 기준 부채 총액은 95조 1000억 원이야. 이게 모두 전기요금 때문만은 아니겠지만 전기 팔아 운영하는 한전에서 원가 이하의 전기요금은 가장 큰 적자 요인이지.

아무튼 이래서 석유라고는 한 방울 나지 않는 나라 대한민국이 오늘날 세계 8위의 에너지 소비 대국이 됐어. 우리나라의 1차 에너지 소비량은 계속 늘어나는데, 1980년 41.21Mtoe에서 2000년 188.08Mtoe, 2012년에는 263.44Mtoe로 증가세를 보이고 있지. 이에 따라 에너지 수입액도 점점 불어나 2013년에는 약 200조 원(1786억 9800만 달러)으로 총수입액의 34.7%를 차지하기에 이르렀어. 2014년 하반기부터 저유가로 수입액이 줄긴 했지만 3~4% 정도로 그리 크지 않아 관세청의 잠정 집계에 따르면 2015년에는 저유가의 영향으로 수입량은 0.9% 늘었지만 수입액은 3.4%(약 5조 6000억 원) 줄어들었대. 저유가 기조는 2016년 상반기에는 유지될 것으로 보이지만 미국의 셰일오일 생산 조정이 끝나가고 있어 하반기에 다시 상승 기조로 돌아설 것으로 보여. 반등 시기가 조금 당겨지는 조짐이야.

그런데 경제성장과 에너지 소비량이 항상 같이 움직이는 건 아냐. 이미 이 고리를 끊은 나라가 여럿 있어. 덴마크의 경우 1980년 대비 국내총생산은 약 70% 늘었지만 에너지 소비량은 그때보다 조금 적은 수준이야. 독일도 1998년을 고비로 1차 에너지 공급량이

에너지 전환 시대의 논리

단위: Mtoe

	2012	2009	2008	2000	1990	1980	1973
한국	263.44	229.18	226.95	188.08	93.09	41.21	21.54
일본	452.28	471.99	495.55	518.95	439.32	344.52	320.37
독일	312.53	318.53	334.70	337.29	351.40	357.18	334.70
덴마크	17.34	18.81	19.22	18.63	17.36	19.14	18.99
미국	2,140.62	2,162.92	2,277.03	2,273.33	1,915.00	1,804.68	1,729.94
프랑스	252.33	256.22	267.20	251.87	223.89	191.77	180.14
영국	192.23	196.76	208.14	222.94	205.92	198.43	218.07
이탈리아	158.80	164.63	176.06	171.52	146.56	130.84	119.12
중국	2894.28	2,257.10					
인도	788.13	675.83					

자료: IEA

줄어들고 있어.

왜일까?

문제는 에너지 효율이야. 1973년 우리나라와 독일의 에너지 원단위는 비슷한 수준이었어. 하지만 2012년 우리는 독일보다 같은 부가가치 생산을 위해 1.4배의 에너지를 더 쓰는 처지가 됐지. 우리가 에너지 효율보다 경제성장에 몰두하는 동안 이들은 에너지 효율을 높이고 그만큼 산업 경쟁력을 강화해온 거야.

에너지 효율화는 에너지의 사용량을 줄임으로써 제5의 에너지라 불리기도 해. 유럽 재생가능에너지협회는 2007년 발간한 《에너지 혁명》에서 2050년의 예상 에너지 소비량 중에서 50%는 에너지 효율화에 의해 절감이 가능할 것으로 전망했어. 지속가능한 에너지환

에너지 효율화로 수요를 줄이자

주요국 에너지 원단위 추이

단위: toe/1000USD

	2013	2008	2000	1990	1980	1973
덴마크	0.07	0.1086	0.1164	0.1402	0.1897	0.2111
영국	0.07	0.1181	0.1509	0.1790	0.2263	0.2659
이탈리아	0.09	0.1502	0.1563	0.1563	0.1770	0.2069
독일	0.10	0.1596	0.1775	0.2277	0.2914	0.3222
일본	0.10	0.0964	0.1112	0.1059	0.1306	0.1532
프랑스	0.11	0.1767	0.1897	0.2051	0.2227	0.2561
미국	0.15	0.1951	0.2297	0.2711	0.3510	0.4003
멕시코	0.18	0.2350	0.2279	0.2707	0.2517	0.2149
한국	0.22	0.3020	0.3526	0.3285	0.3678	0.3360

자료: IEA

경 공동연구소(이하 지에공)가 2004년에 발간한 보고서 역시 우리나라가 공급 위주의 에너지 정책에서 벗어나 에너지 효율 개선을 위해 노력해야 하는 이유를 잘 보여줘. 이 보고서는 당시 바로 채택할 수 있는 에너지 효율 기술을 활용해도 2922만 toe의 1차 에너지 소비를 절감할 수 있다고 분석했어. 연구 당시 전체 에너지 소비량의 약 16%에 해당하는 양이야. 에너지의 절대량을 수입에 의존하고 있는 우리나라의 경우 에너지 효율화는 어떤 에너지 정책보다도 우선되어야 해. 이제 이들 에너지 선진국의 경험을 바탕으로 에너지 효율화의 방안을 찾아보기로 하자.

에너지 전환 시대의 논리

꿩 먹고 알 먹는 열병합발전

덴마크와 독일은 1970년대부터 지역난방 보급에 힘을 쏟았어. 1980년대 후반부터는 지역난방 확대뿐 아니라 열과 전기를 동시에 얻는 열병합발전 방식을 도입하도록 유도했고. 지역난방은 대규모 열생산 시설에서 생산한 열을 지역에 일괄적으로 공급하는 거잖아? 따라서 열을 이용하는 주택이나 공장이 밀집한 도시 지역과 산업단지에서는 개별적인 난방에 비해 열 생산의 경제성을 높이고 시설의 유지 관리비를 절감할 수 있는 이점이 있어. 또한 열생산 시설을 전기도 함께 생산하는 열병합발전 시설로 할 경우에는 열과 전기를 따

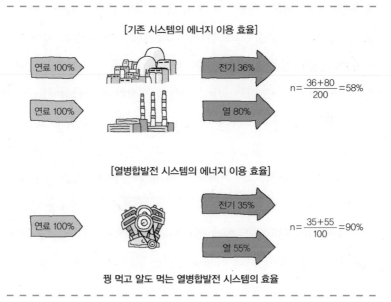

[기존 시스템의 에너지 이용 효율]

연료 100% 전기 36%

연료 100% 열 80%

$$n=\frac{36+80}{200}=58\%$$

[열병합발전 시스템의 에너지 이용 효율]

연료 100% 전기 35%

열 55%

$$n=\frac{35+55}{100}=90\%$$

꿩 먹고 알도 먹는 열병합발전 시스템의 효율

로 생산할 때보다 약 30% 정도 에너지 효율을 높일 수 있지.

우리나라는 1990년대 초 수도권에 신도시를 개발하면서 지역난방이 본격 도입됐어. 중동, 분당, 일산 등 신도시는 개발 구역 내에 설치한 열병합발전소에서 온수를 생산해 각 가정에 공급하고 이때 발생하는 폐열로 발전기를 돌려. 정부는 1991년 집단에너지사업법을 제정해 대규모 신도시뿐 아니라 산업단지에도 열병합발전에 의한 지역난방 보급을 촉진했지. 2013년 말 전체 주택의 약 15%인 223만 8000호와 30개 산업단지 768개 업체에 집단에너지를 공급했는데, 최종 에너지 소비의 약 5% 정도 돼.

지역난방의 공급 비율이 높은 나라는 아이슬란드(86%), 덴마크와 핀란드(50%), 스웨덴(45%) 같은 북유럽과 폴란드(53%), 체코(44%) 등 동유럽 국가들이야. 이들은 겨울이 춥고 길어 난방 수요가 크기 때문에 지역난방의 장점이 최대한 발휘돼. 반면 우리나라는 열에너지 수요가 겨울에 집중돼 집단에너지 공급에 어려움이 있지. 이에 따라 한국지역난방공사는 지역냉방 시스템을 개발하여 여름철에도 집단에너지의 효율성을 확보하기 위한 연구와 보급에 힘을 쏟고 있어.

한편 신설하는 화력발전소의 경우 소비지와 떨어진 곳에 대형을 짓는 것을 지양하고, 소형이라도 소비지에 인접하여 열병합발전을 할 수 있도록 유도할 필요가 있어. 더불어 지역난방의 연료를 천연가스로 한정하지 않고 지역에서 생산되는 바이오에너지나 고형 폐기물을 활용하면 화석연료의 사용을 줄이는 데도 한몫을 하게 될 거야.

에너지 전환 시대의 논리

산업 부문의 에너지 효율화

———

앞에서 얘기했지만 우리나라의 부문별 최종 에너지 소비를 보면 산업 부문이 62.3%로 가장 많아. 따라서 에너지 소비를 절감하기 위해서는 거의 3분의 2를 차지하는 산업 부문의 에너지 효율화 제고에 집중할 필요가 있어. 산업 부문 에너지 효율화는 국제 경쟁력을 높이는 데도 필수적이야. 지금까지 우리나라는 산업 부문에 공급하는 에너지의 가격을 낮춰줌으로써 기업 경쟁력 강화에 도움을 주었으나, 이는 오히려 기업들의 에너지 효율화 동기를 약화시킴으로써 장기적으로 에너지의 다소비를 초래하고 결국 기업 경쟁력을 약화시키는 결과를 초래해왔어.

2003년 지에공의 보고서는 산업 부문의 효율 향상 잠재량을 측정하기 위해 미국 에너지성의 산업평가 데이터베이스에서 확인된 8388개의 효율 제고 방안 중 생산 공정에서 10% 이상의 에너지를 절감하고 5년 이내에 비용을 회수할 수 있는 2832개 방안을 채택해 시나리오를 작성했어. 그 결과 채택한 방안들이 완전히 실행될 경우 예상 에너지 소비량에 비해 2010년에 20.5%, 2020년에는 25.0%까지 절감할 수 있을 것으로 전망했지.

일본은 1차 석유파동 이후부터 산업 부문의 에너지 효율화 정책을 강력히 시행했어. 1973년 자원에너지청을 신설하고 1979년에는 에너지 사용의 합리화에 관한 법률을 제정하여 규제 정책과 함께 에너지 효율화 투자 확대를 위한 세금 우대 등 재정 정책을 병행했지.

강력한 규제 수단으로는 대규모 공장이나 에너지 다소비 부문의 경우 에너지 관리자를 상시 고용하고 주기적으로 에너지 사용량과 중장기 에너지 사용 계획을 보고하도록 했어. 2001년부터 무작위로 현장조사를 하여 보고서 내용에 비해 에너지 사용의 효율화가 충분치 못하면 직접 효율화 지시를 내리거나 과징금을 부과해. 2009년부터는 법적으로 임원급 에너지 관리 총괄자를 선임하도록 강화했어.

한편에서는 세금 우대와 보조금 제도 등 재정 지원을 통해 고효율 제품의 구매를 촉진했지. 이로써 기업은 전동기나 열 관련 기기를 효율이 높은 신제품으로 개체하면 도움을 받았어. 기업들은 에너지 소비 점검을 통해 비효율적인 공정을 개선함으로써 효율을 높이기도 했어.

이렇듯 산업 부문에서 에너지 효율을 높이는 방법은 전동기나 열 관련 기기 등 에너지를 사용하는 기계나 설비를 효율이 높은 제품으로 개체하거나, 열손실을 최소화하고 폐열을 회수하여 재사용하거나 다른 용도로 사용할 수 있도록 생산 공정을 변경하는 거야. 국제에너지기구는 '25개 에너지 효율화 정책 권고'에서 고효율 제품과 생산공정의 채택, 그리고 이를 위해 에너지 관리제와 중소기업의 에너지 효율화를 돕는 서비스를 도입할 것을 제안해. 또한 에너지 소비 보조금을 폐지하고 환경 피해 등 외부 비용을 내부화하는 것이 에너지 효율화를 위해 필요하다고 지적하지.

우리나라도 1979년 에너지이용합리화법을 제정한 이래 1990년부터 에너지 이용 합리화 기본계획을 수립해 시행하고 있지만 그동안은 전반적인 경제정책의 기조가 에너지 효율보다는 성장에 방점을 두고 있었어. 에너지 관리는 기업의 자발적 협약에 의존해오다 2010년에야 온실가스·에너지 목표관리제가 시행됐어. 2012년 산업 부문 366개 사업장을 비롯해 농축산 부문, 대형건물, 폐기물 등 모두 458개의 관리업체가 지정돼 감축 목표를 설정했는데, 2013년부터는 해당 관리업체의 사후 보고를 검증하여 개선명령이나 시정, 보완명령을 내려 이행을 강제하기로 했지. 2004년에는 에너지절감서비스업체ESCO 제도를 도입하여 중소기업들이 에너지 효율화 설비 투자에 도움을 받을 수 있게 됐어.

그런데 온실가스·에너지 목표관리제는 중복 규제를 방지한다는 차원에서 묶어서 시행하는 건 이해할 수 있지만, 환경부의 기후변화 대응 부서가 주관 부서가 되면서 에너지 효율화보다는 온실가스 감축에 초점이 맞춰지는 형국이야. 온실가스 감축이 곧 에너지 수요 감축으로 이어지기도 하지만 반드시 그런 건 아니야. 정책 목표와 출발점이 다르다 보니 상충하는 경우도 있거든. 바이오 연료가 그런 경운데, 우리나라에서 나지 않는 바이오에탄올이나 바이오디젤을 온실가스 중립적이라 하여 사용을 의무화하는 경우 결국 더 비싼 연료를 수입해야 하는 상황이 발생해. 또 재생가능에너지 보급 촉진 제도인 공급의무화제도RPS에서 화력발전소의 연료를 바이오디젤로 바꾸는 경우 이를 신재생에너지로 인정해줌으로써 의무가 있는 발전 사업자들이 태양광발전이나 풍력발전보다 기존 화력발전소의 연료를 교체하는 방식을 선호하게 하는 역기능도 발생하거든.

사실 온실가스 감축은 에너지의 효율을 높여 에너지 수요를 감축하고, 에너지원 구성에서 재생가능에너지의 비중을 높임으로써 효과를 얻을 수 있어. 즉 에너지 정책을 제대로 펼치면 기후변화에 대응하는 정책 성과도 낼 수 있지만, 온실가스 감축 정책이 꼭 우리의 에너지 정책을 올바르게 끌고 가는 건 아니란 거지.

건축물의 에너지 효율 개선

우리나라의 건물 부문 에너지 소비량은 전체의 약 22%를 차지하는데 소득수준의 향상에 따라 점차 증가하는 추세야. 국제에너지기구는 2009년 건물 부문의 세계 에너지 절약 잠재량이 연간 미국과 일본의 전기 소비량과 맞먹는 약 20EJ(엑사줄)에 이르는 것으로 추산했어.

건물에서 에너지 소비가 가장 많은 부분은 난방이야. 그다음이 온수, 가전제품 순이지. 2008년 가정 부문의 용도별 에너지 소비를 보면 난방이 44.2%, 온수가 23.8%, 전기기기가 19.1%, 취사가 9.0%를 차지해. 따라서 건축물의 에너지 효율화는 단열로 난방 열 수요를 줄이고, 태양열이나 지열 등 재생가능에너지를 활용해 에너지 구입비용을 줄이는 쪽으로 이루어져. 건물 외벽에 시공하는 단열재를 최고등급으로만 바꿔도 연간 난방비를 17% 정도 줄일 수 있대.

유럽연합 27개국은 2003년에 신축 건물에 대해 실시하던 건물에

에너지 전환 시대의 논리

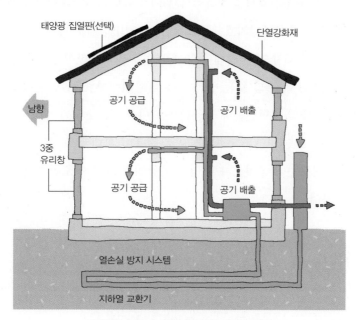

태양광 집열판(선택)

단열강화재

남향

공기 공급

공기 배출

3중
유리창

공기 공급

공기 배출

열손실 방지 시스템

지하열 교환기

가정에서 쓰는 에너지를 최소화한 패시브 주택

너지성능지침Energy Performance Building Directive을 2006년부터는 기존
건물까지 일제히 확대 적용하고 있어. EPBD는 건축물의 에너지 성
능을 평가하여 성능인증서를 발급하고 신축 또는 대규모 보수 시 에
너지 절감을 위해 필요한 조치를 취하도록 의무화했지.

우리나라도 에너지 절약 설계 기준, 에너지절약계획서 제출, 건
축물에너지효율등급제도, 에너지소비 총량제 등을 도입해 시행하
고 있어. 에너지절약설계 기준은 부위별 단열 기준 등 에너지 성
능 지표를 평가하여 건축 허가에 반영하는 제도야. 또한 연면적이

500m² 이상인 건축물을 신축할 경우에는 에너지절약계획서를 제출해야 해. 건축물에너지효율등급제도는 2010년 기준으로 372개 공동주택단지의 약 26만 세대와 30개의 업무용 건물만이 인증을 취득했는데, 2013년부터 모든 신축 건물로 확대했어. 2007년에 총면적 1만m² 이상의 대형건물과 공공건물을 대상으로 도입된 에너지소비총량제는 2013년 3000m² 이상으로 적용이 확대됐고. 에너지소비총량제에서는 공조설비나 조명기기 등의 효율까지 포함하여 성능을 평가해.

에너지 소비제품의 효율 향상과 소비 행태의 변화

집 안의 냉장고를 살펴보면 문 쪽에 에너지소비효율등급표시가 붙어 있어. 5단계로 나누어진 등급 중에 그 제품이 어느 등급에 해당하는지 그리고 소비전력은 얼마나 되는지가 표시돼 있지. 이것은 자동차 창문에도 붙어 있는데 효율등급과 ℓ당 연비, km당 이산화탄소 배출량을 보여줘. 이는 소비자가 제품의 에너지 소비 정도를 쉽게 알아보고 선택할 수 있도록 돕고자 하는 취지야. 현재 우리나라는 전기냉방기, 삼상유도전동기, TV 등 에너지를 사용하는 전기전자기기 33개 품목과 자동차, 그리고 건축물 에너지의 단열에 큰 영향을 미치는 창호 세트에 대해 시험기관의 인증을 받아 에너지소비

에너지 전환 시대의 논리

에너지소비효율등급

효율을 표시하도록 의무화하고 있어. 또한 각 품목에 대해 최저 소비효율 기준을 설정해 이를 만족하지 못할 경우 국내 생산과 판매가 금지돼. 2014년에 시장에서 퇴출된 백열전구가 그런 경우지.

　이러한 에너지효율등급표시제도는 미국과 유럽, 일본 등 대부분의 선진국에서 채택하고 있는데, 미국의 에너지스타 마크와 유럽연합의 CE 마크가 대표적이야. 특히 유럽은 2005년부터 전 회원국에서 시행하고 있는 에코디자인 지침을 통해 22개의 제품군에 대해 에너지 소비 기준과 라벨링 규정을 시행하고 있어. 선진국의 기준

에너지 효율화로 수요를 줄이자

은 우리나라보다 높은 수준으로 이들 나라에 수출하는 국내 기업에게는 또 하나의 넘어야 할 산이지.

일본의 탑러너Top-Runner 제도는 여기서 한 발 더 나아간 제도야. 1998년부터 시행하고 있는 탑러너 프로그램은 냉방기, 형광등, 텔레비전, 자동차, 냉장고 등 24개 제품에 대해 품목별로 에너지효율이 최고인 제품을 그 제품군의 최저 효율 기준으로 설정하고 일정 기간에 이 목표 효율을 달성하도록 의무화해. 만약 주어진 기간에 목표 효율을 달성하지 못하면 해당 업체에 1차 권고, 2차 업체명 공표, 3차에는 벌금을 부과하지. 기업의 입장에서는 규제를 받아야 하는 불편함이 있지만 결과적으로 탑러너 제도는 일본 제품의 질적 수준을 높이고 국제시장에서 경쟁력을 갖추게 하는 촉매제가 됐어. 에너지 소비 절감을 가져온 것은 물론이고.

하지만 생산 쪽의 노력만으로 에너지 효율화가 이루어지는 것은 아니야. 소비자들이 구매할 때 고효율의 에너지 소비 제품을 선택하고 사용하는 과정에서도 에너지 소비를 줄일 수 있는 방안들을 찾고 실천하는 것이 중요해. 에너지 소비자 입장에서는 명심해야 할 사항이 두 가지 있어. 첫째, 아무리 산업이 발전해도 무한히 에너지 공급량을 늘릴 수는 없다는 것과 둘째, 설령 온실가스를 배출하지 않는 에너지 체제를 갖춘다 해도 일정 정도를 넘어선 에너지의 사용은 기후변화를 초래할 수도 있다는 사실이야. 경제성장과 더불어 에너지 사용을 계속 늘려간다면 현재 지구의 열평형이 깨지고 지구의 온도가 올라가는 상황이 발생할 수도 있어. 주변보다 2~3℃ 높

에너지 전환 시대의 논리

은 도시의 열섬현상이 지구 범위에서 일어나는 거지. 에너지는 무한하지도, 또 무한정 사용할 수도 없다는 인식으로 에너지 소비를 최소화하는 행동 양식을 일상화해야 해.

에너지, 제값 내고 쓰자
———

하지만 세상 일이 어디 의식개혁 운동만으로 해결될 일이겠어? 에너지 소비 형태를 결정하는 가장 큰 요인은 역시 가격이야. 소비자는 싸고 질 좋은 제품을 찾기 마련이니까. 에너지 가격이 왜곡되면 소비자들의 에너지 소비 역시 그에 따라 왜곡되고 이는 고스란히 에너지 공급 체계와 산업구조의 왜곡으로 이어져.

우리나라의 에너지 시장에서 가장 대표적인 왜곡 사례가 바로 값싼 전기를 난방 에너지로 사용하는 현상이야. 많은 농가에서 비닐하우스 난방을 위해 열선을 깔아. 심지어 구리를 녹일 때 쓰는 연료를 천연가스에서 전기로 바꾸는 공장까지 있어. 사무실은 물론 일반 가정에서도 난방 에너지로 전기를 사용하는 사례가 일반화됐지. 우리가 쓰는 전기의 약 70%는 석탄, 석유, 천연가스를 태워 만들어. 이 과정에서 화석연료가 가지고 있던 에너지의 약 30~40%만이 전기로 변환돼. 송배전 손실과 전열기의 열손실을 감안하면 화석연료의 3분의 1 정도만이 전기 난방에서 열로 바뀌는 셈이야. 에너지원의 96%를 수입하는 나라에서 있어서는 안 되는 일이 일상적으로 일어나고 있는 게 우리나라의 에너지 소비 현실이야.

이런 상황은 우리나라의 최종 에너지 소비 가격이 비용을 제대로 반영하지 않음으로써 발생한 거야. 우리나라의 전기요금은 세계에서 가장 낮은 수준이거든. 국제에너지기구에 따르면 2012년 경제개발협력기구 국가의 가정용 전기요금 평균 가격은 MWh당 169.9달러인데 우리나라는 그 절반 수준인 93.1달러래. 일본(276.8달러)에 비해 3분의 1 수준, 독일(338.8달러)에 비하면 거의 4분의 1에 가까워.

더구나 최종 소비 에너지인 전기 가격이 1차 에너지원인 석유보다 상대적으로 낮은 나라는 우리나라가 유일해. OECD의 평균 가격을 보면 2001년 석유를 100으로 했을 때 전력은 262.7로 2배 이상 차이가 났으나, 석유 가격 상승의 영향으로 2008년에는 137.1까지 좁혀졌어. 하지만 화석연료로 생산하는 전기 가격은 여전히 석유보다 높을 수밖에 없지. 그런데 우리나라는 2004년 석유와 전력의 가격이 역전된 뒤 2008년에는 전력이 석유의 거의 절반 수준에 근접하는 상황까지 이르렀어.

석유 가격 기준 전기요금 비율 추이

(단위: %)

		2001	2002	2003	2004	2005	2006	2007	2008
한국	석유	100	100	100	100	100	100	100	100
	전력	129.6	128.9	113.1	99.3	85.9	82.7	83.6	64.8
OECD	석유	100	100	100	100	100	100	100	100
	전력	262.7	276.4	254.4	227.0	283.4	173.8	175.4	137.1

자료: OECD/IEA, Energy Prices & Taxes, 2012 2nd quarter.
정한경 외, 《시장친화형 에너지가격체계 구축 종합 연구》에서 재인용

에너지 전환 시대의 논리

우리나라의 원자력발전 비중이 다른 OECD 국가들보다 크다는 점을 감안해도 이는 아주 예외적인 사례야. 2013년도 종합판매단가를 비교하면 한국의 전력 가격을 100으로 했을 때 일본은 206, 프랑스는 145야. 원자력발전의 비중이 우리나라와 비슷한 일본의 전력요금은 우리나라보다 2배를 넘으며, 원전 비중이 4분의 3이나 되는 프랑스 역시 우리보다 1.5배 수준이라는 사실!

이렇게 생산 비용을 무시하고 전력 가격이 낮게 설정된 것은 물가 억제와 산업의 국가경쟁력 제고를 위한 정부의 정책이 전력 요금 결정을 좌우해왔기 때문이야. 그 결과 석유 한 통이면 데울 수 있는 비닐하우스에 전열선을 설치함으로써 석유 세 통을 때는 기형적인 에너지 소비와 에너지 다소비 제조업의 팽창, 전기 난방 비중이 높아진 건물의 증가로 나타났어. 이에 따라 2001년부터 2010년까지 10년 동안 가격이 자유화된 등유 소비는 52%가 줄어든 반면 전기 소비는 68%가 증가했어. 2009년 우리나라의 GDP 대비 전력 사용량은 달러당 0.561kWh로 일본의 약 3배, 미국의 1.7배에 이르는 세계 최고 수준의 전력 소비율을 보였어.

산업 부문에서 에너지 다소비 업종의 증가와 에너지 효율화에 대한 소극적인 태도를 초래한 요인에는 전체적으로 낮은 전기요금을 더 낮춰주는 용도 간 교차 보조도 있어. 대부분의 나라가 전력 요금 체계를 원가를 충실히 반영할 수 있는 전압별 체계로 정착했으나 우리나라는 1973년 이래 용도별 체계를 유지하고 있어. 현재 우리나라의 전력요금 체계는 주택용, 일반용, 교육용, 산업용, 농사용, 가로등 6개 용도와 심야전력으로 구분돼. 용도별 요금의 차이는 국가 경쟁력 확보를 내세워 산업용 전기를 원가 이하로 공급하는 대신 주택용과 일반용이 이 손실을 메우는 구조야. 2010년 산업용 전력을 사용한 기업들이 받은 총 수혜액은 2조 1157억 원으로 이 중 상위 200개의 사업체가 46.5%인 9832억 원의 혜택을 본 것으로 나타났어. 일본과 독일이 산업의 국가경쟁력 확보를 위해 에너지 효율화를 택한 반면 우리나라는 에너지 가격을 낮춰주는 쪽을 택한 결과야. 선진 공업국도 산업용 전력 사용에 대해 주택용보다 가격상의 혜택을 주지만 원가 반영에 보다 충실한 전압별 체계를 통해서 하는 점이 달라.

심야전력도 잘못된 가격 정책이 어떻게 에너지 소비를 왜곡시키고 공급 체계를 압박하는지를 보여주는 사례야. 1980년대 초반 원자력 발전소 건설에 나선 정부는 한번 가동하면 야간에도 세울 수 없는 원전 전력의 소비 촉진을 위해 심야전력을 도입해 가격을 대폭 낮추어 공급했어. 완만하게 증가하다 1997년 연간 1438GWh에 이른 심야전력 사용량은 이후 급격하게 증가해 2001년 1만 1747GWh, 2010년에는 전체 전력 판매량의 4.5%인 1만 9690GWh까지 늘어

종별 요금 수준 비교(2014년)

(단위: 원/kWh)

종합	주택용	일반용	교육용	산업용	농사용	가로등	심야
111.28	125.14	129.75	114.15	106.83	47.31	113.39	67.33

자료: 《전기연감 2015》

에너지 전환 시대의 논리

나. 등유 가격이 급등하자 겨울철 난방 수요가 심야전기 난방으로 몰린 까닭이야. 그런데 심야전력이 원전의 발전량을 웃돌게 되자 오히려 야간에 비싼 천연가스발전으로 부족분을 메워야 하는 웃기는 상황이 벌어졌어. 심야전력 가격의 인상으로 2011년에는 전년에 비해 5.5%가 줄어들기는 했지만, 이런 상황은 여전히 계속되고 있어. 야간에 여유 전력을 소비한다는 취지에서 한참을 벗어난 거지.

이와 같이 원가를 밑도는 가격으로 판매되는 전력의 수요가 늘어나면서 이런 추세가 향후 전력 수요 예측에 반영되어 신규 발전소 건설 수요가 과다 추정되고, 이는 다시 원자력발전소 추가 건설을 뒷받침하는 근거로 제시되는 악순환이 벌어지는 것도 심각한 대목이야.

에너지 소비 절약과 효율화를 위해서 가격 체계 정비를 더 이상 늦추어서는 안 돼. 에너지의 소비는 환경오염 등 외부 비용을 발생시켜. 특히 기후변화가 국제적 현안으로 떠오른 상황에서 탄소 배출 저감을 위한 비용 등 외부 비용을 내부화하여 에너지 가격에 반영함으로써 과도한 에너지 소비에 제동을 걸고 비정상적인 에너지원 구성을 바로잡으며 에너지 효율화에 나서도록 하는 촉매 역할을 해야 해.

최우선의 과제는 원가를 회수하지 못하는 전력 요금의 현실화야. 에너지 가격을 연구한 한 보고서는 현재의 전력 요금을 원가 수준으로 현실화할 경우 산업 부문에서의 순편익이 1349억 원, 가정·상업 부문에서의 순편익이 1169억 원에 이를 것으로 추정해. 적정투자보수율을 감안하여 원가회수율을 105%로 할 경우에는 두 부문의 순편익은 각각 3277억 원과 3508억 원으로 늘어날 것으로 예상했지.

또한 요금 차이를 이용한 용도 간 교차 보조를 폐지하고 에너지 빈곤 계층이나 공공의 목적을 위해 전력 지원이 필요한 경우에는 직접 보조를 하는 쪽으로 전환해야 해. 산업 부문의 국가 경쟁력을 위해 가격을 낮춰주는 것은 에너지 효율화에 대한 유인을 약화시키고 에너지 과다 소비를 불러와 결과적으로 경쟁력을 떨어뜨렸음이 입증됐어. 우리나라 기업들도 더 이상 값싼 전력의 공급에 매달릴 것이 아니라 원가 수준의 전력 요금을 수용하고 일본이나 독일의 기업들처럼 에너지 효율화를 통해 경쟁력을 길러야 해.

끝으로 원가 이하로 전기를 팔아 적자가 누적되는 한전의 빚은 어떻게 될까 생각해보자.

별 수 없잖아, 전기 요금을 더 내든지 공적 자금으로 메우든지 해야지. 어떤 식이 됐든 이 빚을 갚는 과정은 이전에 혜택을 볼 때와는 달라.

우리 집은 전기를 그리 많이 쓰지는 않아. 한 해 30만 원대의 전기요금을 내. 내가 싼 전깃값으로 덕을 본 건 1년에 3만 원에서 많아야 5만 원 될 거야. 하지만 2013년 삼성그룹 4697억 원, 현대자동차 2701억 원 등 10대 그룹의 총할인액은 1조 5356억 원에 달하고 100대 기업으로 확대하면 총 2조 487억 원의 혜택이 돌아가고 있는 셈이니, 개인이 누리는 혜택은 그야말로 껌값 수준이지.

더구나 한전의 빚을 공적 자금으로 메울 때 덕을 본 대기업이 더

에너지 전환 시대의 논리

내는 것도 아니야. 그때는 수천억 이득 본 기업이나 몇 만 원 득 본 나 같은 사람들이나 그냥 n분의 1일 뿐이지.

재생가능에너지 보급 지원 제도
RPS vs FIT

2013년 우리나라의 1차 에너지 공급 구성을 보면 화석연료가 85.7%, 원자력이 10.5%로 96.2%를 차지해. 이만큼은 해외 의존적인 수입 에너지야. 그래서 공급 안정을 위해서는 국내에서 공급할 수 있는 에너지원인 재생가능에너지의 비중을 높여야 해. 재생가능에너지의 비중을 높일수록 우리의 에너지 안보는 튼튼해지고 에너지 수입을 위해 써야 하는 돈도 그만큼 굳는 거지. 생각해 봐. 재생가능에너지의 공급이 늘어나 화석연료를 10%만 대체해도 연간 20조 원의 돈을 밖으로 내보낼 필요 없이 안에서 돌릴 수 있다는 거거든.

하지만 지금 재생가능에너지가 차지하는 비중은 2.1% 수준으로 아주 미미해. 독일이나 덴마크는 말할 것도 없고 하물며 에너지 소비 대마왕인 미국조차 재생가능에너지 비중이 6.7%까지 올라갔는데, 우리는 정말 뭘 믿고 이러는지 모르겠어.

(단위: %)

국가	한국	일본	미국	영국	프랑스	독일	덴마크	이탈리아	스페인
비중	2.1	5.3	6.7	6.9	9.1	12.6	30.3	18.5	14.9

자료: 한국에너지공단, 《2015년 신·재생에너지 보급통계》

아무튼 이래서 각국은 재생가능에너지 보급을 위한 지원제도를 시행하고 있어. 우리나라도 있긴 있는데, 처음엔 FIT를 시행하다 이 걸 팽개치고 RPS를 시행하고 있어.

RPS와 FIT는 모두 재생가능에너지의 보급 확대를 위한 정책이 야. RPSRenewable Portfolio Standard는 '재생가능에너지 공급의무화제도', FITFeed-in Tariff는 '기준가격의무구매제'의 약자야. 재생가능에너지 공급의무화제도RPS는 발전사업자에게 일정 비율 이상을 재생가능에너지원으로 생산한 전기를 공급하도록 강제하는 제도이고, 기준가격의무구매제FIT는 재생가능에너지로 생산한 전기는 생산비를 보전하는 가격으로 우선 구매하는 제도지. 우리나라는 2003년에 시행한 FIT를 중단하고 2012년부터 RPS 제도를 도입했어.

2015년 현재 세계적으로 77개국이 FIT를 운영하고 있으며 26개국이 RPS를, 18개국은 RPS와 FIT를 병행하고 있어. 지금까지 결과로는 독일이나 덴마크 등 FIT를 시행하는 나라들이 미국이나 호주등 RPS 시행국들에 비해 재생가능에너지 보급에 보다 성공적인 것으로 나타나. 2003년 4월에 FIT를 중단하고 RPS로 갈아탔던 일본은 후쿠시마 원전사고 후인 2012년 '재생가능에너지 전량 매입법'을 제정해 FIT로 돌아왔지. RPS와 FIT, 과연 우리나라에서 재생가능에너지 보급을 위해 보다 효과적인 제도는 어느 것일까?

재생가능에너지의 토대를 만든 FIT

1970년대 초 1차 석유파동을 겪은 세계 여러 나라는 대체에너지 개발에 나섰고, 기술과 비용에서 아직 경쟁력을 갖추지 못한 대체에너지 보급을 위한 지원 정책을 시행했어. 재생가능에너지 보급에 대한 최초의 지원 정책은 미국의 카터 행정부에서 나왔지. 카터 대통령은 1978년 국가에너지법을 공포했는데 5개의 관련법 중 하나가 바로 '에너지공급업체 규제 정책법PURPA'이야.

PURPA는 재생가능에너지로 발전하는 개별 발전업자들의 전력을 전력공급업체들이 회피 원가를 넘지 않는 가격으로 매입하도록 요구했어. 이 법에 따라 캘리포니아 주는 예상 장기 발전 비용으로 계산한 고정 가격으로 풍력발전 전력을 매입함으로써 세계 최초의 풍력발전 붐을 일으켜 미국과 덴마크의 풍력발전산업이 안착하는 계기를 제공했어. 이게 FIT의 시초야.

하지만 1980년대 중반 이후 석유 가격이 하락하면서 레이건 행정부는 재생가능에너지 장려 정책을 폐기하고 화석연료의 공급을 중시하는 에너지 정책으로 회귀했고, 그 결과 캘리포니아 주 등 몇몇 주에서만 명맥을 유지해.

FIT가 본격적으로 제도화하고 꽃을 피운 건 유럽에서야. 독일 연방

에너지 전환 시대의 논리

카터 대통령은 1979년 백악관 지붕에 32개의 태양광 패널을 설치했다.
석유 메이저의 지원을 받은 레이건 대통령이 1986년에 걷어냈으나
2013년 오바마 대통령이 태양광 패널을 다시 지붕에 얹었다.

정부는 1990년 '재생가능에너지 전력망 접속법StrEG'을 제정해 전력공급업체에게 재생가능에너지로 생산한 전력을 소매가격 기준으로 20년간 의무적으로 구매하도록 했어. 태양광발전과 풍력발전은 가정용 전기요금의 90%, 소수력과 바이오매스에 의한 발전은 65~80% 수준의 가격으로 구매가 이루어졌지. 이 법은 무엇보다도 재생가능에너지로 전력을 생산한 이들에게 전력망에 접속하는 우선권을 부여했다는 데 큰 의미가 있어.

StrEG 시행으로 독일은 1990년대에 4400MW의 풍력발전소를 건설해 당시 세계 풍력발전 용량의 3분의 1을 차지하는 성과를 이

루었어. 하지만 태양광과 같이 아직 고비용인 재생가능에너지 보급에는 한계가 있었지. 이때 돌파구를 연 곳이 독일 북서부의 도시 아헨이야. 아헨 시정부는 StrEG를 시행한 1991년부터 각계의 의견을 수렴해 1994년 생산비보장구매제도를 내용으로 하는 조례를 제정했어. 재생가능에너지원에 의한 전력 구매 가격을 소매가격에 연동하지 않고 생산비를 기준으로 하여 이를 보장해줌으로써 시민이나 조합 등에서 태양광발전과 같은 고비용의 기술을 과감히 채택할 수 있는 길을 열어준 거지. 이 제도는 다른 도시로 파급되면서 1990년대 하반기 독일 내 태양광발전 보급에 크게 기여해.

아헨 모델로 불리는 생산비보장구매제도는 StrEG의 전력망 접속 우선권과 함께 2000년 연방정부가 제정한 재생가능에너지법에서 FIT 제도의 완성이라는 결실로 이어졌어. 이 법에 의해 독일에서는 재생가능에너지로 생산하는 모든 전력을, 정부에서 생산비를 평가해 정한 가격으로, 전력공급회사가 20년간 의무적으로 매입하게 됐지. 기술 발전을 촉진하기 위해 구매 가격은 연차적으로 1~5% 정도씩 낮추도록 했고. 이후 이 법은 독일 내 재생가능에너지 생산을 획기적으로 확대하면서 다른 나라로 퍼져 나가.

FIT의 핵심은 다음 세 가지야.

첫째, 재생가능에너지 전력의 전력망 접속권을 보장하는 거야. 현재의 중앙집중식 전력망은 대용량과 안정적인 전력을 요구해. 따라서 소규모로 단속적으로 이루어지는 재생가능에너지원은 그리 반가운 존재가 아냐. 하지만 전기는 따로 포장해서 보관하기가 어

에너지 전환 시대의 논리

독일이 재생가능에너지 지원 제도를 도입할 수 있었던 건 적록연정(사민당과 녹색당) 덕분이다. 사진은 2004년 슈뢰더 총리(사민당)와 피셔 외무장관(녹색당).

려운 제품이잖아? 생산하는 순간 소비가 이루어져야 해. 그러므로 재생가능에너지로 생산한 전력을 전력망에 접속하지 못하고 자가 발전용으로만 써야 한다면, 누구도 비용이 더 들어가는 재생가능에너지 발전시설을 설치하려 하지 않을 거야. 그러므로 재생가능에너지로 발전하는 이들에게 전력망 접속을 보장하는 것은 기본 조건인 셈이지. 미국의 PURPA와 독일의 StrEG 등 초기 재생가능에너지 지원법들이 모두 전력공급업체로 하여금 의무적으로 재생가능에너지 전력을 구매하도록 한 까닭이야. 본래 'feed-in'이란 말은 '한 가족으로 받아들이다'라는 뜻이래.

　둘째는 장기 구매계약이고, 셋째는 생산비를 보장하는 구매 가격이야. 분산적인 소규모 시설이라고는 하나 재생가능에너지 발전설비 역시 값비싼 고정 설비이며, 새로운 기술에 투자하는 것은 모험이지. 투자자나 사용자들이 안심하고 재생가능에너지 발전설비를 설치하게 하려면 생산비를 보장하고 투자회수 기간을 확보해주는 정책이 필요해.

중앙집중형 에너지 체제와 타협한 RPS

FIT가 생산자들을 직접 지원함으로써 보급을 촉진하는 제도라면 RPS는 전력공급업체에 공급하는 전력의 일정량을 재생가능에너지로 채우도록 강제하는 제도야. 우리나라의 경우 한국수력원자력(주) 등 500MW 이상의 발전사업자와 수자원공사, 지역난방공사 등 17개 발전회사가 공급의무자이지. 공급의무자는 시행 첫해인 2012년 원자력과 재생가능에너지 전력을 제외한 총발전량의 2%를, 2016년에는 3.5%, 2024년에는 10%를 의무적으로 공급해야 해. 즉 대규모 발전회사들은 자체적으로 재생가능에너지를 생산해 의무 비율을 채우든지, 재생가능에너지 발전사업자들로부터 재생가능에너지 전력 인증서를 구매하는 방법으로 의무를 이행해. 공급 의무가 있는 발전사업자가 이를 이행하지 않으면 공급인증서 평균거래가격의 150% 이내에서 과징금을 내야 해.

재생가능에너지 발전사업자들은 생산한 전력을 전력거래소의 그날 가격으로 한전에 팔고, 한국에너지공단에서 발급하는 공급인 증서REC: Renewable Energy Certificate를 통해 보상을 받아. REC란 재생가 능에너지 발전설비에서 공급의무자에게 판매한 MWh 기준의 전력 량에 재생가능에너지원과 설치 방법에 따라 정해진 가중치를 곱해 서 부여하는 공급인증서의 발급 및 거래 단위야. 재생가능에너지 발 전사업자는 발급받은 REC를 전력과 함께 공급의무자에게 팔든지, 혹은 REC만 분리해서 판매함으로써 생산비용을 보장받고 수익을 추구할 수 있어.

　이렇듯 공급의무화제도는 재생가능에너지의 보급을 시장의 경

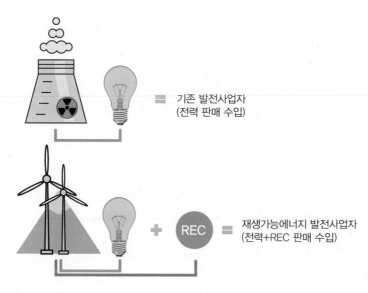

재생가능에너지 발전사업자는 전력과 인증서를 판매해 수지를 맞춘다.

쟁에 맡기는 제도야. 정부는 단지 발전회사들의 의무공급 비율을 정해주고 이를 채우지 못할 경우 과징금만 부과하면 돼. 의무 공급 비율이 높다면 정부의 보급 의지를 읽을 수도 있겠지만 대부분의 나라에서 의무공급 비율은 화석연료와 원자력을 중심으로 하는 기존 발전업계와 타협의 산물로 정해져. 우리나라의 2020년 의무공급 비율이 6% — 원자력과 재생가능에너지 전력을 제외한 발전량 대비이므로 실제 총발전량에서 재생가능에너지 비율은 이보다 낮아 — 인 것을 보면 재생가능에너지 보급에 대한 정부의 의지가 어느 정도인지 엿볼 수 있지.

다시 FIT로 돌아가자

기준가격의무구매제FIT와 공급의무화제도RPS의 가장 기본적인 차이는 보급 촉진의 대상인 재생가능에너지에 대한 인식이야. 기존의 화석·핵에너지 체제는 규모가 크고 중앙집중적인 공급 및 유통 방식을 구축했어. 반면 재생가능에너지원에 의한 발전은 분산적으로 이루어지며 화석·핵에너지에 비해 소규모로 이루어져. 소규모 분산성 에너지의 보급 방식은 대규모 중앙집중형 에너지의 보급 방식과 다를 수밖에 없잖아?

기존 에너지 체제에서는 연료 및 투자 효율성을 높일 수 있도록 소비지와 떨어진 장소에 대형발전소를 건설하고 고압선으로 이를

에너지 전환 시대의 논리

전송하여 배전해. 하지만 예를 들어 태양광발전은 하나하나의 건물이 모두 발전소가 돼. 소비지 건물의 지붕이나 벽면 등 햇빛을 많이 받는 곳이 바로 소형 발전소이며, 재생가능에너지 전력 생산자들은 다수의 소생산자로 구성돼. 따라서 FIT는 이들 다수 소생산자의 최소 수익을 보장하여 투자 의지를 부추기지. 반면 RPS는 기존 대형 발전사업자들에게 일정량의 재생가능에너지 전력 공급을 요구하고 그 달성은 시장에 맡기는 방식이야.

그러다 보니 RPS에서 공급의무자들은 소규모 재생가능에너지 전력을 끌어모으기보다는 대형 풍력발전단지나 태양광발전단지, 조력발전소 등 한 번에 대량 구매가 가능한 곳을 선호해. 공급의무자 스스로 재생가능에너지 발전에 투자하는 방식도 대형 발전단지 중심으로 이루어지고 말이야. 재생가능에너지가 가진 소규모와 분산성이라는 특성에 맞는 에너지 생산과 배분 구조가 형성되기보다는 기존의 중앙집중형 대규모 에너지 체제에 단지 발전원의 한 형태로만 편입되고, 그나마 이 방식에 맞지 않는 대부분의 소규모 생산자들은 배제되는 구조로 보급이 이루어져.

태양과 바람 등 재생가능에너지는 많은 지역에 골고루 주어지는 대신 엘리트 에너지같이 대량으로 주어지는 것이 아니야. 따라서 재생가능에너지의 활용 방식은 그 성격에 맞는 체제를 필요로 해. RPS가 기존 화석·핵에너지 체제의 연장선상에서 채택된 제도라면 FIT는 미래의 에너지 체제를 준비하는 제도로 평가받는 이유야.

이 밖에도 지역 제조업의 발전을 촉진하고, 투자 불확실성을 제거하여 시장 규모를 확대하며, 일자리 창출 효과가 크고, 다양한 에너지원의 개발이 가능하다는 등 FIT가 RPS에 비해 뛰어난 효과가 있다는 사실은 그동안 각각의 방식을 채택해 진행해온 나라들이 결과로 보여주고 있어.

현재 우리나라가 실행하고 있는 RPS를 유지하더라도 소규모 발전에 대해서는 FIT를 다시 시행해서 다양한 소생산자의 참여를 보장하고 촉진해야 해. 우리가 맞이할 미래의 에너지 체제에서는 우리가 사는 집, 일하는 사무실 건물 하나하나가 모두 발전소니까 말이야.

에너지 전환 시대의 논리

에너지 관련 재정 지출 분석

이번엔 돈 이야길 한번 해보자. 세상만사 늘 이게 문제지. 이걸 둘러싸고 밥그릇 싸움도 하는 거고.

일단 민간경제 부문은 논외로 하고 국가재정만 얘기할 거야. 사경제야 자기 돈 가지고 자기가 알아서 하는 거니 이래라저래라 하기 어렵지만, 세금이나 공과금 걷어서 쓰는 정부 예산이나 기금에 대해서는 제대로 쓰고 있는지 살펴보고 요구할 권리가 있으니까. 더구나 말로는 우리보고 주인이라고 하면서도 신경 안 쓰면 머슴들끼리 주무르고 나눠 먹고 하는 식으로 아주 가관이거든.

현재 우리는 도시가스LNG나 통가스LPG를 사서 밥을 짓고 난방을 해. 도시가스가 들어가지 않는 경우 석유나 연탄으로 난방을 하기도 해. 시골에서는 화목보일러를 쓰기도 하고. 거의 모든 지역에 전기가 들어가니까 가전제품 사용이 일반적이야. 우리나라는 전기가 워낙 싸다 보니 냉방은 물론 난방까지 전기로 하는 경우가 많아 졌어. 한편 자동차를 움직이기 위해 주유소에서 휘발유나 경유를 구매해. 이렇게 우리는 일상생활을 위해 에너지를 사서 쓰고 있지.

그런데 이런 민간 부문에서 에너지 수급이 이뤄지기 위해서는 상당한 액수의 국가재정이 필요해. 석유고 가스고 전기고 간에 각자 돈 내서 사 쓰는 데 뭔 나랏돈이 들어가느냐고? 세상 일이 어디 시장에서 다 이뤄질 수 있나. 시장에서 못하는 일, 즉 시장의 실패를 메우는 일은 정부에서 해줘야지. 전력산업같이 대규모 투자가 필요하거나 독점적 구조 때문에 공공성 확보를 위해 정부가 개입해야 하는 부문도 있어.

그럼 현재의 에너지 체제가 굴러가도록 하기 위해 우리는 얼마나 공공 지출을 하고 있을까?

2015년 예산과 기금을 분석한 결과 중앙정부의 에너지 분야 재정 규모는 총 13조 2295억 원이야. 이 중에서 당해년도에 지출하는 액수는 5조 7420억 원.

산업통상자원부에서 관장하는 에너지 및 자원사업 특별회계의 지출 항목을 보면 어디에 돈이 들어가는지 대강 볼 수 있어. ▲ 에너지의 안정적 공급을 위한 국내외 자원 개발, ▲ 석유 비축과 석유가스 품질 관리 등 에너지 공급 체계 구축, ▲ 가스 안전 등 에너지 안전 관리, ▲ 에너지 기술개발 등등. 현재의 에너지 수급 구조가 안전하게 돌아가도록 하고 미래를 준비하는 일, 그중에서도 시장이 해내지 못하는 부분에 공공 지출이 이루어지는 거야. 요즘은 도시가

에너지 전환 시대의 논리

2015년 에너지 분야 재정 규모 및 지출액

(단위: 100만 원)

	부서 · 회계 · 기금명	전체 규모	지출액
일반회계	산업통상자원부	154,112	154,112
	미래창조과학부	235,903	235,903
	원자력안전위원회	101,454	101,454
	국토교통부	14,161	14,161
특별회계	에너지및자원사업특계	5,952,699	3,086,796
	지역발전특별회계	126,780	126,780
	환경개선특별회계	37,960	37,960
	교통시설특별회계	165	165
기금	전력산업기반기금	3,813,037	1,684,362
	방사성폐기물관리기금	2,532,689	98,844
	원자력기금	256,558	197,465
	정보통신진흥기금	4,000	4,000
합 계		13,229,518	5,742,002

출처: 국회 김제남 의원(정의당)실의 자료 협조로 에너지전환연구소에서 집계한 자료

스를 사용하는 열병합발전소를 지으려고 해도 주변에서 반대가 심해서 발전소 주변 지역을 지원하는 법이 있을 정도야. 뭐, 이런 돈도 전력산업기반기금에서 나가는 돈이지.

그러면 이런 돈은 어디서 나올까? 당연히 국민의 주머니지. 우리가 내는 세금과 공과금에서 조성되는 거야. 일반회계는 소득세나 부가가치세 등 보편적인 세금에서 나눠 쓰는 거고, 특별회계와 기금은 세입이 정해져 있어. 에너지 및 자원사업 특계는 석유수입부담금이 주요 세입원이야. 휘발유와 경유 소비자에게 부과되는 세금인 교통·에너지·환경세는 80%를 교통시설특계가 가져가고 15%는 환경

개선특계, 2%는 지역발전특계로 가. 에너지특계로는 2%만이 배정되지.

전력산업기반기금은 우리가 내는 전기료에서 3.7%를 떼어내 조성한 기금이야. 방사성폐기물관리기금은 원전 운영사가 배출하는 폐기물 양에 따라 부담하는 돈인데, 우리가 내는 전기료에 포함돼 있어. 원자력연구개발기금 역시 원자력발전사에게 1kWh당 1.2원씩 부담시켜 조성해. 결국은 전기료에 전가되어 우리가 매달 내는 돈이지.

그러니까 전체적으로 에너지 분야 재정은 일반회계의 일부 예산과 우리가 에너지 사용 과정에서 내는 세금이나 부담금으로 조성되는 특별회계와 기금으로 이루어진 재정이야.

그럼, 회계와 기금별로 에너지와 관련한 예산을 살펴보자.

정부에서 에너지 정책을 관장하는 부서는 산업통상자원부야. 산자부는 에너지 및 자원사업 특별회계와 전력산업기반기금, 방사성폐기물관리기금 등 에너지 관련 특별회계와 기금을 운용해. 산자부는 일반회계에서도 에너지 쪽에 쓰는 돈이 있는데, 산업 진흥 차원에서 플랜트 엔지니어링 핵심기술 개발사업(심해 석유가스 개발 기술)이나 그린카 등 수송시스템산업 핵심기술 개발 등에 투자해.

미래창조과학부는 연구개발을 관장하는 부서라 에너지 쪽에도 투자하는데, 특히 원자력 분야에 나가는 돈이 많아. 일반회계의 기술개발 중에 원자력 진흥 항목이 있을 뿐 아니라 원자력연구개발기금을 따로 운용하기도 해. 정보통신진흥기금 중에서는 스마트 그리

에너지 전환 시대의 논리

드 보안 실증 및 지원 예산이 잡힌 거야.

박근혜 정부에서 국무총리 산하 기관으로 위상이 낮아진 원자력 안전위원회 예산은 순전히 원전 때문에 나가는 돈이야. 국토교통부는 건설 쪽에서 원자력 진흥과 건축물 에너지 효율화, 교통 쪽에서 저탄소 교통 체계 등의 사업 예산이 일반회계에 편성된 거야. 국교부는 또 교통시설특별회계에서 유가보조금 관리시스템을 유지하기도 해.

환경부는 환경개선특별회계를 통해 기후변화 대응 사업을 하는 데 많은 부분이 에너지와 관련돼. 지역발전특별회계는 노무현 정부 때 제정한 국가균형발전 특별법에 의해 지역 개발 사업을 위해 편성하는 예산이야. 이 중에는 더러 에너지 관련 산업이나 시설을 지원하는 예산이 들어 있어.

이렇게 에너지 관련 예산은 산업통상자원부를 중심으로 원자력 안전위원회와 미래창조과학부, 환경부, 국토교통부에서 지출하는

2015년 에너지원 및 부문별 재정 지출액

(단위: 100만 원, %)

	지출액	구성비
화석연료	1,333,329	22.9
원자력발전	1,814,401	31.1
재생가능에너지	679,715	11.6
에너지 효율화	1,608,075	27.6
기후변화 대응	398,505	6.8
합계	5,834,025	100

출처: 국회 김제남 의원(정의당)실의 자료 협조로 에너지전환연구소에서 집계한 자료

데, 이를 에너지원과 분야별로 구분하면 표와 같아.

1차 에너지원 중에서는 원자력발전에 들어가는 돈이 1조 8144억 원으로 가장 많고, 그다음이 화석연료 1조 3333억 원, 재생가능에너지에는 앞의 3분의 1과 2분의 1 수준인 6797억 원을 썼대. 보급 초기 단계인 재생가능에너지에 대한 지원만 있는 줄 아는 사람들도 있어. 그런데 실제로는 원자력과 화석연료 분야에 더 많은 재정 지출이 이뤄지고 있어. 이런 배분 비율 이면엔 현 정부의 에너지 정책이 반영돼 있어. 현 정부의 원전 중시 정책은 19대 국회 집권여당의 비례대표 1번을 원전학자 출신으로 내세울 정도야.

원자력발전 관련 예산이 그동안 특별 대우를 받아온 걸 극명하게 보여주는 게 바로 원자력문화재단 지원 예산이야. 업계의 출연금으로 운영하는 미국, 일본과 달리 우리나라는 해마다 수십억 원(2012년 85억 원, 2013년 76억 5000만 원, 2014년 56억 7700만 원, 2015년 53억 9300만 원)을 전력산업기반기금에서 지원해. 이들은 이 돈으로 매일 저녁 공중파를 통해 공익광고라는 이름으로 원전을 홍보하고 있어.

하지만 이제 우리의 에너지 정책 방향과 그에 따른 재정 지출이 제자리를 찾을 때가 됐어. 지금까지 에너지에 대해 살펴본 바에 따르면 우리의 에너지 정책은 에너지 효율화를 통해 수요를 감축하고, 에너지원 구성에서 재생가능에너지의 비중을 높여야 하는 것으로 나타났어. 에너지 관련 재정 지출은 이 목표에 집중돼야 해.

에너지 소비를 늘리는 쪽으로 작용하는 예산 집행은 지양해야 해. 80%를 도로 건설에 사용하는 교통·에너지·환경세의 배정 비

에너지 전환 시대의 논리

율이 재조정돼야 하는 까닭이지. 이건 에너지에 부과하는 세금으로 다시 에너지 소비를 촉진하는 대표적인 사례야.

또한 96%의 1차 에너지원을 수입에 의존하는 현재의 에너지 공급 구조에서 원전과 화석연료에 대한 지원이 관성적으로 이루어지는 건 매우 잘못된 재정 지출이야. 고리 1호기가 발전을 시작한 지 38년, 도시가스가 우리나라에 도입된 지 30년이지만, 인류가 석탄과 석유를 사용한 지는 100년이 넘었어. 그럼에도 여전히 화석연료와 원전은 공공 재정의 지원을 요구해. 이제 젖을 뗄 때도 됐잖아?

우선 원전 관련 예산에서 안전과 폐기물 처리, 폐로 분야를 제외하고는 재생가능에너지 보급 확대를 위한 예산으로 편성해야 해. 하루아침에 바꾸기는 쉽지 않을 테니 원전업계에는 단계적 축소라는 명확한 신호를 보내고, 초기 단계에서 지원이 필요한 재생가능에너지 보급 확대엔 재정 배정을 늘려야겠지.

"정부보조금을 지급해 석탄과 석유, 가스 사용을 늘리는 것은 미친 짓입니다."
―김용 세계은행 총재, 2015. 4. 14.

13

아시아 프리미엄과 작별하기—
동북아에너지협력체

에너지 업계엔 아시아 프리미엄이라는 게 있어. 중동에서 석유나 가스를 팔 때 동아시아로 보내는 건 유럽 쪽보다 가격을 더 받는 관례를 말해. 쓰는 건 많은데 나는 건 별로 없고 사오는 거리는 먼 지역적 특성 때문에 생긴 거야. 게다가 유럽은 파이프로 가져오는 양이 더 많은데 동아시아는 배로 운반해야 해. 운송비는 물론 가스의 경우 액화하는 비용이 추가로 들어가.

일본이야 본래 섬나라니까 그렇다 치고, 우리나라는 20세기 중반 이래 대륙과 단절된 시대를 살아오면서 덩달아 이걸 당연하게 받아들이게 됐지. 하지만 우리는 섬나라가 아니야. 대륙과 붙어 있는 반도 국가, 엄연한 대륙국가야.

아시아 프리미엄에서 벗어나는 단초를 마련한 건 중국이야. 2014년 5월 시진핑과 푸틴은 총계약액이 4000억 달러(약 405조 원)

에너지 전환 시대의 논리

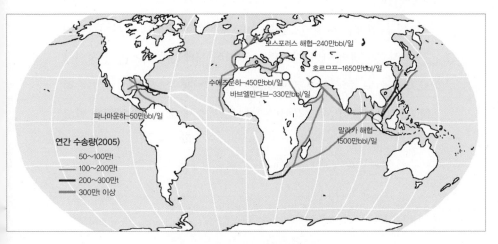

수에즈운하–450만bbl/일

보스포러스 해협–240만bbl/일

호르므프–1650만bbl/일

바브엘만다브–330만bbl/일

파나마운하–50만bbl/일

말라카 해협–1500만bbl/일

연간 수송량(2005)

50~100만t
100~200만t
200~300만t
300만 이상

중동은 왕복 약 2만 5000km 거리다.
빈 배로 가는 데 보름, 석유를 싣고 오는 데 3주 정도 걸린다.

에 이르는 세기의 거래를 성사시켰어. 매년 380억m³의 천연가스를 가스관을 통해 30년 동안 중국에 공급하기로 한 거야. 당시 계약 가격은 러시아에서 유럽에 파는 가스값보다도 싼 걸로 알려졌어. 이건 아시아 프리미엄이 아니라 아시아 에누리인 셈이지.

2014년 9월 1일 러시아 국영가스회사인 가즈프롬은 푸틴대통령과 장가오리 중국 공산당 상무위원이 참석한 가운데 야쿠티야(사하)공화국 수도 야쿠츠크에서 '시베리아의 힘' 가스관 기공식을 개최했어. 이 가스관은 시베리아 사하에서 생산되는 가스를 극동의 블라디보스토크까지 연결해. 도중에 하얼빈으로 들어가는 이 가스관의 중국 지선(동부노선)을 통해 2019년부터 본격적으로 중국에 가스를 공급한대.

9월 11일에는 타지키스탄의 수도 두샨베에서 열린 상하이협력기구 정상회의에서 만난 시진핑과 푸틴이 시베리아 가스를 신장위구르자치구 등 중국 서부로 연결하는 가스관(서부노선) 건설도 가속화하기로 합의했어. 우크라이나 사태로 서방세계의 경제제재를 받고

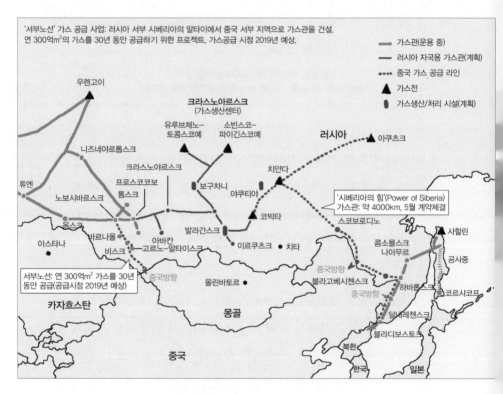

'서부노선' 가스 공급 사업: 러시아 서부 시베리아의 알타이에서 중국 서부 지역으로 가스관을 건설. 연 300억m²의 가스를 30년 동안 공급하기 위한 프로젝트. 가스공급 시점 2019년 예상.

가스관(운용 중)
러시아 자국용 가스관(계획)
중국 가스 공급 라인
가스전
가스생산/처리 시설(계획)

우렌고이

크라스노야르스크
(가스생산센터)

유루브체노-
토콤스코예
소빈스코-
파이긴스코예

러시아

아쿠츠크

니즈네야르톱스크

크라스노야르스크

치얀다

튜엔

프로스코코보
톰스크

보구차니

'시베리아의 힘'(Power of Siberia)
가스관: 약 4000km, 5월 계약체결

노보시바르스크

야쿠티야

스코보로디노

옴스크

발라간스크

코빅타

콤소몰스크
나아무르

사할린

아스타나

바르나울
비스크

아바칸
고르노-알타이스크

이르쿠츠크

치타

블라고베시첸스크

공사중

코르샤코프

서부노선: 연 300억m² 가스를 30년
동안 공급(공급시점 2019년 예상)

중국방향

올린바토르

중국방향

하바롭스크

카자흐스탄

몽골

중국방향

달네레첸스크

블라디보스토크

중국

북한

한국

일본

중국과 러시아 사이에 진행하는 가스관 사업

에너지 전환 시대의 논리

있는 러시아에게 중국은 위기의 탈출구이자 최대의 파트너가 됐지. 세계의 자원을 빨아들이고 있는 자원 블랙홀 중국에 이웃한 러시아는 최선의 에너지 공급처야.

우리는 석유와 가스의 대부분을 중동에서 가져와. 석유는 약 84%, 가스는 45%를 중동에서 수입해. 2014년 러시아와 카자흐스탄에서 들여온 석유는 4217만bbl로 전체의 4.5%인데, 이건 중국을 경유하는 파이프로도 가져올 수 있는 에너지야. 만약 러시아와 중앙아시아의 석유와 가스를 파이프로 가져올 수 있다면 우리는 중동 의존도를 줄이고 더 많은 양을 이쪽으로 분산할 수 있어.

중국은 물론 우리와 같은 처지에 있는 일본도 러시아와 가스관을 연결하는 데 관심이 커. 후쿠시마 원전사고 이후 천연가스 사용량이 급증해 시베리아산 가스는 일본의 에너지 안보에 중요하거든. '시베리아의 힘' 가스관도 블라디보스토크에서 일본으로 가스를 실어나르려는 거야.

남·북·러 가스관 사업

시베리아의 가스에 대한 한국 정부의 접근은 1990년대 중반부터 본격화했어. 1988년 서울 올림픽을 계기로 노태우 정부가 시작한 북방외교는 사회주의권의 몰락과 겹치면서 1990년 한·소 수교, 1991년 남북한 유엔 동시 가입, 1992년 한·중 수교로 결실을 맺어.

자연스럽게 한국, 중국, 러시아 세 나라 모두 관심이 많은 시베리아 가스 개발과 도입에 대한 협의도 이루어졌지. 1992년 11월 서울에서 열린 노태우-보리스 옐친 정상회담에서 양국은 사하공화국의 차얀다 가스전 공동개발의정서를 체결해. 1994년 모스크바를 방문한 김영삼 대통령은 옐친과 회담에서 북한 통과 가스관을 추진하기로 하고, 우선 공동으로 예비타당성조사를 하기로 합의했어. 하지만 1995년 12월에 끝난 타당성조사에서 사하 지역의 열악한 인프라와 경제성 부족, 북한 경유의 불확실성 등으로 사업이 중단돼.

한·러 가스관이 지지부진한 가운데 G2로 부상한 중국이 풍부한 달러를 앞세워 시베리아의 자원 개발에 본격적으로 눈독을 들이게 돼. 옛 사회주의 동맹 러시아를 향한 중국의 진출은 거침이 없었지.

1999년 모스크바를 방문한 김대중 대통령은 중·러 간에 논의되고 있던 이르쿠츠크 PNG 사업에 참여를 희망해. 2000년 11월 한·중·러 3국은 공동 타당성 조사 추진 협정서에 서명을 하고 이듬해부터 타당성조사에 착수해. 2003년 11월에 완료된 조사에서 3국은 이르쿠츠크에서 만주리-선양-다롄을 거쳐 서해 해저관으로 평택을 잇는 방안을 구상했어. 이르쿠츠크 북쪽 코빅틴스크 가스전을 개발해 4300km의 가스관으로 연간 중국에 200억m³, 우리나라에 100억m³를 공급한다는 계획이었지.

하지만 러시아는 사업 승인을 보류하고 가즈프롬이 주도하는 UGSSUnified Gas Supply System를 추진해. UGSS는 러시아 내의 가스전을 연결하는 통합가스관망을 건설하는 계획이야. 푸틴의 등장으로

에너지 전환 시대의 논리

자료: CNPC(중국석유천연가스)

중국은 산동반도에서 해저관으로 가져가기를 바란다.

소련 해체의 충격에서 벗어난 러시아가 신발끈을 고쳐 매기 시작한 거지.

한반도에도 큰 변화가 나타났어. 2000년 김대중 대통령이 평양을 방문해 6.15 남북공동선언을 이끌어낸 뒤 상황이 바뀌었지. 북한을 경유하는 육상노선이 가시권으로 들어온 거야. 2001년 남북한은 이 가스관 노선의 타당성을 공동으로 조사하기로 합의해.

한·러 간에도 논의가 진전돼 2006년 10월 노무현 정부는 '가스관을 통한 천연가스 공급에 관한 정부간 협력 협정'을 체결하고, 한국가스공사와 가즈프롬이 정부 위임기관이 되어 양사 간에 가스협력의정서에 사인을 했어. 2007년 러시아가 야크추크와 이르쿠츠크, 블라디보스토크 등을 연결하는 UGSS 동부가스프로그램을 확정한 뒤, 2008년 9월 이명박 정부는 러시아 드미트리 메드베데프 대통령과 북한 경유 가스관 건설 공사에 대해 합의를 하고, 한국가스공사와 가즈프롬은 2011년부터 2014년까지 블라디보스토크에서 북한을 거쳐 한국으로 오는 가스관을 건설한다는 양해각서를 체결해.

하지만 이전 두 정부의 대북 정책을 비판하고 나선 이명박 정부는 북한과 대결 노선을 걸었고, 2010년 천안함 사건 등 일련의 사건으로 남북한 사이의 골이 깊어졌지. 북한이 빠진 남·북·러 가스관 사업은 지지부진해질 수밖에 없었어.

금강산 관광은 옛이야기가 되고 동해안을 따라 내려오는 남·북·러 가스관 사업 또한 먼 훗날의 이야기가 돼가던 2011년 8월, 돌연 돌파구가 열리는 듯했어. 러시아를 방문한 김정일 위원장이 울란우데에서 메드베데프 대통령을 만나 이 사업에 적극적 참여 의사를 밝힌 거야. 한국가스공사와 가즈프롬은 곧바로 러시아 PNG 로드맵을 체결하고, 그해 11월 2일 상트페테르부르크 한·러 정상회담에선 사할린-하바롭스크-블라디보스토크-북한-한국을 잇는 가스관을 2013년 9월에 착공해 2017년부터 가스를 공급하기로 합의해.

에너지 전환 시대의 논리

그런데 이를 어쩌나. 한·러 정상회담이 열린 지 한 달 보름 만에 김정일이 사망했으니. 그 후 북한은 정권 안정이 최우선 과제가 되고, 남한의 이명박 정부와 박근혜 정부는 김정은으로 이어진 3대 세습이 곧 붕괴하기를 바라며 허송세월하고 있어.

이러는 사이에 2014년 러시아는 중국과 세계 최대의 가스 거래를 성사시켰어. 박근혜 정부로부터 남·북·러 가스관에 대해 별다

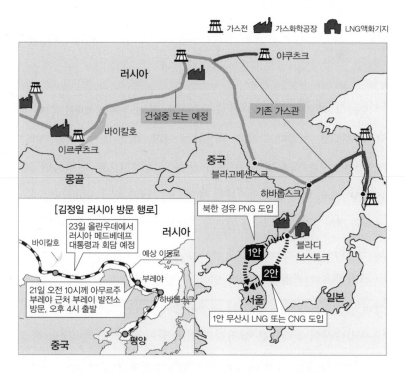

가스전   가스화학공장   LNG액화기지

김정일이 그때 죽지 않았다면 남·북·러 가스관이 연결될 수 있었을까?

른 답변을 듣지 못한 러시아에게 이제 한국은 우선협상 대상국이 아니야. 중국과 사업이 추진되고 있으니 중국에서 해저관으로 가져가든지 블라디보스토크에서 LNG로 가져가든지 알아서 하라는 입장이야. 그런데 블라디보스토크에서 LNG로 가져오면 PNG보다 30% 이상 비싸. 블라디보스토크에 액화시설을 유지해야 하고 또 LNG선이란 게 삼성중공업이나 현대중공업, 대우조선한테는 효자 상품이지만 운송비가 좀 비싸거든.

전력망 연결

전력망 연결은 가스관보다 좀 더 쉬워. 우리나라와 북한, 일본, 중국, 러시아의 전력망을 서로 연결하는 거야. 대륙 국가 간에는 인근 고압 송전선을 이으면 되고 한일 간에는 해저선으로 연결하면 돼. 1980년 11월 해저동축케이블이 현해탄을 건넌 뒤 1990년 5월에는 해저광케이블이 일본과 홍콩으로 뻗어나갔어. 전력망을 해저선으로 연결하는 것도 마음먹기에 달려 있지.

전력망을 연결해서 우리가 얻을 수 있는 이점은 크게 두 가지야. 전력망 운영의 안정성 제고와 재생가능에너지원 발전의 확대.

우리나라의 전력망은 섬처럼 고립돼 있어. 주별로 전력망을 운영하는 미국의 경우 급하면 이웃한 주에서 송전을 받거나 남는 전력을 이웃 주에 판매할 수 있지. 따라서 고립된 전력망에 비해 운영 상 안

에너지 전환 시대의 논리

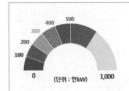

- 준비단계 : 예비전력이 400만kW 이상~500만kW 미만인 경우
- 관심단계 : 예비전력이 300만kW 이상~400만kW 미만인 경우
- 주의단계 : 예비전력이 200만kW 이상~300만kW 미만인 경우
- 경계단계 : 예비전력이 100만kW 이상~200만kW 미만인 경우
- 심각단계 : 예비전력이 100만kW 미만인 경우

전력수급 비상단계

정도가 높아. 또한 블랙아웃이나 공급 전력의 품질 유지를 위해 확보해야 하는 예비전력율도 낮출 수 있다는 거야.

우리나라의 전력수급 비상단계는 5단계야. 예비전력이 400만kW가 되면 준비단계, 그 이하로 떨어지면 관심-주의-경계단계를 거쳐 100만kW 아래로 내려가면 심각한 수준이 돼. 주파수가 떨어지는 등 전력 품질이 악화되고 급기야는 블랙아웃을 막기 위해 순환정전을 하게 되지. 2011년 9월 15일에 우리가 경험했던 바로 그 상황이야.

그러니까 우리는 평소 400만kW, 즉 원전 4기 정도의 전력을 사용하지 않으면서도 생산해야 하는 나라에 살고 있어. 왜? 전력 공급 안정을 위해. 반면 미국은 이 예비전력이 150만kW 정도에 불과해. 우리의 전력망이 외부와 연결돼 서로 주고받기를 한다면 적어도 원전 2기 정도의 발전소를 짓지 않아도 또 매일 돌리지 않아도 되는 거야.

후쿠시마 원전사고 이후 일본 소프트뱅크의 손정의 회장은 '자연

2011년 9월 15일 서울, 경기, 강원, 충청 등 제주를 제외한 전국 곳곳에 예기치 않은 정전이 발생했다. 국지적인 정전이 아니라 전국 규모로 동시 다발적으로 발생한 순환정전은 국내에서 처음 일어난 일이었다. 에너지 공급 중단은 사회 불안으로 이어질 수 있으며, 산업 및 경제활동에 크나큰 위험 요인이 된다.

에너지' 보급에 많은 투자를 하고 있어. 일본 전역에 태양광발전소를 짓는 게 소프트뱅크의 주요 사업이 됐지. 손 회장은 일본 경제단체연합회에서 유일하게 원전 축소 목소리를 내는 기업인이기도 해. 그런 그가 2011년 9월 자연에너지재단을 설립하면서 '아시안 슈퍼그리드'를 제안해. "몽고의 바람과 태양을 이용하면 원전 2000기에 해당하는 전력을 생산할 수 있다. 이를 아시아 전역으로 송전할 때 교류 방식은 전력손실이 30%에 달하지만 직류 방식은 3%에 불과해 자국에서 전기를 생산하는 것과 거의 마찬가지의 효과를 거둘 수 있

에너지 전환 시대의 논리

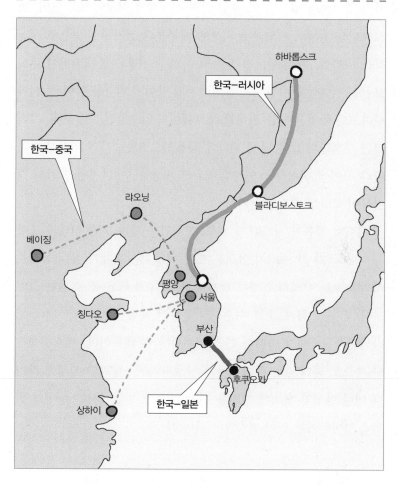

주변국과 협력하면 한국도 전력망의 섬에서 벗어날 수 있다.

다"는 게 손 회장의 제안 이유 중 하나야.

생산량이 들쑥날쑥 하는 재생가능에너지원 발전에서 이웃한 국가가 협력하는 예는 이미 유럽 전력 시장에서 이루어지고 있어. 노르웨이는 천혜의 자연환경 덕분에 대부분의 전기를 수력으로 생산하는 나라야. 한편 덴마크와 독일 북서부 지방은 풍력발전이 많이 보급된 지역인데 야간에는 풍력발전의 양이 소비량을 넘어서. 이때 덴마크와 독일은 남는 전기를 노르웨이의 양수발전소로 보내. 그러고는 부하량이 많은 낮에 되받아 사용하고 있어. 자연 조건이 다른 나라 사이에 전력망을 연결함으로써 재생가능에너지원 발전의 장애물이 하나씩 제거되는 거야.

이처럼 석유와 가스관의 연결, 전력망 연결과 전력 시장의 통합 등 지역 국가 간 에너지 협력은 뺏고 빼앗기는 관계가 아니라 서로 이익을 보는 상생의 관계를 전제로 해. 모두가 득을 볼 수 있는 그런 분야야. 현재 화폐 통합 수준까지 올라선 유럽연합이 1950년대 철강석탄공동체에서 출발한 건 눈여겨봐야 할 대목이야. 세계경제의 한 축으로 자리 잡은 동아시아의 상생과 협력, 평화의 시대는 과거에 대한 반성과 사죄에 기반을 둬야 하지만, 한편에서는 상생의 경험을 쌓아나가는 일이 계속 일어나야 해.

에너지 전환 시대의 논리